本书为广东省"理论粤军"重大现实问题研究课题青年项目（LLYJ1316）成果

深圳学人文库

Service-Oriented Governance：
The Role of Community Service Center

服务型治理：
社区服务中心参与社区治理

徐宇珊 ◎著

社会科学文献出版社
SOCIAL SCIENCES ACADEMIC PRESS (CHINA)

序　一

　　建立现代社区治理体系是社区建设，乃至社会建设的关键。然而，什么是现代社区治理体系，如何建设中国的社区治理体系仍然存在很多分歧，需要学界与实务界共同努力与探索。自2011年开始，珠三角地区各个城市在街道或社区层面加强社区公共服务，建立了众多的社区服务中心或家庭综合服务中心。尽管不同城市的称谓不同，具体的运营标准不同，但大致呈现出类似的特点，发挥了相似的功能和作用。珠三角各地的社区服务中心是政府推出的新型社区服务平台，采用了"政府主导、社会参与、民间运作"的服务模式，由政府通过招投标购买服务，由民办社会工作服务机构进驻运营，为社区居民提供各种综合性专业化社区服务。经过了5年多的发展，目前在深圳、广州已经完成了规划目标，基本实现了全覆盖，形成了社区公共服务的新格局。我了解到，在一些社区，社区服务中心的作用已经逐步显现出来，社区服务中心链接了社会各界资源为辖区居民提供专业服务，形成了社区居民共同参与社区建设的良好氛围，成为社区基本公共服务的平台。当然，也有部分社区服务中心的功能尚未发挥出来，社会公众的知晓度和参与度极低。

　　过去几年，我在深圳调研时，多次听到不同人对社区服务中心的不同评价，既有大为赞誉的，也有持质疑态度的。不可否认，社区服务中心从无到有，从零到全覆盖，政府主导是关键因素。社区服务中心是通过政府行政性力量，在短短几年内投入数亿元资金，基本按照统一模式快速推开的一项政府工程。对这样的政府工程，存在不同声音，是非常正常的。在全覆盖的背景下，很难做到符合每一个社区的特点；在数量优先的思维模式上，很难做到每一家中心都是高质量的。一些暂时不具备条件，或是暂时并不需要社区服务中心的社区，也根据统一的要求设立了中心，其作用发挥不充分也是预料之中的事。作为一项新的政府公共服务项目，在推行过程中并非所有人都能理解和支持，特别是部分基层工作人员担心社区服务中心抢了自己的饭碗，于是存在着不接纳、不理睬，甚至刁难的情况。这一切，倘若以消极的观点来看，则可能会认为社区服务中心完全是政绩工程，没有存在的必要；但若以积极的态度来看，则会发现社区服务中心是服务治理的创新探索，能够为社区居民提供更多、更好的服务，满足社区居民多样化的需求。社区服务中心存在一些问题是正常的，这些发展中的不足有待随着项目的深入而逐步完善，特别是依托社区服务中心的平台，借助社工和社工机构的专业力量，撬动社区自身的资源，发挥社区居民、社区社会组织的作用，激发社会的活力。不管怎样，珠三角地区社区服务中心是中国社区建设的创新与探索，它拓宽了社会工作的服务领域、做大了社会工作的服务空间，为完善社区公共服务留下无限想象与可能。

徐宇珊的这本书正是以这样一种积极的态度来看待社区服务中心的存在与发展的。既肯定取得的成绩，也正视存在的问题；不去主观评判这一新生事物的优劣，而是从建设性的角度，以发展的视角，去探讨实践中的理论问题。在本书中，她借鉴了王思斌教授提出的服务型治理的概念，阐明了社区服务中心在社区诸多治理主体中的地位与作用，凸显了社区服务中心作为服务主体的不可替代性，这对于完善社区治理体系具有重要意义。全书围绕着"服务型治理"这一核心概念，从社区服务中心融入社区、提供服务和培育社区自治组织三个方面进行论述，探讨了社区服务中心在社区治理中的角色与路径。全书既有理论思考，又有实践总结，贯穿全书的案例为本书增加了实用性与可读性；全书整体有清晰的逻辑框架，同时各章又分别解决不同的问题，可以独立成篇，读者也可以根据需要选择性阅读。

社区服务中心作为"十二五"规划期间的一项基层公共服务项目，已经达成了预期目标。未来，社区服务中心以及类似的基层服务类组织或平台如何发展，是需要政策制定者、理论研究者与实务工作者进一步思考的问题。相信深圳及珠三角各地的社区服务在未来会有新的发展，会为全国其他城市的社区公共服务提供经验借鉴，也相信本书能够对社区服务领域的管理者、实践者和研究者有所帮助和启发。

邓国胜

清华大学公益慈善研究院副院长、教授

序　二

时光飞逝，眨眼间我与徐宇珊博士已经相识了十年之久。我们初次见面是在民政部举办的民非和社团规范化评估标准研讨会上，虽初次见面，却十分投缘，就此结下了长达十年的公益缘。自 2008 年开始，映绿在深圳为公益组织提供能力建设服务。2013 年，我率领团队为深圳的部分社区服务中心提供顾问服务，宇珊博士担任了社区服务中心的项目研究顾问，参与了深圳 6 个社区服务中心的部分服务：社区需求调研培训及辅导、社区服务中心评估辅导等。这个过程使她能够近距离、多角度地观察和研究社区服务中心的服务与运作。此时恰逢广东团省委宣传部启动"理论粤军"研究课题，宇珊博士计划申请课题并征询我的意见。那时只有少数城市在尝试政府委托社会组织开展社区服务，而这个方面的研究也少之又少。因此，我建议她以社区服务中心为切入点，开展研究。此后，她通过问卷调研、焦点小组、个案访谈等方式对社区服务中心进行了系统、全面和深入的研究。令人欣喜的是，历经两年的观察、研究与思考，《服务型治理：社区服务中心参与社区治理》一书终于收官。我也很荣幸地收到了宇珊博士希望我为她的新书写序的盛情邀请。尽管才疏学浅，但因为公益缘深，不忍拂她的美意，我便欣然应允。

宇珊博士的新书《服务型治理：社区服务中心参与社区治理》是从一个全新的视角——服务型治理，即社工服务机构通过开展社区服务、培育社区社会组织、促进社会多元治理的视角，研究政府委托社会组织运营的社区服务中心也就是本书的主角，一个非法人的社区服务单位，融入社区、服务社区、治理社区中扮演的角色与定位、选择的路径、遇到的困难、采取的对策和取得的成果，并对服务型治理的相关政策、社会支持、治理主体等方面进行了研究与反思，提出了建议和对策。

我花了整整三天时间认真拜读了宇珊博士用两年时间、花了无数心血写就的这本书，真是受益良多。作为一个在公益领域工作了27年的人，我读过很多关于公益的研究著作，让我受益良多的很多，让我深受感动的也不少，但二者兼具的却不多，宇珊博士这本书研究核心是普普通通的社区服务中心的书，却做到了。

这是一部十分值得拥有并需认真阅读的好书。理由在于：

第一，作者的用心。为了做好这项课题，宇珊博士可以说是费尽心血。她不仅查阅了大量的文献，开展了面向325家社区服务中心的问卷调研，走访了数10家社工机构及其运营的社区服务中心；还访谈了各地民政部门、街道办事处、社区工作站，举办了多场座谈会，与许许多多的社区服务中心工作人员促膝交谈。为了近距离观察，她还顶着炎炎烈日，作为研究顾问，参与我们服务的6个社区服务中心社区需求调研培训，并为团队提供社区需求调研的现场辅导。

第二，研究的系统性与全面性。本书不仅从珠三角社区服务中心的历史与现状入手，对社区服务中心的政策、服务的开展、资源的整合、社区社会组织的培育逐一展开并深入分析，还从承接社区服务中心的社工服务机构的社区"融入"、社区服务的特色化与项目化、专业化与合作化、有偿性与公益性等角度，一一地进行了全面的解析，并给出解决问题的建议和对策。

第三，研究方法的多样性。宇珊博士运用了包括资料梳理、问卷调研、案例、焦点小组、图表、现场观察等在内的多种研究方法，对社区服务中心在政策支持、机构运营状况（财务情况）、服务、资源、组织培育、服务评估情况及社区服务服务中心运营中面临的困难加以分析。

第四，兼顾共性与个性。作者的研究针对珠三角社区服务中心服务的特点，以广州、深圳社区服务中心发展的模式为基础，兼顾珠三角其他地区的特殊性，对社区服务需求、各地制定的社会政策、各地社会服务机构服务的差异性也进行了系统的阐述和分析。

第五，可读性。由于作者采用了多种研究手法，特别是对社区服务中心进行了大量的实地访谈，形成了一批高质量的案例，加上直观的图表和简练易懂的语言，避免了以往学术研究报告晦涩难懂的问题，增加了本书的可读性，读者可以轻轻松松地读完这本书。

第六，适读对象较广。无论是社会服务机构的从业人员、运营社区服务中心的团队、研究社区、社会治理、社会组织或社区服务中心的学者、制定社会服务政策的政府官员，还是准备加盟公益的大学生，都能从中找到适合自己或者自己感兴趣的东西。读者用较短的时间就能够比较全面地了解珠三角地区特别是深圳、广东地区的社区服务中心发展样貌、服务模式、存在的问题和未来的发展趋势。对于国内其他已经开展或计划开展社区综合服务的地区，本书也提供了一些可以参考、借鉴或反思的经验和模式。

特此作序。

庄爱玲

映绿公益创始人、董事长

2016 年 7 月于上海

目 录

contents

案例目录

图目录

表目录

第一章 导论

第一节 本书的研究背景及意义

一 研究背景

社区服务中心（家庭综合服务中心）是现代社区建设及社会工作服务体系中非常重要的组成部分。从 2010 年开始，广东珠三角地区凭借毗邻香港的优势，借鉴先进地区社会工作经验，大力推动社区服务中心的建设，逐步探索出社区公共服务的新模式。

社区服务中心建设是深圳、广州、东莞等珠三角地区主要城市"十二五"规划期间重点推进的社区公共服务项目，希望通过充分发挥行政机制、互助机制、志愿机制、市场机制的作用，完善以民生需求为导向的社区服务体系；按照基本公共服务均等化的原则，完善社区公共服务设施；采取政府购买服务的形式，整合社区公共服务设施，设立综合性社区服务中心平台。广州市自 2010 年开始家庭综合服务中心的试点工作，到 2014 年底实现了每个街道配备一个家庭综合服务中心的目标。深圳市自 2011 年启动社区服务中心项目，截至 2015 年 12 月，已实现了全市各社区全覆盖。东莞于 2011 年启动"社区综合服务中心示范点建设"，预计到 2016 年，该市 50% 的村（社区）将建成社区综合服务中心。惠州市于 2013 年将社区综合服务中心建设作为"十件民生实事"项目之一，力争到 2017 年实现各地 50% 以上的城镇社区建有社区综合服务中心的目标。

尽管珠三角各个城市社区服务中心的具体名称有所不同，经费规模、运营模式、覆盖范围等略有差异，但总体来看，珠三角各地的社区服务中心都是借鉴了香港家庭综合服务中心的经验，通过政府购买服务，形成了以社会组织为载体，以专业社工为骨干的社区综合服务模式。本书的研究对象就是珠三角地区近五年来推进的社区服务中心、社区综合服务中心、家庭综合服务中心。为了行文方便，下文除了特别针对某一城市的阐述，其余的都使用"社区服务中心"这一名称。本书绝大部分案例及论述都是以深圳的社区服务中心为直接研究对象，但适用于其他各市的社区服务中心。

二　研究意义

社区服务中心是从 2010 年才开始出现的新事物，是政府主导下的产物，对社区服务中心的研究在政策、理论及实践层面都具有重要意义。

首先，在政策方面，珠三角各地政府提出了社区服务中心的顶层制度设计，构建了基层社会治理的新构想，但顶层设计与具体实践之间尚有鸿沟。借鉴香港经验完成的制度设计在珠三角社会工作发展尚不成熟的条件下，存在着水土不服的可能。本书主要章节的论述均立足已有的制度设计，从现有的框架出发，找到其政策的合理之处及存在的问题。究竟是顶层设计的问题，还是实践中的误读；究竟是缺少原则性规定，还是缺乏操作细节。因此，本书既不是对一种成熟实践模式的理论总结与概括，也不是纯粹从理论中演绎出一种基层管理的模式构想，而是对既定模式框架的完善与深化，对未来的政策提出建议，期待社区服务中心能够真正转化为社区居民的福祉。

其次，在理论方面，"社区"这一研究单位虽小，却"五脏俱全"，涉及社会学、管理学、政治学等诸多学科，将社区服务中心这一研究对象放在社区已有的多主体治理的背景下进行研究，具有鲜明的理论意义。本书通过分析社区各个利益主体的特点及作用，阐明社区服务中心在社区治理中的角色与定位；通过分析社区服务中心如何体现和发挥专业性，阐明社工在社区服务中的专业价值；通过分析社区服务中心的内部治理与外部资源整合，探讨社会组织的管理问题。

最后，在实践方面，社区服务中心作为政府主导下的新兴社区服务主体，究竟如何运作，如何开展服务，如何在社区治理中发挥作用，并没有现成的答案。如果仅有政府的政策文件加硬件设施，而缺少专业的软件服务，那么基层公共服务质量并不会真正提升，政府一年几个亿的投入也难以收到实效。因此，本书在总结大量一线工作人员亲身实践经验的基础上，探索提出社区服务中心在社区治理中发挥作用的路径与模式。本书的诸多案例均来自一线社工的实践，本书讨论的诸多问题，如如何开发项目，如何整合资源，如何处理与利益相关者的关系，如何培育社区社会组织，等等，都是一线社工服务中遇到的具体问题。因此，希望本书可以成为一线服务实践经验的总结，进而指导未来社区服务中心的工作，成为社工开展社区服务的参考。

第二节　本书的研究问题

本书研究的核心问题是，社区服务中心在社区治理中发挥什么作用，以及如何发挥作用。为了将研究问题具体化，本书分为以下三个子课题展开研究。

子课题一：社区服务中心与社区其他各类主体的关系研究。具体关注不同类型的社区中各有哪些利益主体，社区服务中心在社区各类主体中扮演什么角色，社区服务中心如何在社区的各类主体中找准自己的定位，赢得社区居民的信任。子课题一希望为社区服务中心"融入"社区奠定基础。作为人口流动大省的广东，基层社区存在着多种利益主体、多种人员结构、多种社区类型。社区综合服务中心作为社区外生的服务平台，首先面临的就是了解社区、"进入"社区的问题。了解和处理好与社区各种利益相关者的关系是融入社区的第一步。本书第五章主要阐述这一问题。

子课题二：社区服务中心如何提供基层公共服务。具体包括，①服务的内容：社区服务中心应当以及必须提供哪些服务；②服务的对象：如何面对社区中的各类群体开展差异化、特色化的服务；③提供服务的主体：由谁来提供服务，社区服务中心可以链接哪些资源提供服务；④提供服务的形式：针对不同服务对象和内容，可以有哪些不同的服务形式，服务所需的资金可以有哪些来源。子课题二希望解决的是"服务"问题。社区服务中心的核心功能在于提供社区公共服务，但社区服务中心发展初期，运营社区服务中心的社工从服务的提供者变成了活动的策划者，以完成协议指标为出发点，违背了满足社区需求的初衷。因此，希望通过子课题二的研究对社区服务中心的具体服务提出对策建议。本书第六至第八章主要回答子课题二的问题。

子课题三：社区服务中心如何孵化社区自组织，推动社区自治。研究的具体问题包括：①社区服务中心在推动社区自治方面如何发挥作用；②社区服务中心如何培育、孵化社区社会组织；③社区服务中心如何培育社区志愿者队伍，形成"义工＋社工"的工作模式。作为一个社区外生的服务平台，不管其提供的服务多么完善和丰富，都不能取代社区内生的自我管理和自我服务。如果因为有了社区服务中心，而打破社区原有的自治秩序，让社区的自组织消失的话，那么社区服务中心无疑是失败的。一个成功的社区服务中心在提供面向社区各类"人"的服务的同时，还必须提供面向社区各类"组织"的服务，通过培育、孵化社区自组织，来推动社区自治。本书第九章主要回答子课题三的问题。

第三节　本书的研究方法

一　研究方法

本书采取了定性与定量相结合的研究方法。本书研究课题组多次访谈、座谈及参与式观察，深入了解社区服务中心的运作情况，全面剖析社区服务中心与其利益相关者的关系，总结其服务的特征，提出社区服务中心参与社区治理的路径与模式；同时，通过分析两次问卷调查及相关统计数据，用定量分析的方法，呈现社区服务中心的具体服务情况。

理论分析与案例阐述相结合的论述方法。在对政策文本及理论文献剖析的基础上，提出各章的观点，并进行理论分析。同时，在正文中穿插了20个案例作为论据。这些案例均出自一线社工，是他们实践经验的总结与思考。这些案例增加了本书的可读性和实用性。

二　资料收集方法

本书主要采用了以下方法收集研究资料。

（1）文献分析法。本书的文献资料主要包括以下三种。①与社区服务中心有关的理论文献。这些文献并未集中于一章进行综述，而是散落在各章节的论述中，根据不同章节的内容选择相关的文献进行研读。②与社区服务中心有关的政策文件。笔者收集了珠三角各地有关社区服务中心的政策文件，涉及运营、评估、招投标、奖励、资助等。③与社区服务中心有关的统计数据。珠三角各地，特别是深圳市、区两级对社区服务中心的服务及资金资助情况统计。

（2）问卷调查法。在研究中，笔者分别在2014年7月与2016年3月进行了问卷调查。①2014年7月面向全市运营时间超过半年的325家社区服务中心发放调查问卷，共回收244份问卷，回收率75%，问卷有效率100%，回收的问卷100%覆盖了全市各区和运营机构。下文以"2014年问卷调查"代指此次调查。本书第四章的问卷分析主要以此次调查结果为主。②2016年3月在本书成稿时进行补充调查，面向48家运营社区服务中心的社工机构发放调查问卷，回收48份问卷，回收率100%，问卷有效率100%。此次问卷调查是实名的数据统计性质的调查，旨在了解社区服务中心运行5年来的基本情况，下文关于社区服务中心总体情况的数据主要源于此次调查。下文以"2016年问卷调查"代指此次调查。

（3）座谈和访谈法。本书在完成过程中，面向与社区服务中心有关的利益相关者及其他类似的社区服务机构进行了大量的访谈，从不同侧面了解社区服务中心的运作。具体包括：①面向社区服务中心的主任、督导、社工机构负责人召开了5场以上座谈会；②面向深圳市市区相关工作负责人、街道办事处及社区工作站的工作人员访谈近20人次；③面向广州和深圳两地社区服务中心的主任及一线社工深入访谈约50人次，并根据访谈结果，指导社工撰写相关案例；④深入访谈上海5家社区服务类机构和香港2家社区青少年服务类机构的相关负责人。

（4）参与式观察法。在调研中，笔者曾作为深圳某社工机构的顾问，参与 5 家社区服务中心的具体工作，深入一线了解社工的工作状况及社区居民的参与情况。

第四节　本书的主要内容

本书共分为十章。

第一章是导论。概括性地介绍了本书的研究背景及意义、研究对象、研究的主要问题、研究方法等。

第二章介绍珠三角各地社区服务中心发展的总体情况，梳理政策、总结特征、概括成效。并以深圳和广州为例，重点阐述了社区服务中心的招投标和评估情况。

第三章提出社区服务中心参与社会治理的角色定位是"服务型治理"。以民办社会工作服务机构为运营主体，以专业社会工作者为主要工作人员，以社区综合服务为主要职能的社区服务中心，发挥了典型的服务型治理功能。在现阶段，"融入 – 服务 – 孵化"是社区服务中心发挥服务型治理的模式与路径。

第四章以 2014 年问卷调查为基础，分析深圳市社区服务中心在融入、服务和孵化三方面的发展情况，这些数据为后面几章的论述提供了支撑。

第五章阐述社区服务中心如何融入社区。社区服务中心作为社区"外生"的及"全新"的服务主体，在进入社区时面临诸多阻力，需要妥善处理与社区原有治理主体的关系。根据一线社工的实践经验，本书总结出融入社区的八大行动策略。

第六章从特色化与项目化的角度阐述社区服务中心如何提供服务。在基本服务标准化的前提下，社区服务中心需要根据社区需求开发符合本社区特色的服务项目，改变为了完成服务指标而以活动为主的服务方式。

第七章从专业化与合作化的角度阐述社区服务中心如何提供服务。提出现阶段社区服务中心的专业化究竟如何体现。提出在现阶段，社区服务中心的专业化不仅依靠专业社会工作者完成，而且更主要的是通过社会工作者运用专业社工理念整合各种外部资源共同完成；社区服务中心的专业化服务不仅体现在对某一群体的专业服务方面，还体现在运用社工专业理念推动社区综合发展方面。

第八章探讨有偿性服务与公益性服务之间的关系，公益并非免费，社区服务中心可以尝试开展收费性服务。本章对收费性服务的意义、现状、制约因素、需要解决的问题等一一进行阐述。

第九章阐述社区服务中心如何通过孵化培育社区社会组织提升居民自我管理和服务的能力，全面介绍了深圳市培育社区社会组织的政策环境，探讨社区服务中心培育社区社会组织的角色和方法。

第十章是对全书的总结与思考。一方面，全面论述了"融入－服务－孵化"的关系，强调其整体性、阶段性及理论与实践的结合性。另一方面，提出本书对社区服务中心未来发展的思考与建议，力求完善现有政策设计。

第二章　珠三角各地社区服务中心发展概况

　　社区服务中心①（含家庭综合服务中心）是现代社区建设及社会工作服务体系中非常重要的组成部分。社区服务中心落地社区，在政府、高等院校、社会组织等多方力量的参与下，依靠民间社会工作机构提供专业社会工作者为青少年、妇女儿童、老年人等群体服务。从 2010 年开始，广东珠三角地区凭借毗邻香港的优势，借鉴先进地区社会工作经验，大力推动社区服务中心的建设，逐步探索出社区公共服务的新模式。

　　本书以深圳市社区服务中心为主要研究对象，在全面了解珠三角各地社区服务中心②发展的基础上，对深圳市社区服务中心进行深入研究，总结社区服务中心在基层社区治理中的模式与机制。本章首先介绍珠三角各地社区服务中心的发展概况。

第一节　珠三角地区社会工作的发展

　　要了解社区服务中心的发展情况，需要先从珠三角地区的社会工作谈起。这一方面是因为目前社区服务中心的运营单位以社工服务机构为主，在社区服务中心提供服务的人员以社会工作者为主；另一方面是因为社区服务中心是珠三角社会工作发展到一定程度和一定阶段的产物，需要把社区服务中心纳入整个社会工作发展的背景下来探讨。

---

①　2015 年，深圳市的社区服务中心改为社区党群服务中心，但到本书成稿时止，基本服务内容尚无明显变化。

②　以下如无特别说明，社区服务中心就包括家庭综合服务中心。

一　深圳市社工发展的三阶段

珠三角地区的社会工作最早起源于深圳。2007 年，深圳市委、市政府颁布了《关于加强社会工作人才队伍建设推进社会工作发展的意见》以及与之配套的七个文件（简称"1 + 7"文件），对深圳市社会工作的具体操作、社工薪酬、社工管理等方面作了制度性规定，拉开了深圳社会工作的序幕。深圳社会工作的发展大致可分为三个阶段：第一阶段是发展岗位社工；第二阶段是探索项目社工；第三阶段则是建立社区服务中心。

第一阶段，发展岗位社工。深圳市从 2007 年开始发展岗位社工，根据《深圳市社会工作专业岗位设置方案（试行）》，设置两类社会工作专业岗位：一类是在市、区、街道的民政、教育、文化、卫生、劳动、信访、人口计生、公安、司法、监所、禁毒、工会、团委、妇联、残联等部门设置社工岗位；另一类是针对特定的服务对象，按一定的比例，在社会福利与社会救助机构、学校、医院、社区等设置社工岗位。岗位社工的设置，让社会工作这一专业和职业迅速扩展到各个部门，有利于社工与政府相关部门建立服务关系并挖掘潜在的服务需求。但其弊端也是显而易见的，社工本人受到社工机构与用人单位的双重管理，人事关系在社工机构，日常工作却在用人单位，一个人或几个人在用人单位孤军作战，很难系统性地开展社工专业服务，容易出现行政化倾向，使社工成为用人单位的"临聘人员"。

第二阶段，探索项目社工。在继续发展岗位社工的同时，深圳市从 2009 年开始探索福彩公益金资助社会公益项目。社工机构跟其他类型的社会组织一样，从社会需求和自身特长出发，开发设计公益项目。相比岗位社工，以项目方式提供社工服务，使社工的专业性得以拓展和增强。政府与社会组织签订的协议给出了项目实施的大致框架，在这一框架内，社工机构及社工均拥有较大的自主权，可以实现自主决策、自主管理、自主服务。同时，项目购买中社工机构与政府签订具体的合作协议，增强了结果的可衡量性。购买服务协议中明确规定社工机构的服务效果、服务内容等，在事中和事后进行评估，考察服务产出和成果。这比起购买岗位社工更能够体现出专业服务成效。福彩公益金资助深圳市鹏星社会工作服务社的"深圳市反家暴社工援助计划"、深圳市融雪盛平社工服务中心的"临终关怀·器官捐献与社工服务"等项目已经成为社工机构的服务特色和品牌项目。鹏星依托"反家暴"项目成立了深圳第一个民间的家庭暴力防护中心，这是福彩公益金项目支持孵化出的第一个由项目转变而来的专业服务机构。总体而言，中标社工机构通过福彩公益金资助项目积累了项目运作经验，培养了一批具有项目管理经验的一线社工。

但是这一阶段在探索项目化开展社工服务的同时，岗位社工依然占主导地位。项目社工与岗位社工相比，在晋升空间、职业稳定感等方面均存在较大差距，这在一定程度上影响了项目社工的工作状态，进而影响到项目的实施。同时，项目资助周期过短，阻碍了项目深入开展，不利于社工专业服务的可持续发展。更为遗憾的是，福彩金资助公益项目仅进行了五批，到2011年就结束了，没有在全市推广。社工在项目化运作方面刚刚积累起来的一点经验也未能得到推广。

第三阶段，建立社区服务中心。自2011年开始，深圳市开始以运营社区服务中心的方式来购买社工服务，将社区服务中心作为社会工作者开展服务的主要场域，希望以在社区落地的社工服务来弥补岗位社工和项目社工的一些固有缺陷。早期的岗位社工依托现有服务单位的具体岗位来设置，难以涵盖新的服务需求点，既存在着社工服务和资源覆盖不到位的情况，也存在着资源交叉和浪费的地方。而项目社工因项目的存续期而有固定的服务周期，难以持续深入地开展服务。深圳市在总结这些问题的基础上推出社区服务中心，希望社区成为社工开展专业服务的落地平台，依托社区可以更加深入地了解具体的服务对象，开展常态化服务。社区服务中心就是本书的主要研究对象，将在后续章节中对其进行具体阐述。

二 广州市社会工作的发展

广州市社会工作的起步略晚于深圳，与深圳的发展道路也不尽相同。广州的社会工作从项目社工起步。2007年11月，广州市海珠区政府委托共青团购买广州市海珠区启创社会工作发展协会的青少年服务，开启了政府购买社工组织专业服务的尝试。目前，该"青年地带"项目已成为全国迄今为止最大的青少年单项社工购买服务项目，三年总价 1650 万元。此外，还有一些专项服务的试点，如广州北半星社会工作服务中心的东山福利院老人服务项目、广州疾控中心美沙酮社区治疗中心社工服务等。2008 年的汶川地震是广州市社会工作发展的契机。在灾后重建中，广州市民政局组织广州社工开展"广州社工在行动"的系列活动，广州社工在此次支援灾后重建行动中发挥了重要作用，该项目成为全国建站时间最早、坚守时间最长的灾害社会工作项目。[1] 灾后重建项目促使广州市政府走上了探索以项目化方式购买社会工作服务的道路。2008 年开始通过政府购买服务开展社会工作人才队伍建设试点工作，广州市、区（县级市）财政总投入 522 万元，设置服务项目 9 个。2009 和 2010 年度社工人才队伍建设深化试点，政府购买社会服务项目 33 个，广州市、区两级财政投入 1544 万元以及福利彩票公益金资助 800 万元，总计 2344 万元。[2] 到 2010 年，广州市提出建设社区家庭综合服务中心，并确定在 20 个街道进行街道家庭综合服务中心建设试点工作。

三　其他城市社会工作发展路径

东莞市社会工作的发展脉络与深圳市大致类似。2009 年，东莞市委、市政府颁布了《关于加快社会工作发展的意见》（东委发〔2009〕11 号）等文件，从学校、企业等岗位社工起步，逐渐推进项目社工。自 2011 年开始，进行社区综合服务中心的建设。

惠州市社会工作始于 2009 年。2009 年 9 月，由时任市委副书记陈仕其任组长、25 个部门分管领导任成员的"惠州市加强社会工作人才队伍建设工作领导小组"成立，协调指导全市社会工作人才队伍建设。加强社会工

---

① 张和清、向羽：《广东社会工作发展的现状及其经验反思》，载《中国社会工作蓝皮书》，社会科学文献出版社，2013。
② 广州市社会工作协会：《广州市社会工作发展历程》，《广州社工》2014 年第 4 期。

作人才队伍建设工作领导小组办公室（简称"社工办"）设在市民政局，与人事科一套人马、两块牌子，负责社会工作人才队伍建设日常工作。2013年惠州市发布《2013年惠州城区社区综合服务中心示范点建设运营实施方案》，开始推进社区综合服务中心建设。

珠海市自2009年以来，先后出台了一系列支持社会工作和建构社会工作专业制度的政策，逐渐建立起一套相对完善的社会工作政策体系。珠海社工服务项目相对单一，主要集中在传统的服务领域（对象主要是青少年、老人等），项目周期也较短。2013年，以家庭综合服务中心项目出现的仅"晴朗天空横琴家庭综合服务中心"一家。

佛山市自2009年开始尝试设立"简政强镇"事权改革试点，充分提升镇街自主权，使各镇街在社会工作发展过程中能自主依据实情决定社会工作发展领域与规模。佛山社会工作形成了"镇街先行探索，社会资源积极参与，市区跟进推广"的镇街社工服务发展模式，其中以顺德区与南海区（佛山市辖禅城、南海、顺德、高明、三水五个区）发展较为突出，罗村、桂城、容桂三条镇街成为佛山社会工作探索阶段的领头羊。

珠三角各地的社会工作发展道路，都是向中国香港、新加坡等先进国家和地区学习后再结合本土情况进行实践探索。尽管各地社会工作起步时间有先后，成长契机也各不相同，但目前，这些城市的社会工作都走到了以社区综合服务为主要模式的发展阶段。在基层社区落地，面向社区居民，提供综合性服务，成为珠三角地区社会工作者的主要服务方式。

第二节　珠三角各城市社区服务中心的发展概况

一　深圳市社区服务中心

依托社区服务中心提供专业服务是深圳市社会工作发展的第三阶段，也是深圳社会建设领域的新举措。在2010年12月的深圳市社会建设大会上，深圳市委、市政府印发了《深圳市社区服务发展"十二五"规划（征求意见稿）》，正式拉开了深圳推进社区服务中心建设的序幕，将社区服务作为推进社会建设的重要途径，从领域、内容、资源供给、设施建设、体制创新、组织保障等各方面做出了全新规划。根据社区服务的"十二五"规划，按照基本公共服务均等化的原则，逐步完善社区公共服务设施，以1.5万~2万人为规划范围，主要按照人口规模，参照地域面积、服务对象、服务需求和功能定位等因素，在"十二五"规划期间计划建成700家社区服务中心。

根据社区服务"十二五"规划和市政府要求，深圳各级各部门加大工作力度，加强协调配合，使全市社区服务中心项目进展顺利。市区财政部门安排经费；市民政局印发指导各区开展社区服务中心招投标工作的相关文件，协调各区进行项目申报和招投标；各区、街道和社区积极整合社区服务场地，为社区服务中心选址。

2011年4月，全市首批5个社区服务中心试点项目陆续启用，标志着深圳市社区建设工程开始启动。2011年6月，为了规范社区服务中心的建设，深圳市民政局印发了《深圳市社区服务中心设置运营标准（试行）》（深民函〔2011〕585号）。

2012年，深圳市民政局下发《关于全市社区服务中心项目建设有关事项的通知》（深民函〔2012〕770号），计划2012年新增100家社区服务中心，深圳社区服务中心在全市范围内全面推开。2013年1月，深圳市民政局根据社区服务中心运行两年的实践，调整了原有的运营标准，印发了新的《深圳市社区服务中心运营与评估标准》（深民函〔2013〕121号）（以下简称2013年《标准》），原运营标准被废止。每个社区服务中心的运营经费均为50万元，配备6名全职工作人员。2012~2015年，社区服务中心在全市全面推开，到2015年底全市已完成招投标工作的社区服务中心有666家，各区均已实现了全覆盖。深圳市各区历年社区服务中心的建设情况见表2-1。

表2-1　深圳市各区历年社区服务中心的建设情况

单位：家

区　域	2011年新增	2012年新增	2013年新增	2014年新增	2015年新增	2015年累计
福田区	12	12	20	4	47	95
罗湖区	12	12	13	15	21	83

续表

区　域	2011年新增	2012年新增	2013年新增	2014年新增	2015年新增	2015年累计
南山区	9	12	32	33	16	102
盐田区	0	8	0	4	0	20
宝安区	10	20	26	31	38	125
龙岗区	13	65	28	0	3	109
光明新区	5	4	19	0	0	28
坪山新区	22	0	2	0	0	24
龙华新区	3	15	18	12	9	57
大鹏新区	0	6	15	0	2	23
合　计	86	154	173	99	136	666

资料来源：根据深圳市各区（新区）2016年3月上报数据汇总。

二　广州市家庭综合服务中心

广州市家庭综合服务中心（以下简称"家综"）是指在街道设置的一个服务平台，中心接受区（县级市）民政部门的业务指导。广州"家综"通过政府购买社会服务的方式，由民办社会工作服务机构承接运营，根据区域服务需求实际情况，以家庭、青少年、长者等重点群体的服务为核心，科学设置服务项目，面向全体社区居民提供专业、综合、优质的社会服务。

广州项目社工服务的购买实践，为政府项目化购买"家综"服务作了有力探索。从实际推行来看，广州"家综"经历了试点阶段和全面铺开阶段。

1. 试点阶段

试点阶段始于2010年7月，广州市民政局和财政局联合印发实施了《推进我市社会管理服务改革开展街道社区综合服务中心建设试点工作方案》（以下简称《工作方案》）。同年7月23日，广州市民政局、财政局、地税局联合发布《广州市扶持发展社会工作类社会组织实施办法（试行）》，在分类扶持社工类社会组织、建立完善社工类社会组织的管理体制机制和优化社工类社会组织发展的政策环境等方面进行了规范，为培育、支持能够承接运营或支持社区服务中心的社工类社会组织奠定了良好的政策基础。

《工作方案》要求从 2010 年起，全市的街道分步开展社区综合服务中心建设工作。2010～2012 年为试点阶段，每个区（县级市）至少选择 1 条街道作为开展社区综合服务中心建设的试点，基础较好的区可以选择 2～3 条街道作为试点。全市共有 20 个街道开展了社区综合服务中心的试点建设。在试点阶段，市、区（县级市）两级财政共同投入 8000 万元，从居民最需要的服务项目入手，逐步将星光老年之家、居家养老服务站、青少年活动中心、残疾人康复中心、志愿者（义工）工作站、文化站、退管服务等社区服务项目和资源整合进社区综合服务中心，切实把社区综合服务中心建设成社区居民"困有所助、难有所帮、需有所应，能提供'一站式'服务"的场所。试点街道可以根据实际情况，采取不同的模式推进社区综合服务中心建设。模式一是政府购买服务方式，即政府或委托区（县级市）民政局以项目管理和购买服务的方式向社会招投标，社会组织通过竞投取得社区综合服务中心的经营权；模式二是街道间接管理模式，即社区综合服务中心由街道办事处作为主管部门，成立民办非企业（独立法人）单位进行管理。原街道社区服务中心的事业编制、人员可转入街道的其他政务管理类事业单位或送派到社区综合服务中心工作。

在试点工作方案基础上，2010 年 11 月，广州市民政局制定颁发了《关于印发广州市街道社区综合服务中心试点建设期间三个工作规范的通知》，分别是《广州市街道社区综合服务中心实施政府购买服务流程规范（试行）》《广州市街道社区综合服务中心相关参照标准（试行）》及《广州市街道社区综合服务中心资助及服务协议（试行）》三份工作规范。《广州市街道社区综合服务中心实施政府购买服务流程规范（试行）》就政府在社会工作领域购买公共服务的流程以及参加招投标的专业社工服务机构资质进行了详细的说明，这对于规范购买服务、招投标过程有着重要的指导作用。《广州市街道社区综合服务中心相关参照标准（试行）》就综合服务中心的建设内容给予了具体说明，包括综合服务中心各领域服务质量标准（中心必选服务内容为家庭、老年人、青少年服务，运营单位另可根据社区实际需要设置两个及以上服务领域，如残障康复、义工服务、社区矫正服务等）、中心运营建设标准、中心运营管理标准、服务对象权利保障标准、协调评估机制标准以及中心考核评分标准。这一文件对于规范综合服务中心业务范围、促进机构完善日常管理与运营建设、厘清服务内容与标准等起到了重要的指导作用。《广州市街道社区综合服务中心资助及服务协议（试行）》明确了服务资助方、项目实施及管理方、服务提供方三方的权利义务、资助金额和拨付方式等。

2. 全面铺开阶段

2011 年 7 月，广州市委、市政府颁布了《关于全面推进街道、社区服务管理改革创新的意见》。2011 年 9 月，广州市委、市政府出台了《关于加快街道家庭综合服务中心建设的实施办法》（穗办〔2011〕22 号）。这两份文件的颁布，开启了广州地区家庭综合服务全面铺开阶段的大门。与试点时期要求分步建设、稳步推进家庭综合服务的渐进式发展目标不同的是，文件提出了"到 2011 年底，全市所有条件成熟的街道要开展家庭综合服务中心建设工作；到 2012 年上半年，全市每条街道至少建成 1 个家庭综合服务中心"的基本目标。

2011 年 10 月，广州市民政局发布《关于公开征求对〈关于开展民办社会工作服务机构公共财政基本支持资助工作的通知（征求意见稿）〉意见的公告》。同年 12 月，广州市民政局发布《关于开展 2011 年民办社会工作服务机构公共财政基本支持资助工作的通知》，并对符合申报条件的 37 家社工服务机构提供了 10 万～20 万元不等的一次性资助，资助标准为：（1）社会工作专业人员 5 人及以下，给予 10 万元资助；（2）社会工作专业人员 6～10 人，给予 15 万元资助；（3）社会工作专业人员 11～15 人，给予 20 万元资助；（4）社会工作专业人员 15 人以上，给予 25 万元资助。

广州市在推行家庭综合服务中心的同时，以资助或奖励的方式支持社工服务机构的发展。2011～2013 年，广州市民政局连续对符合条件的社工机构进行了一次性资助或以奖代补。先培育民间机构，支持机构发展，再通过购买服务的方式，将家庭综合服务中心交由民间社工机构运作、自由竞争。在全面推行阶段，家庭综合服务中心主要采取试点时的模式一，即通过民间社会工作类社会组织自由竞争、公开招投标的方式来运作。根据《广州市街道社区综合服务中心实施政府购买服务流程规范（试行）》，承接街道社区综合服务中心整体营办或特定的社会服务项目的应当是"具备相应资质的社会工作类社会组织"，即以专业社会工作者为主体，坚持"助人自助"的宗旨，遵循社会工作专业伦理规范，综合运用社会工作专业知识、方法和技能，开展社会工作专业服务工作的社会团体或民办非企业单位。

广州市街道社区综合服务中心的服务为"3＋X"的模式，即三项规定服务加两项自选服务。家庭、老年人、青少年三大领域的服务为规定服务，再根据当地实际需求设置两个领域以上的自选服务。根据《关于进一步做好街道家庭综合服务中心建设工作的函》（穗民函〔2012〕263号），每个街道政府购买服务的经费为200万元，这些钱必须全部用于购买服务，不得用于设备购置、场地装修或租金等其他方面。购买服务总经费的60%用于人员开支，10%用于专业支持，如聘请督导、对工作人员进行培训等，10%用于开展专业服务和活动，10%用于日常办公，10%用于其他如中标费用、评估费、机构年度相关税费等。根据《关于加快街道家庭综合服务中心建设的实施办法》（穗办〔2011〕22号）每个家庭综合服务中心可配备20名工作人员，其中2/3以上为社会服务领域相关专业人员，1/2以上为社会工作专业人员。

截至2012年底，广州市共有152个家庭综合服务中心，其中街道层面的138间，镇层面的14间[1]，基本达到了穗办〔2011〕22号的要求。[2] 到2014年底，广州市家综共有171间，其中街道层面的138间，镇层面的18间，社区层面的15间。[3]

---

① 广州市民政局：《关于2013年度全市家庭综合服务中心评估结果的通报》，2013。
② 根据行政区划网，http://www.xzqh.org/html/show/gd/36926.html，广州市共有11个市辖区，136个街道，34个镇。
③ 雷杰等：《广州市政府购买家庭综合服务分析研究》，社会科学文献出版社，2015，第11页。

三 其他城市的社区服务中心

东莞于 2011 年启动"社区综合服务中心示范点建设"，印发了《东莞市社区综合服务中心示范点建设实施方案》（东府办〔2011〕72 号）。2011 年以后，东莞市连续 3 年将社区综合服务中心建设列入市政府"十件民生实事"，投入 1 亿余元建成了 55 个社区综合服务中心示范点，初步构建了以社区综合服务中心为平台、以社会组织为驱动、以社会工作为手段的社区服务体系。2014 年东莞市印发了《东莞市社区综合服务中心建设运营"以奖代补"实施方案》，指导莞城西隅等 50 个村（社区）根据要求制订社区综合服务中心（站）建设方案。这标志着该市扶持社区综合服务中心建设的方式，将由财政直接资助转为"以奖代补"资助，社区综合服务中心建设开始全面进入推广普及阶段。根据"以奖代补"资助机制，从 2014 年 1 月起，市政府对符合条件的村（社区）自建社区综合服务中心（站），分别给予一定的服务设施建设奖励和购买社会组织运营服务奖励，以进一步调动各镇（街）的积极性。随着"以奖代补"政策的实施，预计到 2016 年，该市 50% 的村（社区）将建成社区综合服务中心。

惠州市于 2013 年发布《2013 年惠州市社区综合服务中心运营示范点建设实施方案》，同时出台《惠州市社区综合服务中心设置运营与评估标准（试行）》。惠州市也将社区综合服务中心建设作为"十件民生实事"项目之一，在 2013 年和 2014 年各提出建设运营 20 个社区综合服务中心示范点，确保每年建设的城市社区综合服务中心数量不少于本县（区）城镇社区总数的 15%，力争到 2017 年实现各地 50% 以上的城镇社区建有社区综合服务中心的目标。惠州的每个社区综合服务中心每年运营经费 40 万元，其中市级财政安排 30 万元，各县（区）财政安排 10 万元。费用开支主要包括向社工组织购买社工服务费、聘请专业社工督导（顾问）费、业务培训费等。惠州社区综合服务中心每年招标一次，但基于社工服务的稳定性和连贯性考虑，如果在考评中各评分项目都达到优秀以上的组织，将在下次招标中获得一定加分。珠三角各地社区服务点的基本情况见表 2-2。

表 2 - 2　珠三角各地社区服务点的基本情况

城市	社区服务点名称	开始年份	投入情况（万元/个）	辐射区域	数量（截止日期）	资金来源
深圳	社区服务中心	2010	50	社区	652（2015 年 12 月）	市福彩 + 区财政
广州	家庭综合服务中心	2010	200	街道	174（2015 年 2 月）	市、区两级财政
东莞	社区综合服务中心（站）	2011	77	村（社区）	100 家（2013 年底）	财政以奖代补
惠州	社区综合服务中心	2013	40	社区	40（2014 年 11 月）	市财政 + 区财政

资料来源：由深圳市社会工作者协会提供。

第三节　珠三角地区社区服务中心的总体特点

尽管珠三角各个城市社区服务中心的具体名称有所不同，经费规模、运营模式、覆盖范围等存在差异，但总体上来看，珠三角各地的社区服务中心都是借鉴了香港家庭综合服务中心的经验，通过政府购买服务，形成了以社会组织为载体，以专业社工为骨干，以义工队伍为基础的社区综合服务模式。具体地说，各地社区服务中心①呈现出以下特点。

一　以综合性基础服务为重点

珠三角各个城市的社区（综合）服务中心均为面向社区各类居民提供综合性服务的场所，服务对象包括老年人、儿童、青少年、家庭等。深圳和东莞的规定性服务内容更多，如根据 2013 年《标准》，社区服务中心需要提供的社区公共服务包括老人、残疾人、妇女儿童及家庭、青少年、优抚对象等基础人群服务，药物滥用者、社区矫正人员、失业及特困人员等特定人群服务，以及居民自助互助服务。根据《东莞市社区综合服

_____

①　为了行文的简洁，如没有特别说明，本部分所说的社区服务中心均包括广州的家庭综合服务中心。

务中心示范点建设实施方案》（东府办〔2011〕72号），社区综合服务中心的服务内容包括面向老年人、儿童、残疾人的福利性服务，面向家庭、青年人、新莞人的公益性服务，面向广大居民、企事业单位的低偿便民服务，组织居民开展的自助、互助性服务，等等。而广州市家庭综合服务中心的服务项目则采取"3+X"的模式。3为必选项目，分别为老年人、家庭、青少年，X为自选项，各中心只需根据中心实际情况，因地制宜，重点选择2项或2项以上服务即可，如残障康复、义工服务、社区矫正等。根据统计，义工领域和残障康复领域，是除了三大基本服务外"家综"开设服务项目数量最多的服务领域。

概括地讲，深圳、东莞社区服务中心是面向社区中各个群体的多样化综合性服务，虽然能确保每个社区的各类人群都可以享受到基础性服务，但容易造成资源的浪费和服务的同质性，不利于开展特色服务；而广州市的家庭综合服务中心则更具有服务的自主性和灵活性，有利于中心根据街道社区情况、因地制宜地开展社区真正有需要的重点服务项目，把服务做精、做细，更有利于专业社工服务及中心品牌项目的培育。

二 政府主导推进实施

珠三角的社区服务中心之所以得以在短短的几年时间内在各地迅速推广，政府主导无疑是最重要的因素。政府主导的过程有如下两个特征。

（1）自上而下逐步推进。各地的社区服务中心无论是在试点阶段还是在全面推行阶段，无论是运营标准还是招投标指引，都是政府政策先行，各种配套措施逐步完善和推进，市级层面出台指引性文件，区县及街镇出台具体的操作细则。

（2）以政府出资为主要经费来源。无论是福彩公益金支持，还是市区政府财政出资；无论是奖励，还是资助，抑或是补贴：不管叫法如何，对于社区居民以及运营社区服务中心的社会组织来说，都是政府出资购买服务，即社区服务中心当前的运营经费主要来自政府购买服务。广州、深圳2010~2015年社区服务中心的经费投入见表2-3。

表 2-3 广州、深圳 2010~2015 年社区服务中心的经费投入

单位：万元

城市		2010 年	2011 年	2012 年	2013 年	2014 年	2015 年
广州		4000	10800	30000	31000	31000	31000
深圳	合计		2451.55	5922.3	16790.36	26871.37	31121.95
	市级		725	652.43	7937.5	15125	15466.65
	区级		1726.55	5269.87	8852.86	11746.37	15655.3

资料来源：广州市的数据来自雷杰等著《广州市政府购买家庭综合服务分析研究》，社会科学文献出版社，2015，第 145 页；深圳市的数据由深圳市社会工作者协会提供。

三 以民办社工服务机构为主要的服务供给主体

珠三角的社区服务中心尽管是政府主导下的产物，但是采取了民间运作的方式，民办社会工作服务机构成为社区服务中心的主要运营主体。政府和民间社工机构合理分工，政府角色为政策规划、资金支持和统筹监管，民间社工机构则为直接服务主体，并建立了竞争机制。

珠三角各地的社区服务中心并不具备法人地位，只是一个在社区提供服务的平台，该平台由参加政府招投标中标后的运营主体派驻工作人员进行管理和服务。[①] 各地对于参与招投标组织的资质有不同的规定。广州市参与家庭综合服务中心招投标的社会组织需为"具备相应资质的社会工作类社会组织"，即明确规定只有社会工作类的社会组织才具有参与招投标的资格。深圳并没有规定社区服务中心的运营主体必须是社会工作服务机构，只要是"在深圳市级或区级民政部门登记成立的社会组织，或者居民委员会"，都有参加政府招投标的资质。

尽管政策上的规定各不相同，但是事实上各地均形成了以社会工作服务机构为主要运营主体的模式。据深圳市社会工作者协会统计，深圳市社区服务中心的运营主体中，有 98% 为民办社会工作服务机构，2% 为其他社会组织。这样的结果与社区服务中心对于人力资源的资质要求有关，以深圳为例，2013 年《标准》要求"社区服务中心应建立以专业社会工作者

---

① 深圳市盐田区有 8 家具有法人地位的社区服务中心。详见本书第五章。

（已获助理社工师及以上职称，并已在深圳市社会工作者协会注册的社会工作者）为骨干的运营团队，原则上应配置 6 名左右全职工作人员（其中注册社工应不少于 3 名）"。实际运营中的社工所占比例更高，深圳全市基本上都是"4 + 2"模式（4 名社工 + 2 名行政辅助）。这一人力资源配置的要求使得社工服务机构具备先天优势，而其他类型的社会组织及居委会则会因不符合基本要求而无法获得招投标资格。①

中标的社会工作服务机构与社区服务中心的关系如下：每一个社区服务中心均作为社工服务机构的一个项目来管理，由社工服务机构向该社区派驻社工和行政辅助人员，社工服务机构为该社区服务中心的工作人员提供管理、支持和指导。笔者在调研中发现，社工服务机构会根据本机构自身发展的需要在不同的社区服务中心之间调配人力资源，并根据人员流失或流动等情况，随时补充新的工作人员，动态性地符合社区服务中心人力资源的配置标准。一次中标的服务期通常为 3 年，3 年期满后重新招投标，一家社区服务中心有可能更换运营的社工服务机构。

社区服务中心的推行带动了珠三角地区民间社会工作服务机构的发展。社工服务机构与社区服务中心相伴而生，社区服务中心的推进加快了社工服务机构的出现，而社工服务机构的发展和专业提升又为社区服务中心的推进奠定了良好的组织基础。

一是民办社工机构数量迅速增加。广州市政府在推行家庭综合服务中心的同时，也制定了培育扶持社工服务类机构的政策。广州市民政局以一次性资助或以奖代补的方式加快培育、支持社工机构发展。2011 年"家综"项目在全市推广，催生了一大批社工机构。2012 年社工机构数量为 140 个，约比 2011 年翻一番。截至 2014 年底，广州市社工机构总计 267 个，是 2009 年的约 20 倍。② 深圳市的社工机构数从 2007 年的 2 家增至 2014 年的 122 家，参与社区服务中心运营的社工机构数量从 2011 年的 19 家增加到 2015

① 盐田区在 2015 年允许社区服务站参与招投标，中标后再由社区服务站购买社工服务。详见本书第五章。
② 雷杰等：《广州市政府购买家庭综合服务分析研究》，社会科学文献出版社，2015，第 153 页。

年的 48 家（见图 2 - 1）。各民办社工机构竞争有序，参与深圳市各区（新区）运营社区服务中心的社工机构数从 5 家到 28 家不等，平均每个区每家机构运营的社区服务中心数从 2.40 个到 6.80 个不等（见表 2 - 4）。

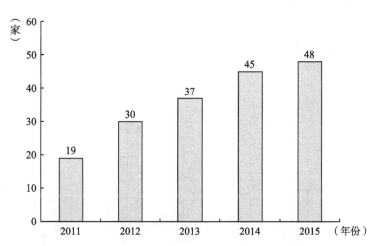

图 2 - 1　深圳市参与社区服务中心运营的机构数量

资料来源：2016 年问卷调查数据。

表 2 - 4　2015 年底深圳市各区社区服务中心运营机构数

区　　域	社区服务中心总数（家）	参与运营的机构数（家）	平均每家机构运营的中心数（个）
福田区	95	26	3.65
罗湖区	83	26	3.19
南山区	102	15	6.80
盐田区	20	5	4.00
宝安区	125	28	4.46
龙岗区	109	18	6.06
光明新区	28	7	4.00
坪山新区	24	10	2.40
龙华新区	57	18	3.17
大鹏新区	23	7	3.29

资料来源：根据深圳市各区（新区）2016 年 3 月上报数据汇总。

二是来自社区服务中心的收入是社工机构收入的重要组成部分。2011~2015 年，来自社区服务中心的收入占社工机构总收入的比重逐步加大

（见图 2 – 2）。2015 年有 23 家社工机构总收入的 50% ～75% 来自社区服务中心，有 13 家社工机构总收入的 75% 以上来自社区服务中心（见图 2 – 3）。

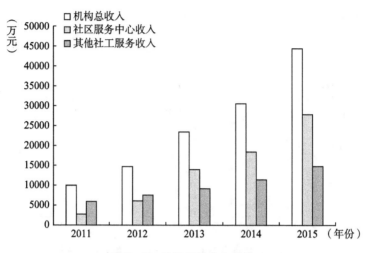

图 2 – 2 社工机构收入结构

资料来源：2016 年问卷调查数据。

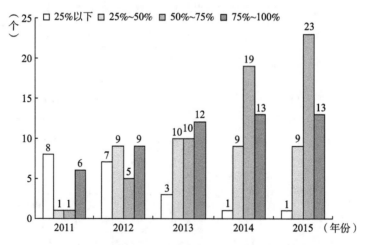

图 2 – 3 社区服务中心的收入占社工机构总收入的比重

资料来源：2016 年问卷调查数据。

三是社区服务中心的服务产出成为社工机构主要的服务量。2016 年问卷调查显示，深圳市运营社区服务中心的 48 家机构，2013 ～2015 年提供的个案、小组和活动总数约 10 万个（见表 2 – 5），占社工机构总服务量的比

例一直保持在 60% 以上，在 2015 年小组和活动的服务比例甚至占到 80%
（见图 2-4）。

表 2-5　深圳市 2013~2015 年社区服务中心的服务产出

单位：个

项　目	2013 年	2014 年	2015 年	合　计
个案	4974	8223	10876	24073
小组	2324	3816	5653	11793
活动	12655	19991	30475	63121

资料来源：2016 年问卷调查数据。

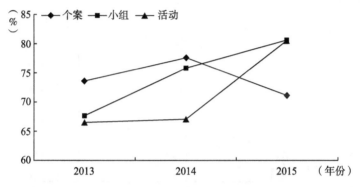

图 2-4　社区服务中心的产出占社工机构总服务量的比例
资料来源：2016 年问卷调查数据。

在社工机构发展的同时，专业社会工作者数量也在迅速增长。2008~2014
年，广州市通过国家职业资格水平考试的人数持续增长，尤其是 2011 年"家
综"全面推广后，增长更为明显。2014 年通过社会工作者考试的人数增至
8435，比 2008 年增长了约 6.88 倍。[①] 深圳市的持证社工从 2008 年的 1639 人
增至 2014 年的 7070 人（见图 2-5）。近几年，在社区服务中心提供服务的社
工数量快速增长。2016 年问卷调查显示，在参与调查的 48 家机构中，2015 年
从事社区服务的社会工作者数量比 2011 年增长了 11 倍以上，从事社区服务的
社工人数占全部社工的比例由不足 20% 增加到 50% 以上（见图 2-6）。

———————

① 雷杰等：《广州市政府购买家庭综合服务分析研究》，社会科学文献出版社，2015，第 146
页。

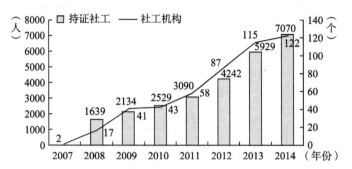

图 2-5　深圳市的社工机构数及持证社会工作者数
资料来源：由深圳市社会工作者协会提供。

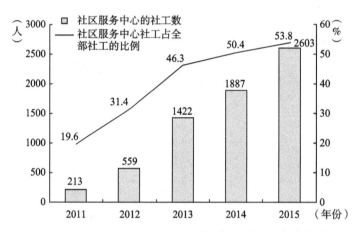

图 2-6　社区服务中心的社工数及社区服务中心社工占全部社工的比例
资料来源：2016 年问卷调查数据。

四　通过第三方评估监管社区服务中心

"政府出资购买、社会组织承办、全程跟踪评估"是珠三角地区社区服务中心运作的基本模式，监管评估是整个模式中重要的一环，在各地的政策文件中都专门提到了评估。如广州规定，"家综"的合约每 3 年为一个周期，每年都需要进行末期评估。如果该"家综"在任何一次末期评估中不能达到合格的水平，购买方将终止与服务提供方的合约，启动政府采购工作程序重新招投标。深圳 2013 年《标准》规定，社区服务中心的评估等级分为 A、B、C 三级，合同有效期限为 3 年，项目一年期满时，经综合评估，结果为 B 及以上等级的，合同将自动延续一年。若被评为 B⁻ 等级，区主管部门应责令其进行整改。第二年评估结果仍为 B⁻ 等级的，应单方面终止营运合同，另行招标。如年度评估结果为 C 等级，须终止合同，另行招标，且原项目运营者不能参加下一年度该项目的竞标。①

深圳 2013 年《标准》要求，市主管部门委托第三方评估机构进行多主体综合性评估，逐步建立以"全程督导、监管与评估"为特征、过程性评估与总结性评估相结合的外部质量监控体系。区主管部门可组织进行过程性评估，即社区服务中心要接受市、区两级的双重评估，评估对象、评估机构和评估内容略有差异。广州市在《关于加快街道家庭综合服务中心建设的实施办法》（穗办〔2011〕22 号）中提出，家庭综合服务中心的评估工作由市民政局统筹指导，评估工作由区（县级市）民政局具体负责。

五　通过持续培训提高社区服务中心的服务能力

为了提高社区服务中心的专业服务和管理水平，各地均把社工的培训和督导人才培养机制纳入社区服务中心发展的总体规划之中，拿出专门经费用于业务培训和督导工作。

早在 2008 年，深圳市民政局就颁布了《深圳市社会工作人才教育培训方案（试行）》，全面落实在职在岗社会工作人才全员教育培训，建立社会工作人才教育培训制度。社区服务"十二五"规划中指出要加强对社区服务人员的专业培训。推进社区服务中心后，深圳市社会工作者协会在市民政局的指导下，持续举办面向社区服务中心主任及社工的培训课程。在培训方面，深圳突出以社区服务中心管理人员专项系列培训为主，以社区领域沙龙培训为辅的培养方式，同时结合各项主题培训，分别对社区中心主任、社工进行有针对性的特色培训。如在督导助理赴港培训中，大部分督导助理在社区服务中心工作；又如在社区志愿服务发展项目中，社区志愿

---

① 但笔者在实际调研中发现，截至 2015 年底，规定从未实施。招投标与评估结果并未真正结合，详见下文有关招投标的论述。

者管理员是重点培养的对象。随着全市社会工作服务扩展及覆盖到各社区，深圳的培训资源将越来越多地倾向于社区社工。

根据《关于进一步做好街道家庭综合服务中心建设工作的函》（穗民函〔2012〕263号），广州市规定各街道家庭综合服务中心对新入职的正式工作人员必须安排不少于5天的入职培训，另每年必须安排不少于72小时的专业提升培训。所需经费由各区、县级市民政局向区、县级市财政申请，或由承接服务机构在购买服务经费中支出。广州市"家综"社工督导对提升社工的服务质量起到了显著作用，广州市已经形成了以境外督导、高校督导和本地非高校督导为主的督导队伍，督导人员从业年限较长，经验较为丰富，能够提供较为充足的督导服务。[①]

东莞市专门安排50万元作为社区服务中心的工作经费，其中10万元用于业务培训及综合协调工作。

六　通过整合多种资源完善基础设施建设

服务场地是社区服务中心开展工作的最基础条件。各地的政策中均对服务的场地面积提出基本规定。例如，深圳要求"社区服务中心可利用室内场地总面积应不低于400平方米，设立服务接待、个体辅导、团体活动、行政办公等场所或区域，并配备消防设施、逃生路线标识、无障碍通道等"。广州市要求每个家庭综合服务中心的场地使用面积不少于1500平方米。东莞市要求社区综合服务中心有一栋或几栋服务大楼，服务功能室总面积原则上不少于1500平方米。

在已有的建成区新增加社区服务中心的场地是有难度的。因此，社区服务中心的服务设施基本上都是在整合各社区现有资源的基础上形成的，各社区对星光老年之家、党员活动室、社区图书室等场地及硬件设施进行统一规划。以政府整合为主，统筹解决社区服务中心场地设施并提供资金支持，较好地克服了以往社区服务设施不足、设施零散分割使用效益不高、

---

① 雷杰等：《广州市政府购买家庭综合服务分析研究》，社会科学文献出版社，2015，第110~111页。

设施后续资金人力投入匮乏以及短中期内难以大量规划建设新场地设施等问题，为社区服务的开展创造了良好条件，从而使公共资源的使用效率大大提高。

第四节　社区服务中心的招投标情况
——以广州和深圳为例[①]

社区服务中心采取了政府购买民间机构服务的基本模式，招投标是购买服务中的重要环节，珠三角各地招投标方式基本类似，下文仅以广州和深圳为例做一说明，并进行简单探讨。

一　政府采购社区服务中心的主要做法

1. 采购方式

根据《政府采购法》，政府采购有公开招标、邀请招标、竞争性谈判、单一来源、询价及其他六种方式。

（1）公开招标：采购人以招标公告的方式邀请非特定的供应商进行投标。

（2）邀请招标：采购人以投标邀请书的方式邀请特定的供应商进行投标。

（3）竞争性谈判：采购人直接邀请3家以上供应商就采购事宜进行谈判。

（4）单一来源：采购人向特定的一个供应商采购。

（5）询价：采购人邀请特定的对象一次性询价从而确定签约人。

（6）其他：国务院政府采购监督管理部门认可的其他采购方式。

目前在政府对社区服务中心的采购中，一般采用公开招标的方式。在采购具有特殊性质的社区服务中心时也会用到单一来源的方式。例如，2009年深圳市妇联通过政府购买的方式，在全市成立了7个"阳光家庭综合服

---

① 此小节初稿主要由谌凤完成。

务中心"。2012 年应《深圳市社会工作事业发展"十二五"规划》的要求，转型为"社区服务中心"时，采用单一来源的方式由深圳市阳光家庭综合服务中心运营其中的 4 个"阳光家庭综合服务中心"。

随着社工服务的快速发展，社区服务中心数量不断增加，为了提高采购效率，有些区（深圳福田区、罗湖区）通过公开招标选出一批预选供应商，当后续有社区服务中心招标时，邀请预选供应商参与投标，从中确定中标供应商。

2. 评标定标方法

评标方法一般有综合评分法、性价比法、最低价法以及法律、法规及规章规定的其他评审方法。

综合评分法是指在最大限度地满足招标文件实质性要求的前提下，按照招标文件中规定的各项因素进行量化打分，以评标总得分最高的投标供应商作为中标候选供应商或中标供应商的评标方法。性价比法是指除价格因素外，经对投标文件进行评审，计算出各评分因素的总分，除以投标报价，以商数最高的投标供应商作为中标候选供应商或中标供应商的评标方法。最低价法是指以价格为主要因素确定候选中标供应商的评审方法，即在满足招标文件实质性要求的前提下，以报价最低的投标供应商作为中标候选供应商或中标供应商的评标方法。

在社区服务中心的采购中，广深两地目前一般采用综合评分法进行评标，两地在评标和定标方面有同有异。

首先，广深两地一般采用综合评分法，虽然深圳在 2013 年前也采用最低价法，如深圳市福田区和南山区对社区服务中心采用最低价法，报价最低者中标，但大部分区是采用综合评分法进行评审。采用综合评分法评审的内容一般都包含服务/技术部分和商务部分，尤其是在人员的配置方面，要求提供拟投入本项目的人员名单、专业证书、身份证、劳动合同等。评审委员会均由采购单位和评标专家组成，其中评标专家是从专家库中随机抽取而来。在上年度评价占比方面，广深两地均较小，其中广州一般为 3~5 分；而深圳一般为 1~8 分，个别区 10~15 分，如南山区 15 分（见表 2-6）。

表 2 - 6　广深两地在评标定标方面的相同点

条　目	内　容
主要评审方法	综合评分法
评审内容	服务/技术部分（调研、服务计划、指标、服务对象范围、人员配备等） 商务部分（机构资质证明、整体情况、同类项目经验、资源整合能力等）
评审委员会组成	由采购单位代表和有关技术、经济等方面的专家组成，其中技术、经济等方面的专家不少于成员总数的 2/3。评标委员会成员从评标专家库中随机抽取
上年度评估成绩	占比小。广州 3~5 分；深圳占 1~8 分，个别区占 15 分

其次，广深两地在评标定标方面有一定的差异，体现在以下几个方面。

（1）社区服务中心的规模不同，广州社区服务中心一般为 20 人，购买经费为 200 万人，而深圳社区服务中心一般为 6 人，购买经费为 50 万元。

（2）在评审内容方面，有较大差异。广州对社区服务中心采购的评审注重服务工时，而不评投标报价。深圳则相反，注重报价而不评服务工时。在人员配备方面，两地都对人员的数量、资历提出了要求，且要提供相应的资质证明，但不同的是，深圳除了要求提供资质证明外，还要求提供机构为本项目人员购买的近 2~6 个月的社保证明，而且要求优先聘用本区户籍人员，优先解决本区户籍人口就业问题，如宝安区、福田区、龙华新区等。在资源整合方面，广州注重机构在学术、媒体、参与公共事件等方面的情况，以及单个项目获得的资助金情况；深圳则关注机构获得非政府渠道的资金总量情况。此外，广州还注重社区服务中心督导的配备，尤其是境外督导的配备。而深圳无这一要求，因为在深圳，督导是统一由社协配备的。同时，深圳更加注重项目经费使用的规范性与合理性，比如员工薪酬与福利须控制在项目总经费的 70% 左右，服务项目运作、办公设施与场地运作成本两项各占 10% 左右（以上比例上下浮动不得超过 3%，机构营运管理费不得超过 10%）。

（3）在定标方式方面，广州一般按照评标方法，使用综合评分法的招标项目，按照综合得分高低依次中标，得分最高者中第一标段，得分排名第二者中第二标段。在只有一个标段的情况下，得分最高者中标。深圳在

2014 年 9 月之前和广州的定标方式大体相同，但在 2014 年 9 月颁布了《深圳市政府采购评标定标分离管理暂行办法》后，采用评标定标、评定分离的方式进行定标。评标定标分离（简称评定分离）是指在政府集中采购程序中，以公开招标方式采购的，由评审委员会负责对投标文件进行评审、推荐候选中标供应商并出具书面评审报告，由采购人根据评审委员会出具的评审报告和推荐的候选中标供应商确定中标供应商。适用评定分离的政府采购项目，采购人根据不同的项目选用自定法、抽签法、竞价法或者法律、法规及规章规定的其他定标方法确定中标供应商。因此评审的结果并非最终的中标结果，需根据定标方法最终确定中标供应商。例如，南山区和福田区近几次招标中，即采用评定分离中的抽签法（见表 2 - 7）。

表 2 - 7 广深两地在评标定标方面的差异

条 目	广 州	深 圳
购买经费	200 万元	50 万元
人数配置	20 人	6 人
评审内容	1. 服务工时 20 分 2. 人员配置要求：提供拟投入本项目的人员名单、专业证书、身份证、劳动合同等 3. 资源整合能力：注重学术、媒体、与其他公益组织的合作关系、慈展会、公益创投、单个项目获得各类社会资金支持等 4. 强调境外督导和本土督导的资历	1. 价格 20 分 2. 人员配置要求：提供拟投入本项目人员名单、学历学位证、身份证、注册社工证、社工资格证、劳动合同以及至少两个月的社保证明，且优先聘用本区户籍人口 3. 资源整合能力：注重机构整体获得非政府的资金支持数额 4. 强调项目经费使用的规范性、合理性
定标方式	综合得分排名	评定分离

此外，在深圳，有些区对在本区注册的机构有一定加分，使得在该区注册的机构更具有优势中标，即便是本区新注册的机构也比其他区注册的老机构有优势。例如，在龙华新区的招标评分标准中有一条"在龙华新区登记注册，或在龙华新区开展服务项目，并曾得到区级单位优秀评价的，每得一个得 2 分，最高不超过 8 分"。有些区即便在评分标准中没有设置该条内容，但实际上，从中标结果来看，本区登记注册的机构或者注册/办公地址在该区的机构，投标时依然更具优势。例如，从 2014 年 12 月 17 日深圳市宝安区 2014 年第二批新建社区服务中心运营

服务（项目编号：BACG2014034578）公开招标的中标结果（见表2-8）中可以看出，8个标段中标供应商中，有4个在宝安区注册，有2个注册/办公地址在宝安区，占总体供应商比例的75%。广州在2015年之前也存在类似的情况。

表2-8 宝安区2014年第二批新建社区服务中心运营服务中标结果

包组	采购条目流水号	项目名称	数量（个）	中标金额（万元）	中标供应商
A	27923718	2014年第二批新建社区服务中心运营服务	2	90.8	深圳市宝安区益民社会工作服务中心
B	27923799	2014年第二批新建社区服务中心运营服务	2	93.1	深圳市宝安区旭源社会工作服务中心
C	27923890	2014年第二批新建社区服务中心运营服务	2	99.8	深圳市宝安区阳光社会工作服务中心
D	27923964	2014年第二批新建社区服务中心运营服务	2	99	深圳市宝安区尚德社会工作服务社
E	27923981	2014年第二批新建社区服务中心运营服务	2	99.55	深圳市润鹏社会工作服务社
F	27924017	2014年第二批新建社区服务中心运营服务	2	99.63864	深圳市信实公益服务发展中心
G	27924130	2014年第二批新建社区服务中心运营服务	2	99.352	深圳市温馨社工服务中心
H	27924142	2014年第二批新建社区服务中心运营服务	2	99.6	深圳市龙岗区至诚社会工作服务中心

资料来源：政府采购网，http://lg.szzfcg.cn/portal/documentView.do?method=view&id=28132996。

又如，在2015年12月龙岗区45家社区服务中心（党群服务中心）项目采购（项目编号：LGCG2015057456）招标中，10个标段有6个机构在龙岗区注册，1个机构注册/办公地址在龙岗区，占总体供应商比例的70%。见表2-9。

表2-9 龙岗区2015年社区服务中心项目采购中标结果

标段	投标供应商
一标段	深圳市龙岗区至诚社会工作服务中心

续表

标　段	投标供应商
二标段	深圳市新现代社工服务中心
三标段	深圳市龙岗区正阳社会工作服务中心
四标段	深圳市志远社会工作服务社
五标段	深圳市龙岗区百合社会事务服务中心
六标段	深圳市龙岗区春暖社工服务中心
七标段	深圳市北斗社会工作服务中心
八标段	深圳市龙岗区彩虹社会工作服务中心
九标段	深圳市社联社工服务中心
十标段	深圳市龙岗区龙祥青少年发展中心

资料来源：政府采购网，http://lg.szzfcg.cn/portal/documentView.do?method=view&id=31419627。

总体来说，通过政府公开招标采购，使得政府购买社工服务更加规范，社工服务发展更有保障。这种方式也将成为政府购买社工服务的发展趋势。但在目前的实践中这种方式还存在一些问题。

二　社区服务中心招标中有待改进的地方

目前，社区服务中心招标合同有效期通常为 3 年，合同一年一签。其目的是引入竞争机制，及时把服务成效不佳的机构淘汰出去。在实际操作中，政府却发现服务质量与招投标关系甚微，无法通过招投标过程实现优胜劣汰。特别是抽签、摇号等方式看似公平，却完全未考虑机构实际的服务情况。

一是未能执行 2013 年《标准》的规定。2013 年《标准》规定，社区服务中心的评估等级分为 A、B、C 三级，合同有效期为 3 年，项目一年期满时，经综合评估，结果为 B 及以上等级的，合同将自动延续一年。若被评为 B⁻ 等级，区主管部门应责令其进行整改。第二年评估结果仍为 B⁻ 等级的，应单方面终止营运合同，另行招标。如年度评估结果为 C 等级，须终止合同，另行招标，且原项目运营者不能参加下一年度该项目的竞标。然而，这一规定从未执行，甚至相当多的业内人士并不清楚这一规定。

二是服务成效在招投标综合打分中的比重过小。政府对社区服务中心的招标评审内容中，上年度评估成绩在采购招标中占比很小，在总分 100 分中一般仅占 1~8 分，对最终的招投标结果难以起到决定性作用。例如，某机构运营的某中心在 2014 年 12 月接受市级评估，2015 年 2 月公布评估成绩为 A 等级，2015 年 3 月重新招标，该机构未能中标，未中标的原因不明。再如，某区某社区服务中心 3 个月前刚评估结束，且取得了该区前五名的好成绩，但 3 个月后重新招标，由于评定分离，抽签定标，该机构未能被抽中。

三是评标专家的专业匹配度有待提高。一般而言，评标专家由采购单位代表和有关技术、经济等方面的专家组成，其中技术、经济等方面的专家不少于成员总数的 2/3。评标委员会成员从评标专家库中随机抽取。这种方式虽然可以避免一些腐败行为和"人情标"，但专家的专业匹配度难以保证。在社区服务中心招投标中，评标专家中是社工专业或有社工行业经验的人很少，以致在评标时，他们往往较难评估供应商的专业性。

每 3 年一次的重新招投标成为社区服务中心运营机构的大洗牌，由于服务质量评估并未与招投标挂钩，无论之前的服务质量优劣，几乎都要更换运营机构。这样的做法影响了服务的延续性和社工的稳定性，进而影响了社工服务的效果。

首先，重新招标导致服务中断，损伤了服务对象的利益。原机构运营了 2~3 年，与社区服务对象、居民建立了良好的关系。由于重新招标，原机构撤离，新中标机构进驻，人员变化，导致服务中断，社工与服务对象和居民建立的关系被打破，新进驻的社工需要花一段时间去了解社区、调研需求、设计服务，与服务对象重新建立关系。而服务对象由于与原机构的关系被打破，使得其信任感降低，较难再次接受社工服务，已有的服务成果亦难以巩固。例如，某社区服务中心社工与服务对象建立了良好关系，服务对象的情况也逐步好转，但因为服务期满重新招标和社工变化，服务对象很失落。虽然经过该中心社工转交给新入驻社工，但也需要重新建立专业关系。此外，服务对象的安全感也被打破。例如，某机构的社区服务中心在运营到两年半的时候，居民得知还有几个月就要重新招标，他们比社工还着急，纷纷想办法怎么做才可以不重新招标，怎么做才可以不换机构和社工。之后的几个月里他们隔三岔五就送锦旗和感谢信，并且要求社工把锦旗和感谢信挂在办公室，为的就是让领导看到。居民以这种方式来做无声的抗拒，在一定程度上是居民们对重新招标感到焦虑和担忧的表现。

其次，影响社工的情感和信念，人为造成社工流失。重新招标导致社工缺乏对工作的安全感，当得知即将要重新招标的时候，社工就开始担心是不是要换到其他岗位，或者提前找好下家。重新招标破坏了社工与机构之间的情感，每当在召开新老机构交接会的时候，总是能看到一些人依依不舍、泪流满面。重新招标摧毁了社工对行业的信念，因为呈现出来的是无论专业服务做得好或坏，也不能够将它延续下去。有部分社工选择转到新中标机构继续服务，这对于延续服务来说是很好的做法，但由于不适应新中标机构的管理方式，这部分社工则会选择离职，或者转行。从某个中心的情况来看，原先一个中心有4人选择转到新机构，但由于不满新机构的薪酬和做法，2名社工选择离职转行。

最后，导致运营机构压缩开支，进而影响服务成效。根据政府相关要求，服务期满重新招标时，社区服务中心原运营机构在该中心的人财物需要无条件交接给新中标机构。原机构在运营该中心时，从无到有地配备各种办公设备，如电脑、打印机、相机、活动物资等，3年下来这笔投入几乎能达到30万元。现在要无条件交接给新中标机构，那么新中标机构就可以节省这笔开支。但无论新中标机构还是原机构，中标的金额都是每年50万元。如果机构的公益理念非常强，会将节省下来的这笔费用投入专业服务当中，让更多服务对象受益。但我们无法保证所有的机构都会这样做，在目前这种无条件交接和重新招标的不确定性导向下，可能会导致机构为了节省开支，缩减在办公方面的配备（因为到期后必须无条件交接），压缩服务经费（因为服务做得好也未必能延续），这样势必会影响服务的开展，阻碍专业服务的发展，无法让服务对象真正受益。

第五节　社区服务中心的评估情况
——以广州和深圳为例①

如前文所述，引入第三方评估机制是珠三角社区服务中心的共同特点。

————————

① 此小节初稿主要由高汝虹完成。

政府投入资金，购买社工服务，究竟效果如何，需要通过评估来检验。通过评估让非营利性组织更符合为社会公益而存在的目的。①

一　社区服务中心评估的基本情况

1. 深圳社区服务中心评估概况

深圳社区服务中心的评估包括市级统一的结果性评估与区级灵活掌握的过程性评估两大类。

自 2012 年开始，深圳开展市级统一的社区服务中心评估。深圳市民政局委托深圳市现代公益组织研究与评估中心为第三方评估主体，针对社区服务中心的运营情况进行评估，对社区服务中心运作的规范性、服务项目实施质量、服务成效及社会影响力进行全面评估。

自 2014 年开始，深圳市各区级民政局自行开展对社区服务中心的评估。各区在市级统一规定的基础上，制订本区的评估方案，委托第三方机构对本区运营的社区服务中心进行评估（见表 2 – 10）。

表 2 – 10　深圳市各区参与社区服务中心评估的机构

序　号	区　域	区级社区服务中委托评估机构
1	福田区	尚未进行评估
2	罗湖区	罗湖社工协会
3	盐田区	盐田社工协会
4	南山区	南山社工协会
5	龙岗区	尚未进行评估
6	宝安区	市社区建设促进会
7	光明新区	尚未进行评估
8	坪山新区	坪山社工协会
9	龙华新区	龙华社工协会
10	大鹏新区	尚未进行评估

资料来源：由深圳市社会工作者协会根据对社工机构负责人及督导的访谈获得，截至 2015 年 10 月。

---

① 官有垣、陈锦棠、陆宛苹主编《第三部门评估与责信》，北京大学出版社，2008，第 2 页。

评估结果与奖励补助挂钩，如深圳市民政局委托第三方评估机构于2014 年底对 2014 年 8～12 月运营时间在两年以上的 156 家社区服务中心进行评估。根据评估结果，10 家获得 A＋级的社区服务中心每家奖励 7 万元，88 家获得 A 级的每家奖励 3.5 万元，44 家获得 A－级的每家奖励 1.8 万元，9 家获得 B＋级的每家奖励 1 万元，3 家获得 B 级的每家奖励 0.5 万元。该奖励金的 80% 用于社区服务中心的团队运营，20% 以内作为社区服务中心合作伙伴及运营机构的奖励。

2. 广州市家庭综合服务中心评估概况

截至 2015 年底，广州共有 6 家评估机构作为第三方机构参与"家综"的评估工作。最初由广州市社协承接了 20 个试点街道的评估工作。自 2013 年开始，另外 5 家评估机构包括深圳现代、优势力、汉达、五羊和铭晨加入了广州"家综"的评估工作。这与广州市对服务项目进行考核评估的机构规定有密不可分的因素，即评估工作可以由购买方专门组织成立的考核评估小组负责具体实施，也可引入第三方进行具体的考核评估。因此，广州市在 2011 年开始试点由区民政局组织专家进行评估，2012 年全面采用分区组织评估的形式以使评估工作更为及时。

综上所述，广深两地综合服务中心评估工作都历经了由购买方专门统一组织成立引入第三方进行具体的考核评估，逐步发展到各区级购买方引入第三方或自行组织成立考核评估小组负责具体实施的过程。这种评估机制的转变可以推动评估工作有序及时地开展，在一定程度上改善了一家评估机构承担全市评估的强大工作量的现状，有利于促使评估工作和招投标工作及财政拨款时间的有机结合；这种评估机制促使评估主体由一元向多元变化，有利于社会工作评估的多方探索，避免评估垄断带来的寻租和评估暴力，为培育独立评估的民间力量释放了一定的制度空间。[①]

二 不断调整中的广深两地服务中心评估

广深两地服务中心评估既大致相同，又各有特点，且近几年在评估标

---

① 方英、谢建社：《社工服务机构评估机制探讨——以广东省为例》，《中国社会工作》2011年第 25 期。

准、方式等方面根据实际情况不断调整，以期更加科学合理。

1. 评估标准变化

从重视规范到注重成效，是社区服务中心评估标准的一个显著变化。2012 年评估依据的是《深圳市社区服务中心设置运营标准（试行）》（深民函〔2011〕585 号），重点从场地及硬件配置、人力资源配置、管理制度建设、主要服务内容、信息平台支持等方面规范社区服务中心的建设。然而，这些硬件设施及制度的建立并不能完全说明社区服务中心实际的服务效果，也难以反映服务中的深层次问题。

而 2014 ~ 2015 年深圳市区级单位作为评估主体，在评估标准上更为注重服务管理和成效体现。深圳市罗湖区评估标准有人力资源、服务管理、资源整合、成果发表、督导培训、财务。深圳市南山区评估标准包括基础运营、服务投入、专业服务、社会评价，而且开始有加分项和扣分项。这既体现了深圳市区级社会工作者协会对于服务中心评估"成效"的重视，又体现了力求透过逐年评估"调焦"实现深圳社会工作的稳步发展，这也是评估标准变化的原因。《天河区 2013 ~ 2015 年度家庭综合服务中心评估方案》的评估，从基础管理、服务提供质量、服务评估、服务交代、财务管理五个方面开展。设置了 5 个架构 10 项内容，涉及基本指标 40 个，并在评估过程中根据项目进展的时期进行有所侧重的评估。

2. 评估方式变化

从最初的以查阅资料评分为主，到运用包括查阅资料、实地走访、财务人员审核、电话访谈服务对象等在内的多种评估方式，是近年来评估工作的改进。

在 2012 ~ 2013 年深圳市民政局委托深圳市现代公益组织研究与评估中心作为第三方面向 43 家和 156 家服务中心具体实施评估工作，运用了查阅资料评分，抽查访谈服务对象，区民政局和街道社会事务办调查问卷，实地抽检等方式。但由于当时的参评数量较多，而社会工作服务领域的专家较少，导致评估中出现若干问题，影响到评估的科学性。一是评估周期较长，不同时间参评的服务中心准备资料的时间不同，导致一定程度的不公平性；二是因为实地抽查比例小，过度依赖书面资料，导致出现"资料做得好的，评估分数就高"的现象；三是因缺乏专家资源，部分稍稍经过培训的大学生便成为实地考察员，他们无法胜任实地评估工作。

而自 2014 年起，深圳市各区级民政局自行开展对社区服务中心的评估，评估方式也进行了一定的调整，如实地走访、专业财务人员审核财务情况。通过实地走访，真正观察服务中心的运营，给予客观评价，促使参评服务中心更为重视评估的工作。专业财务人员的介入，促使运营机构合理管理财务，善用活动经费服务居民。

广州市的评估方式与深圳市有类似之处，包括自我评估、现场自评汇报、专家小组提问与答疑，再次甄别、确认项目成效，并指引小组座谈，协助中心管理层理清管理逻辑。评估访谈（访谈对象包括服务对象、工作人员、其他利益相关群体）、实地考核现场、专业工作资料查阅、专家小组分析合议现场评分，每一个分数都需要所有参与的专家达成共识；现场反馈，及时对中心优劣势进行分析，提供及时有效的建议；评估后 10 日内递交评估报告。通过评估方法可以清晰地看到评估流程的操作，相信可以帮助参评服务中心准备相关事宜。而最值得肯定的地方是评估执行人员针对不同维度的重点中心管理层、中心一线员工、利益相关群体进行评估访谈，内容包括中心运营管理、具体服务技巧、中心服务反馈等，以协助推动中心完善管理、改善服务技巧、检视服务成效，在一定程度上可以达到以评促建、以评促进的目的。如此，则对评估执行人员的资质、能力、评估观点的统一性提出了高要求。2015 年广州市"家综"统筹部署评估工作，首先统筹指导与培训，组建新型评估团队，由评委、社会观察员共同构成，力求将专业性、求真性、社会性融于一体，其中评委主要由高校社会工作专业教师和评估机构专职评委构成，经过岗前培训、业务培训、后续培训以及考核，方可持证上岗，从而缩小评委水平差距和认知差距。

3. 评估各方利益相关者权重变化

在深圳市 2012 年的评估中，评估中心、区民政局、街道社会事务办、社区工作站及社区居委会所占评分权重分别为 45%、10%、10%、20% 和 15%。而在 2013 年设计过程性评估时则由各区级主管部门或街道主管部门负责组织实施；总结性评估由第三方评估机构、各区级主管部门或街道主管部门、社区居委会、社区服务中心等四方评价主体构成，权重比例是 5:2:2:1。在分值方面做了微调：适当加大了评估机构、主管单位、合作方的权重，并且适当增加了服务中心自评的权重。而 2015 年龙华新区社会建设局为评估组织方设计评估结果总分为 100 分。其中，龙华新区社会建设局为评估组织方，龙华新区社会工作协会为第三方评估协调方，龙华新区各办事处社会事务科为评估执行方，各办事处评估分值为 80 分，社会建设局评估分值为 20 分。以上设计均考虑到既让各方都有评价发言权，促使服务中心保持与各单位的沟通联系；又适当保障了评估专业独立性，在一定程度上避免"关系为上"的评估结果出现。

相比深圳市针对评估权重的设计，广州市在评估方面重点设计了沟通机制作为其中一个评估指标，从三个方面评估：中心与各方确立相应的沟通机制，并定期执行；中心能够及时跟进各方的意见、建议，对中心运作及服务做出相应调整；中心与各方的沟通顺畅、及时，得到各方普遍认可。以促使各服务中心定期与项目购买方、监管方及相关单位保持良好的沟通。同时选取镇街主要负责服务中心的领导 1 名，镇街民政科科长 1 名，街道社区管理中心主任 1 名，镇街负责服务中心对接协调的工作人员 1 名（或选取社区居委会主任 1 名），以评估街道对服务中心运作的满意度及意见建议作为评估标准。

三　社区服务中心评估中存在的问题

尽管各地对社区服务中心的评估不断改进，但作为新生事物，社区服务中心依然存在一些问题，在一定程度上制约了评估效果作用的发挥。这些问题包括以下几个方面。

一是评估目的有偏差。评估不是以评促进，通过评估帮助机构进行完善，而是从"挑毛病"的视角进行评估，评估之后的反馈和改进建议过于简单，无法有效地帮助机构改善服务。

二是评估标准不统一。市区两级、不同区之间的评估标准不统一，社区服务中心需要面对多套评估标准体系、准备多套书面材料，大大增加了管理成本和时间成本。

三是评估内容"一刀切"。与评估标准不统一相对应的是，评估内容的同质化，面对不同规模的机构、不同类型的社区，都采用同样的评估模板，对不同机构和中心提出同样要求。这也在一定程度上导致了机构和服务的同质化，制约了某些希望专注于某些专业领域的机构和中心的发展。

四是评估指标不透明。年度运营初期，社区服务中心无法得知当年度的评估指标体系，评估难以对服务起到指导作用，社区服务中心无法按照评估标准完成日常工作，只能在评估之前临时抱佛脚。

五是评估时间不稳定甚至滞后。社区服务中心的运营、招投标时间与评估时间脱钩，甚至新的招投标在前，而对原有运营情况的评估在后。评估时间的不稳定容易导致社区服务中心无法合理规划中心工作，为了评估工作而中断服务，临时性地投入评估的筹备中。评估时间的滞后甚至存在某机构重新招投标后已经不再运营某社区服务中心，却接到了运营期的评估通知的情况。评估通知中要求"对于在评估时已更换运营机构的社区服务中心，由原运营机构负责对接此次评估，新的运营机构应全力配合"。

六是评估次数过于频繁。某些社区服务中心要接受来自市级、区级，甚至街道的评估，有的区一年有两次评估，导致部分社区服务中心一年要接受四五次评估。评估期间，服务基本停滞，影响到了服务效果。

四　评估优化与简化相结合，实现以评促建

评估是为了保障服务对象的权益，用以检查服务运营机构服务提供的品质和成效，检验资助方的资金投入是否达到效果，从而引导和推动运营机构管理能力及专业服务能力的提升。未来的评估从简化流程，优化标准入手，真正实现以评促建。

一是不同评估主体应采取统一的评估指标。由权威机构建立科学的、动态的评估指标体系，既能够保障评估体系的稳定性，又可以针对不同发展阶段的社区及不同的服务类型。不同评估主体应当使用一套统一的评估体系，在内容、标准、流程等方面进行统一的培训说明，将不同评估成员的个人风格和专业倾向融入统一的评估标准中，尽量促使评估结果客观、科学、全面，减少人为差异。同时，减少一线工作人员重复准备评估材料

的工作量。

二是评估指标提前发布，指导实际服务。动态调整后的指标体系应提前一年下发至各中心，在运营前期说明评估体系的要求，让评估系统成为指导和规范社工机构及社工服务的程序指南，让各个中心能够更合理地制定服务规划，统筹全年工作安排，减少评估前夕临时准备材料的情况。

三是适当减少评估次数、降低评估频率，减少一线服务人员花在评估准备方面的时间。市级评估可与招投标时间吻合，三年一次，区级评估可一年一次。同时增加临时性抽查，以随时了解服务进展。

四是重视评估结果的反馈和应用。每一个评估周期之初、中期评估后和末期评估后分别召开阶段性总结分析会，不足的部分应该加强评估后的跟进与反馈，有效检视评估成效。同时，对评估结果进行深入研究和分析，为判断社会服务发展趋势提供数据支撑，为制定和调整有关政策提供参考。

五是推进评估工具现代化。改变目前以人工统计为主的评估方式，采用现代化设备进行评估数据的提交、查阅、统计和分析，提高评估的便捷性和效率，动态管理评估数据，并为大数据研究评估结果做准备。

第三章　服务型治理：社区服务中心
参与社会治理

在社区服务中心进驻社区之前，社区中已经存在社区工作站、社区居委会、社区老年协会等各种治理主体，社区服务中心在基层治理中到底扮演了什么角色，起到了什么作用呢？

第一节　服务型治理

服务型治理，是王思斌教授提出的社会工作机构参与社会治理的方式。所谓服务型治理，指的是社会工作机构通过承接政府委托的服务任务，利用政府和社会资源向困难群体、特殊群体和有需要的人士提供专业服务，缓解和解决他们在基本生活方面的问题的社会治理行动。服务型治理的内涵在于：通过这种服务，可以解决服务对象的困难和基本生活问题，缓和社会矛盾，可以通过服务促进政府、社会、社会组织和服务对象之间的沟通、协商，便于达成共识，也有助于社会领域特别是社会保障领域公共秩序的形成。[①]

社会工作机构参与社会治理是服务型治理，即通过服务而实现的社会治理，主要表现在：通过服务解决社会问题，维护社会秩序；通过服务促进社会治理创新；通过政策倡导促进善治。与一般的非营利组织作为共同利益或志趣者组成的群体不同，社会工作机构的宗旨是为第三方群体提供服务。社会工作所从事的不是一般的利益共同体与政府之间的协商共治，而是通过提供服务参与服务型治理。[②] 因社会工作自身的特点，其在参与服

---

① 王思斌：《以社会工作为核心实现服务型治理》，《中国社会科学报》2015 年第 696 期。
② 王思斌：《社会治理结构的进化与社会工作的服务型治理》，《北京大学学报》（哲学社会科学版）2014 年第 6 期。

务型治理过程中具有自身优势，这表现为价值观念优势，参与身份优势，深入民众生活、专业工作方法和目标取向优势。基于这些优势，社会工作切合社会治理的要求，其服务型治理对社会治理有着独特贡献。[①]

以民办社会工作服务机构为运营主体，以专业社会工作者为主要工作人员，以社区综合服务为主要职能的社区服务中心，在参与基层社会治理中符合上述服务型治理的特征，是一种典型的服务型治理。

一　社区服务中心的运营主体是民办社会工作服务机构

如前所述，珠三角地区的社区服务中心所采取的模式是政府主导、民间运作。民办社会工作服务机构通过公开招投标，以竞争的方式获得社区服务中心的运营资格，成为社区服务的主要提供者。换句话说，目前，运营和管理社区服务中心就是社会工作机构参与社会治理的主要方式。

二　社区服务中心的工作人员以社会工作者为主

目前珠三角各地的社区服务中心的运营标准均对全职工作人员的专业资质提出具体要求，要求从业人员中具备助理社工师及以上职称的要占一定比例。社区服务中心的工作人员将不同于以往传统的社区工作者，将以专业化、职业化的方式开展社区服务。

三　社区服务中心面向社区居民提供综合性基础服务

尽管具体内容略有不同，但珠三角各城市社区服务中心的服务都是面向社区各类居民，特别是弱势群体的。这些服务既包括入户探访、开展文体活动、个案心理疏导等内容，即直接解决服务对象的困难和基本生活问题；也包括面向各类群体提供相应的政策咨询、资源链接和转介，即通过社工的这些间接服务促进服务对象与政府及其他组织之间的沟通交流，协助社区居民更好地了解政府的政策，从而达成共识。

---

① 王思斌：《社会工作参与社会治理的特点及其贡献——对服务型治理的再理解》，《社会治理》2015 年第 1 期。

四　社区服务中心为社会工作者提供了参与基层社会治理的场域

社区服务中心是珠三角社会工作发展的一个阶段，是目前社会工作机构提供服务的主要方式。与社会工作发展初期的岗位社工和项目社工相比，社区服务中心的服务为社工参与社会治理提供了一个社区治理的场域。① 社区治理场域是指在影响社区治理的各种要素的共同作用下形成的网络空间。② 街道或社区中的社区居民、政府派出机构、社会组织、辖区企业等构成了社区治理场域中的关系主体。社会治理关系就是围绕着一定的公共事务和社会事务，由政府、社会组织和民众等相关利益主体共同形成，通过他们之间的协商、合作等互动形式表现出来的关系。③ 社会工作服务机构通过派出社会工作者，借助社区服务中心这一平台，与社区中的其他各方通过协商、合作等方式，共同参与社会治理。

第二节　社区服务中心在社区治理中的角色定位

为了进一步说明社区服务中心所承担的服务型治理的角色，需要把社区服务中心置于社区的多个主体中，比较社区各个主体在社区治理关系中的角色定位。

一　社区治理中的主体——以深圳为例

目前深圳的基层社区治理中，有多个治理主体，包括社区综合党委，社区工作站，社区居民委员会，社区服务中心，若干社区社会组织，等等。

社区综合党委是街道党工委领导下的基层委员会、社区各类组织和各项工作的领导核心，发挥的是领导核心作用。要在社区内宣传和贯彻党的

---

① 〔法〕皮埃乐·布迪厄：《实践与反思：反思社会学引引》，李猛、李康译，中央编译出版社，1998。
② 王丽丽：《城市社区管理创新的动力及其作用——一个场域理论视角的分析》，《城市发展研究》2011年第2期。
③ 王思斌：《社会工作参与社会治理的特点及其贡献——对服务型治理的再理解》，《社会治理》2015年第1期。

路线、方针、政策，突出党在社区治理中的政治领导。

社区居民委员会是根据《城市居民委员会组织法》设立的，是居民实行自我管理、自我教育、自我服务的基层群众性自治组织。居民委员会的性质是基层群众性自治组织，是由本居住区域的全体居民参加并自愿组成的，对本辖区内的事务进行自我管理。即从理论上讲，社区居民委员会在社区治理中扮演的是"自我治理"的角色，是居民自治的主体。但是在实践中，社区居民委员会存在"行政化"或者"边缘化"[①] 的问题，难以承载社区居民自我管理、自我教育、自我服务的自治性功能。

社区工作站是深圳在社区治理中的创新性产物，从深圳市盐田区起步，逐步推向全市。2004 年底，深圳市委、市政府召开全市社区建设工作会议，印发了《深圳市社区建设工作试行办法》，明确提出设立社区工作站。社区工作站作为政府在基层的服务机构，承接居委会承担的行政职能，起初是为了解决社区居委会行政化的问题，把属于政府行政管理的职能从社区居民委员会中剥离出来，由社区工作站承担，旨在还居委会的自治面目。[②]《深圳市社区工作站管理试行办法》规定，"社区工作站是政府在社区的服务平台，协助、配合政府及其工作部门在社区开展工作，为社区居民提供服务"。但事实上，这一"服务平台"的定位是模糊不清的。一方面，社区工作站的定性一直并不明确，该"平台"究竟是事业单位还是行政单位还是民办非企业单位，并无明确说法。[③] 另一方面，社区工作站所承担的主要工作也并非"服务"，其实际上成为街道办事处的工作延伸，承担着社区综合管理、安全事务、法制事务、人口和计生、社会保障和社会事务、社区文化、社区环境卫生和环境保护事务等工作任务。这些内容与其说是"服务"，不如说是"管理"，社区工作站实际上承担了大量的基层建设和社会维稳等具体的社区管理的工作任务。在整个社区治理格局中，社区工作站扮演的是代表政府实施基层管理的角色，是政府在社区的管理延伸。

---

① 李江：《城市基层社会的治理困境及其化解》，《城市学刊》2015 年第 1 期。

② 侯伊莎主编《透视盐田模式：社区从管理到治理体制》，重庆出版社，2006；刘润华：《社区体制研究》，《广东民政》2006 年第 7 期。

③ 蔡志军：《社区工作站要不要定性事业单位？》，《深圳晚报》2009 年 2 月 26 日，第 4 版，http://wb.sznews.com/html/2009 - 02/26/content_529117.htm。

　　社区社会组织是指由社会组织或个人在社区（镇、街道）范围内单独或联合举办的、以社区居民为主要成员或服务对象、在社区范围内开展活动的、满足社区居民多样化需求的民间自发组织。与社区居民委员会类似，社区社会组织是代表社区居民的自治性组织，具有居民自发性和基层参与性，可以成为居民自治的有效载体。但是，与社区居委会由社区全体居民参加选举，代表社区全体居民所不同的是，社区社会组织代表的是社区中某一部分利益或志趣群体居民的意愿，具有内生需求性和微小多元性的特点，可以满足居民多元需求，比社区居委会这一自治主体更加灵活多样。作为满足居民个性化需求的群众自发性组织，社区社会组织通过社区居民的广泛参与提供多样化的社区公益或互益性服务和基础性社区管理，从而推进社区自治。因此，社区社会组织在社区治理中的角色定位就是满足社区居民多元需求的自治载体。

　　业主委员会，是指由业主选举产生，代表业主利益的组织，是业主行使共同管理权的一种特殊形式。《物业管理条例》第 15 条规定，业主委员会是业主大会的执行机构，履行下列职责：召开业主大会会议，报告物业管理的实施情况；代表业主与业主大会选聘的物业服务企业签订物业服务合同；及时了解业主、物业使用人的意见和建议，监督和协助物业服务企业履行物业服务合同；监督管理规约的实施；业主大会赋予的其他职责。业主委员会是以财产关系为纽带的"财合"组织，而非基于地缘和情感的"人合"组织，业主委员会的基础是财产关系，业主自治的主要内容是财产权利和物业管理权利。[①] 理论上，业主委员会应当代表全体业主的利益，其权力基础是对物业的所有权。但目前《物业管理条例》并没有给业主委员会以明确的法律地位的界定，也没有赋予业主委员会自治组织的法律地位。同时，并不是每一个社区、每一个楼盘都会有一个业主委员会，不同社区的业主委员会在社区治理中所发挥的作用也不尽相同。

　　社区服务中心是社区中的非实体机构，由社区工作站整合社区内的各种公共资源提供服务场所，通过政府采购招投标，由民办社会工作服务机

---

① 徐道稳：《业主委员会：社区治理的结构性要素》，《甘肃行政学院学报》2011 年第 6 期。

构进驻运营，为社区居民提供各种综合性专业化的社工服务。

二　社区服务中心"服务型治理"的特点

与社区中的其他治理主体相对比，社区服务中心所实施的"服务型治理"的特点可以清楚地看出。

首先，从参与治理的内容来看，社区服务中心是由专业人士提供的综合性公共服务。这表现为：提供服务的人士是具有社会服务或社会工作专业资质的；提供的服务是带有公共性的和公益性的，是面向社区各类居民的基础性公共服务，区别于一些纯私人性的便民利民服务。而社区工作站的治理内容是在贯彻上级政府的管理意志，具有政府"管治"的治理色彩。社区居民委员会、社区社会组织和业主委员会在治理内容上的共同点是：他们都代表全体或部分社区居民或业主的利益，体现居民"自治"的治理特点。

其次，从参与治理的服务性质来看，社区服务中心所实施的服务型治理的服务性质介于内生性与外生性之间。目前，政府在购买社区服务的过程中，规定了社区服务中心若干服务内容和标准，这些服务对于社区居民来说是外生性的服务，是政府认为社区居民所需要的，是政府要求社区服务中心的社会工作者们提供给社区居民的，这些服务有可能符合社区居民的内在需要，也有可能只是政府及社区服务中心一厢情愿提供的。与此同时，社区服务中心在进驻时都应当对该社区居民进行社区需求调研，充分了解社区居民的需求，根据居民需要并结合本社区的自身特点开展服务，这些服务对于社区居民来说就是符合其内生性需求的。因此，相对于社区社会组织、业主委员会所开展的源于社区居民内生性需求的服务而言，社区服务中心的部分服务是自上而下，由社区之外的力量统一规定的；但与此同时，社区服务中心结合本社区特色提供的服务则具有一定的内生性。这也可以理解为，社区服务中心的服务型治理，既实现了协助政府执行和实施社会政策并传递社会福利的功能，又起到了发现社区需求，满足社区居民服务要求的功能。

再次，从参与治理的主体来看，社区服务中心所实施的"服务型治理"中，居民参与的主体性介于完全被动和完全主动之间。社区工作站所实施的政府管理型治理中，居民处于完全被动的地位，作为被管理者的角色被动地接受管理。而社区社会组织、业主委员会则代表了居民或业主的利益，居民或业主是参与治理的主体，他们会自发性地开展活动，提供公益或互益服务。社区服务中心的服务型治理中，居民的参与介于上述二者之间。一方面，社区服务中心作为社区外生的公共服务的提供者，提供服务；而社区居民作为社区公共服务的受益者，接受服务。另一方面，作为由专业社会工作者运营的社区服务中心在服务中会贯穿"助人自助"的服务理念，特别强调服务对象的参与和能力发展。社会工作者会鼓励服务对象在接受服务的同时，积极参与、表达需要，发现自身的知识和能力，实现增能。因此，社区服务中心的服务型治理中，包含了提供服务和自我服务的机制，激发社区居民自我服务、自我管理的能力，孵化社区社会组织，也是社区服务中心提供服务的重要组成部分。

最后，从参与治理的方式来看，社区服务中心需整合多方资源参与社区治理过程。一方面，社区服务中心本身就是资源整合下的产物，在场地硬件设施方面，社区服务中心整合了社区内已有的各种公共服务的基础设施。另一方面，社区服务中心自身的条件使其必须通过整合资源来实现社区治理功能，政府购买服务所配备的人、财、物并不足以完成社区服务中心所承载的功能。① 社区服务中心需要协调社区内外其他各个治理主体的相关资源，向其他辖区企事业单位争取场地、设施、资金、人力等资源支持，向其他专业社会组织争取专业服务支持，向其他政府部门及社区工作站等争取政府资源支持，向社区社会组织和社区居民争取社区志愿服务资源支持等，以扩大社区服务中心的资源渠道，最终实现服务型治理。

第三节 社区服务中心参与服务型治理的条件与困难

从社区服务中心发挥服务型治理的特点可以看到，社区服务中心作为社区中一个不具实体地位的平台，"服务"是其参与社区治理的最核心特点，参

---

① 详见本书第七章。

与的主体性及服务性质具有内外兼收的特点，这使得服务型治理介于纯粹的政府管治与纯粹的居民自治之间。这样的"中间"状态既给了社区服务中心参与社区治理的巨大空间，使其具备了整合各种资源提供社区公共服务的先天条件，但也对其真正发挥服务型治理的作用提出了一些客观要求。

作为处于政府管理与居民自治之间的服务型治理主体，社区服务中心既需要得到政府的支持，又必须得到社区居民的信任。只有政府与居民两方都接纳认可社区服务中心的工作，社区服务中心才有可能发挥其服务型治理的功能。然而，作为一个新生事物，社区服务中心在推进之初并不天然具备这一条件，而是存在诸多困难。

一　社会对社会工作者的认知程度低

社会工作作为一个新兴的职业，目前的社会认知度还比较低。中国青年报社社会调查中心对全国 3012 人进行的相关调查显示，高达 73.4% 的受访者不了解社工行业，其中，50.2% 的人误以为社工就是义工或志愿者，23.2% 的人将社工当成了居委会人员。[①] 即便在已经开展社工服务几年的深圳，依然存在居民对社工服务的了解程度偏低的问题，南都民调中心联合大粤网发起的调查问卷结果显示，深圳近六成的受访者对社工这个职业不了解。[②] 深圳及珠三角其他地区的社会工作是在学习香港经验的基础上形成的，然而香港的社会工作发展历史悠久，已经涵盖到家庭和个人生活的各个方面，得到了香港居民的普遍认可。[③] 而内地在快速引入并推广社会工作制度的时候，社会公众对这一职业还是非常陌生的，需要一段时间了解和接纳。

二　居民对社区服务中心的认识不清

目前社区中有多个治理主体，一般的社区居民往往很难说清每一个主体的具体工作。在已有诸多主体的基础上，又成立了社区服务中心，社区居民就更难弄清服务中心与社区工作站、居委会等治理主体究竟有何区别。

---

① 周易：《73.4% 受访者不了解社工是一种职业》，《中国青年报》2014 年 5 月 22 日，第 7 版。

② 《社工的尴尬你知道多少？》，《南方都市报》2015 年 1 月 22 日。

③ 吴亦明：《香港的社会工作及其运行机制》，《社会学研究》2002 年第 1 期。

特别是面对社区服务中心年轻的、外地的陌生面孔时，居民往往对这一新生事物持观望态度。

而对于社区中已有的治理主体，如社区工作站而言，对待社区服务中心的态度则更为复杂和多样。部分社区工作站的工作人员对社区服务中心存有疑虑，担心社区服务中心取代社区工作站的职能；部分社区工作站的领导把社区服务中心当作协助工作站处理日常行政事务的助手，把社会工作者当作工作站的临聘人员。这些态度都不利于社区服务中心工作的开展。

三　基层领导的个人态度差异大

珠三角各地的社区服务中心均为市政府自上而下层层部署，政策落实到街道办事处或社区工作站时，街道办或工作站领导的个人态度和意识对服务中心的推进起到直接作用。街道办和工作站是大力支持还是过度干预，是高度重视还是不理不睬，对服务中心的硬件设施能否顺利落实，以及中心能否顺利融入社区和开展服务均起着至关重要的作用。当全市上百家社区服务中心全面推开的时候，并非所有的街道办事处或社区工作站均已在思想和具体实施上做好准备，并非每个基层领导都形成了对社区服务的正确统一的认识，部分基层领导对社区服务中心仍持观望甚至反对的态度，那么这些区域内的社区服务中心便很难开展工作。

第四节　社区服务中心开展服务型治理的路径分析

理论上，社区服务中心在社区治理中应当扮演"服务型治理"的角色。但是，作为社区治理中的一个新生事物，社区服务中心进驻社区之后，并非可以天然发挥服务型治理的功能。根据社区服务中心的治理特点，社区服务中心发挥服务型治理的作用需要经历"融入－服务－孵化"这样的路径。

一　融入社区：发挥服务型治理的敲门砖

如前所述，社区服务中心之所以存在开展服务困难的问题，根源在于作为一个政府自上而下推进的新兴的社区以外的组织，尚未融入社区，成为被社区各方主体认可的一员。因此，融入社区是社区服务中心发挥服务型治理的第一步。在基层社区或街道，存在着多种利益主体、多种人员结构、多种社区类型，社区综合服务中心作为社区外生的服务平台，首先面临的就是了解社区、融入社区的问题，了解和处理好与社区各种利益相关者的关系，得到各方信任和支持，是实现服务型治理的基础。向上，得到社区、街道办事处，乃至市区政府的认可；向下，得到社区最广大居民的拥护。在政府管治与居民自治之间，通过服务架起一座服务型治理的桥梁。

二　服务社区：发挥服务型治理的关键点

社区服务中心本质上是要发挥服务职能的，为社区居民提供优质、专业、高效的服务是其发挥服务型治理的核心。作为政府主导、民间运作的社区服务平台，社区服务中心在服务中需要平衡以下关系。

首先，平衡综合服务与专业服务的关系。珠三角各地的社区服务中心的服务标准均为面向各类居民的综合性基础公共服务，但同时要求专业社会工作者来运营社区服务中心。如何在综合性服务上体现社会工作者的专业性，如何将社会工作的专业手法运用到各种综合服务中，如何为各类群体开展差异化的专业服务，都是社区社会工作者需要考虑的问题。

其次，平衡规定服务与特色服务的关系。如前所述，社区服务中心所实施的服务型治理的服务性质介于内生性与外生性之间，既包括了政府规定性的外生性服务，也包含了社区居民自主要求的、体现本社区特色的内生性服务。社区服务中心在有限的人、财、物的条件下，在有限的工作时间内，既要完成好协议中规定的服务指标，又要开发特色服务。

最后，平衡直接服务与整合资源的关系。如前所述，社区服务中心参与社区治理的过程是一个整合资源的过程。那么，哪些服务需由社会工作者提供，哪些服务体现社会工作者不可替代的专业性，哪些服务可以由社工协调其他资源完成？社区服务中心的社工有所为有所不为，善于整合和利用其他外部资源，才可能将精力用于专业性服务中。

三　孵化培育：强调服务对象的参与

如前所述，由社会工作者在社区服务中心所实施的服务型治理中，特别强调"助人自助"的服务理念，重视服务对象的参与。社会工作理念认为，只有发挥服务对象的能动性和潜能，让他们成为社会工作过程中的主体，才能真正解决他们的问题。因此，社区服务中心在开展服务的同时，要注意培养社区骨干，让服务对象变为服务的参与者，变被动接受服务为主动接受、主动参与、主动协助、主动提供服务。社区服务中心在进行服务型治理中，需要考虑在推动社区自治方面如何发挥作用；如何培育、孵化社区社会组织；如何培育社区志愿者队伍，形成"义工＋社工"的工作模式。

"融入－服务－孵化"，这三部分是一个有机统一的整体，是社区服务中心发挥服务型治理的路径与模式。"融入""服务"和"孵化"并非割裂的三个阶段，它们在服务型治理中会同时发挥作用，只是在社区服务中心推进的不同时期各有侧重。例如，"融入"不仅靠处理好各种利益群体的关系，更要靠提供社区居民所需要的高品质服务以及社工真诚的工作态度，要用服务打动社区，最终获得在社区的社会合法性，赢得社区居民的信任。再如，"服务"的提供主体中，本身就会包括社区社会组织，社区服务中心通过资源整合，协调各类社区社会组织提供专业服务，这一过程既涉及服务，也涉及孵化培育。本书接下来的几章将围绕"融入－服务－孵化"这三大部分，具体阐述社区服务中心如何发挥服务型治理的功能。

案例3－1作为本书的第一个案例，虽是从"三势理论"出发，但与本书"融入－服务－孵化"的路径有密切关系，从整体上反映了社区服务中心作为服务型治理主体的治理路径。这个案例将有助于读者初步了解"融入－服务－孵化"路径，下面的几章则进行深入阐述。

案例3－1　　　社区服务中心的"三势理论"运用

——以盐田街道社区服务中心为例

一、社区服务中心成立的背景

盐田街道社区服务中心于2012年4月正式成立，由盐田街道社区服务中心与深圳市龙岗区至诚社会工作服务中心联合运营。中心服务盐田街道永安、明珠与东海3个社区，总服务人口：73075，其中户籍人口：6381，非户籍人口：66694，占总人口的 91.2%。①

中心服务范围相对较广，中心的地理位置又坐落在街道办事处的副楼街道文体中心内，与各社区分离，地理位置的亲民度相对较低。同时，在中心处于街道层面，服务于 3 个社区，工作人员的数量与只服务于一个社区的社区服务中心一样，因此工作人员相对较少。

在服务面积较广，服务人数较多，工作人员又较少的前提下，如何以最少的投入创造最大的服务效益，最大限度地满足居民的需要呢？

二、社区服务中心的"三势理论"运用

1. 顺势

在中心服务开展初期，中心侧重于在社区广场上与各个居民聚集地宣传中心的服务。但是中心刚成立不久，对于中心的服务，很多居民持观望态度，信任度不够，因此很多宣传单即使派发了，很多居民也会把到手的宣传单丢入垃圾桶，宣传效果不大。中心面临着生存的困境：社区居民不知中心的存在！

中心社工经过不断讨论与探索，得出一个结论：中心要生存，首先要学会融入，融入社区与社会力量共同开展服务。如何才能融入呢？在市社工协会的培训中，听了徐本亮老师的"顺势、借势、造势"的"三势理论"后，中心成员们豁然开朗。

哪些势可以顺应而为呢？深圳 NGO 发展迅速，深圳社工服务也在大力推广，盐田区政府对盐田区社区服务中心项目建设和运营的"嵌入式"② 发展模式更是大力推行与支持，社会公众对公益事业的参与意识逐步提升。这四个势就涉及四类公益伙伴：NGO（社会团体、民办非企业单位、基金会）、社工与社工项目、政府与民间自治组织、社区义工。确定了方向，中心就开始搜索定位中心周围的政府与民间团体等社区资源，寻找中心的公益合作伙伴，然后进行借势。

2. 借势

所谓"借势"，就是借他山之势来赢得居民的信任，赢得更多的合作资

---

① 2013 年 10 月盐田政府在线信息公开数据。

② 详见本书第五章。

源，把中心的服务辐射到所服务的广大区域内，最大限度地满足社区居民的需求。

居民的需要是多元化的，但是社工不是万能的。社会分工不同，各个领域都有自己的专业人才与沟通平台。社区服务中心，须扬长补短，充分整合各界多方资源，引入拥有共同目标的公益合作伙伴，发挥各领域专业人才的专业才能，为社区居民提供更专业的公益服务，最大限度地满足社区居民的需求！

成立第一年的暑期，中心在了解社区家长与青少年儿童需求的基础上设计了两大系列活动：青少年儿童快乐暑期活动及社区家长教育活动。但是，活动中文体类专业教师资源与人员招聘成了两大难点。如何花较少的钱开展更多的专业服务，如何以最快的速度将服务进行宣传推广。经过前期的摸索与伙伴关系建立，中心引入了3个强大的公益合作伙伴：盐田街道文体中心，乐群小学，深圳市远见教育发展基金会。街道文体中心和远见基金会提供专业文体教师资源，社区小学运用内部校讯通等沟通平台负责活动宣传与通知到位，顺利解决了暑期活动的专业师资与报名问题。而且很多活动由于名额限制，后期报名的很多学生与家长都无法报名成功，只能期待下一期的暑期活动。同时，盐田街道社区服务中心的宣传也借着这个平台进入了社区小学学生所在的各个家庭之中。

由于社区居民对中心服务的认可，很多家长积极加入了中心的义工团队，中心的义工团队在不断壮大，从零开始，现已经发展到了309人。经过两年的发展，当初的社区家长与青少年儿童的两大系列活动与义工团队已经发展成中心的1个品牌服务项目与2个特色服务项目。其中关爱来深建设者子女服务项目是中心品牌服务，每年直接服务来深建设者子女900人次以上，服务平均满意度达90%以上；"与孩子一起成长"之家庭教育项目是特色项目，与"大哥哥大姐姐"义工服务计划项目则是中心特色服务。其中"与孩子一起成长"之家庭教育项目联合了远见教育发展基金会、博思家庭指导中心2个公益合作伙伴，开设一系列科学而系统的家庭教育讲座与工作坊，开通盐田街道社区服务中心网上家长学校，建立家庭教育专家咨询、家庭教育视频学习与家庭教育活动参与的平台，深受社区家长们的喜爱。

同时"大哥哥大姐姐"义工服务计划项目也联合了社区 2 所公立小学，1 所私立小学，1 所区级名牌中学资源，以"一对二"的形式，即 1 个中学生对 2 个小学生进行义务科目补习与作业辅导，服务深受中小学生及其家庭、学校的欢迎。

3. 造势

顺势、借势，剩下一个就是造势。在服务的同时，中心也非常注重中心的宣传，除了服务中的宣传，公益伙伴的宣传，中心还开展各个社区的专场宣传与流动咨询台宣传，还有新闻媒体的宣传。服务的宣传为中心赢得了更多的资源，推动了中心服务的开展，扩大了中心的服务平台，从而形成了社区服务的良性循环。

截至 2014 年 6 月底，中心引进公益伙伴资源如下：6 家政府组织、3 家民间自治组织、6 家医疗单位、7 家学校单位、2 家民间自助团体、9 家社会公益组织、2 家商业机构、7 名公益特长人才、1 个 30 人以上的义工人才库，等等。

顺势、借势、造势，三势的运用每个社区会有所不同，各有优势与特色，唯一不变的就是社区融合的理念与公益伙伴的平等合作信念。顺势而为，借势而行，相信公益界的明天会更美好。

撰写人：盐田街道社区服务中心　唐玫瑰

第四章　深圳市社区服务中心
调查统计分析

尽管珠三角各地社区服务中心或家庭综合服务中心在运作方面有一定的差异性，但其基本运营模式和服务方式是类似的。本章聚焦深圳的社区服务中心，对深圳社区服务中心参与基层社区治理的模式进行深入剖析，从而探索基层社会治理创新的路径与机制。

为了更全面地了解深圳社区服务中心实际运营及管理现状，笔者于2014年面向社区服务中心负责人，即中心主任，开展了问卷调查。调查对象为全市运营时间半年以上的社区服务中心主任或副主任。

第一节　问卷发放及回收情况

本次问卷调查通过问卷网（http://www.wenjuan.com）发布和收集，时间为2014年6月30日~7月15日。本书课题组委托深圳市社会工作者协会邀请社区服务中心主任或副主任参与网上调查，全市10个行政区域45家社工服务机构全部参与了本次问卷调查。下文的"2014年问卷调查"代指此次调查。

问卷发布时，深圳市共有325家社区服务中心实际运营时间超过半年。截至2014年7月15日，总共收到244家社区服务中心主任的问卷（其中有10家社区服务中心运营时间不超过半年，为更全面了解情况，不做剔除处理，仍视为有效问卷），社区服务中心主任或副主任参与率75%，问卷有效率100%。

在样本代表性方面，行政区域参与机构覆盖率100%，除盐田社区服务中心参与率较低外，其他行政区域的社区服务中心参与率均在50%以上，罗湖区、宝安区、大鹏新区和龙华新区参与率更高，基本能反映深圳市社区服务中心的基本情况（见表4-1）。

表 4 - 1　深圳市各区社区服务中心数量及参与调查情况

所在行政区域	运营时间超过半年数量（家）、比重（%）	参与调查数量（家）、比重（%）	参与率（%）
福田区社区服务中心	44，13.5	30，12.3	68.2
罗湖区社区服务中心	24，7.4	20，8.2	83.3
南山区社区服务中心	41，12.6	27，11.1	65.9
盐田区社区服务中心	9，2.8	2，0.8	22.2
宝安区社区服务中心	31，9.5	38，15.6	122.6
龙岗区社区服务中心	94，28.9	60，24.6	63.8
光明新区社区服务中心	28，8.6	16，6.6	57.1
坪山新区社区服务中心	23，7.1	17，7.0	73.9
龙华新区社区服务中心	18，5.5	20，8.2	111.1
大鹏新区社区服务中心	13，4.0	14，5.7	107.7

注：宝安区、龙华新区、大鹏新区的参与率超过 100%，是因为有 10 家社区服务中心运营时间虽不足半年，但也参与了此次调查。

第二节　问卷统计结果[①]

一　参与调查的社区服务中心基本情况

1. 社区服务中心行政区域分布

244 个样本来自 45 家社工机构，分布在全市 10 个行政区域，其中龙岗区与宝安区社区服务中心最多，龙岗区占比 24%，宝安区占比 16%；盐田区最少，仅占比 1%。社区服务中心行政区域分布具体见图 4 - 1。

2. 社区服务中心社区类型分布

2013 年《标准》将深圳的社区划分为纯居民社区、城中村社区、村改居社区、工业社区、混合型社区等不同社区类型，要求社区服务中心根据不同社区的社会人口特征，有所侧重地安排相应服务内容。

本次调查所收集的 244 个样本中，村改居社区和混合型社区最为常见，

---

① 本小节初稿由陈火星完成。

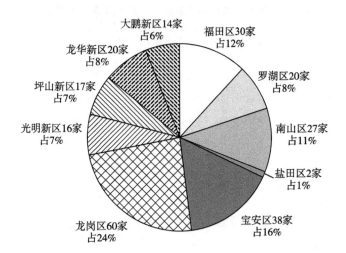

图4-1 244家社区服务中心区域分布情况

占近60%的比重；其次为城中村社区，纯居民社区（现代化居民社区）；比较少的是纯居民社区（传统老城市社区）和工业社区（见图4-2）。

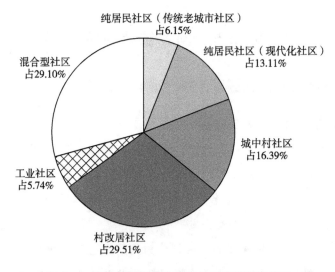

图4-2 244家社区服务中心社区类型分布情况

根据社区服务中心所在行政区域与社区类型交互分析（表4-2）可知：样本中福田区社区服务中心所在社区主要是混合型社区和纯居民社区（现代化社区）；大鹏新区和光明新区主要是村改居社区；罗湖区主要是混合型社

区；南山区则主要是城中村社区、混合型社区和纯居民社区（现代化社区）；盐田区2家社区服务中心分别是纯居民社区（传统老城市社区）和混合型社区；宝安区、龙岗区与龙华新区主要是村改居社区和混合型社区；坪山新区主要是城中村社区和村改居社区。这与深圳各区的社区类型基本吻合。

表4-2　调查样本行政区域与社区类型交互分析

社区类型 区域	纯居民社区（传统老城市社区）	纯居民社区（现代化社区）	城中村社区	村改居社区	工业社区	混合型社区	受访总人数
福田区	13.33%	30.0%	20.0%	0.0%	0.0%	36.67%	30
罗湖区	20.0%	15.0%	20.0%	0.0%	0.0%	45.0%	20
南山区	7.41%	25.93%	29.63%	3.7%	3.7%	29.63%	27
盐田区	50.0%	0.0%	0.0%	0.0%	0.0%	50.0%	2
宝安区	5.26%	10.53%	5.26%	36.84%	13.16%	28.95%	38
龙岗区	0.0%	15.0%	13.33%	35.0%	5.0%	31.67%	60
光明新区	0.0%	0.0%	12.5%	56.25%	18.75%	12.5%	16
坪山新区	0.0%	0.0%	41.18%	52.94%	0.0%	5.88%	17
大鹏新区	7.14%	0.0%	7.14%	85.71%	0.0%	0.0%	14
龙华新区	5.0%	0.0%	10.0%	30.0%	10.0%	45.0%	20
受访总人数	15	32	40	72	14	71	244

3. 社区服务中心工作人员情况

（1）50%的社区服务中心有2名及以上本地工作人员

深圳市部分行政区的社区服务中心运营服务协议中，对工作人员户籍结构提出了要求：在同等条件下，优先招聘本区户籍人员；社工辅助人员和行政管理人员队伍应招聘适当比例的本区域户籍人员；除社工外的其他工作人员，本区域户籍人员应不少于2名。

调查结果显示，50%的社区服务中心有2名及以上的本地工作人员。有1名本地工作人员和没有本地工作人员的社区服务中心各约占25%（见图4-3）。

若区分不同的社区类型，位于村改居社区中的社区服务中心本地工作

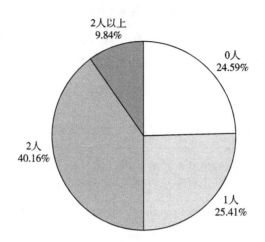

图 4 - 3　社区服务中心本地工作人员数

人员在2人及以上占比73.61%，工业社区则达64.28%。4个新区的社区服务中心中，本地工作人员所占比例较大。其中，大鹏新区14家社区服务中心中，高达92.9%的社区服务中心即13家中心有2人及以上的本地社区工作人员，光明新区有87.5%的社区服务中心有本地村民2人及以上，龙华新区为75%，坪山新区为58.82%。

（2）社区服务中心工作人员语言掌握情况

从表4 - 3中可以看出，社区服务中心工作人员中会广东话的占有相当大的比重，这有利于社区服务中心开展服务。其中，88.1%的社区服务中心有2人及以上会粤语，79.1%的社区服务中心有人会客家话，53.7%的社区服务中心有人会本社区方言（剔除无社区方言因素，实际比重达89.8%。（详见表4 - 3）。

表 4 - 3　社区服务中心工作人员语言掌握情况

掌握语言人数	粤语	客家话	社区方言
0人	2.5%	20.9%	6.1%
1人	9.4%	30.3%	13.9%
2人	29.5%	25%	20.9%
2人以上	58.6%	23.8%	18.9%
无社区方言			40.2%

（3）社区服务中心入驻后人员变动情况

社区服务中心入驻后，中心主任大都无变动（48%）或变动1次（34%），从数据上看不是很频繁，但也有近7%的社区服务中心的社区服务中心主任更换了3次以上，详见图4-4。

而社工及行政助理的变动则比较大，人员流动较频繁。将近50%的社区服务中心社工及行政助理变动达3人以上，无变动的仅占不到10%，具体见图4-5。

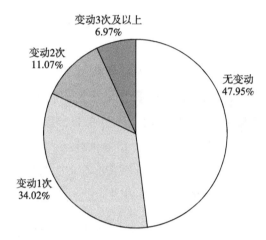

图4-4　社区服务中心主任变动情况

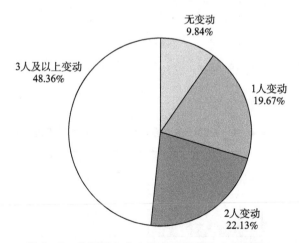

图4-5　社区服务中心社工及行政助理变动情况

二　社区服务中心融入社区的情况

1. 社区服务中心入驻花费时间差异明显

社区服务中心的协议签署三方是区民政局、街道办事处和社工服务机构，而落地是在社区，需要由社区整合现有资源提供服务场地，在协议签署与真正落地之间往往有一定的时间差。通过表4－4，可以看出约39%的社区服务中心从签署协议到进驻社区仅用时一个月，超过70%的社区服务中心入驻花费时长不超过3个月，但仍有7.4%的社区服务中心入驻时长超过9个月，差异性较大。

不同社区类型的社区服务中心入驻花费时长有所差别：纯居民社区（传统老城市社区）和纯居民社区（现代化社区）超半数在1个月内入驻；城中村和工业社区入驻时长比较分散，分别在1个月（35%，35.71%）、3个月（30%，28.57%）和6个月内（25%，21.43%）入驻；村改居社区入驻主要集中在1~3个月（41.67%），其次在1个月以内（29.17%）；混合型社区入驻主要集中在1个月内（42.25%），其次为1~3个月（36.62%）。

不同行政区域的社区服务中心入驻时长也有所不同：福田区（50%）和罗湖区（70%）的入驻时间集中在1个月以内，大鹏新区（64.29%）、宝安区（50%）、光明新区（56.25%）集中在1~3个月，坪山新区（47.06%）集中在3~6个月以内，龙华新区则（85%）集中在3个月以内。

表4－4　社区服务中心签协议与入驻的时间差

内　容	分　类	个　数	比重（%）
入驻时间	1个月以内	95	38.9
	1~3个月	85	34.8
	3~6个月	29	11.9
	6~9个月	17	7.0
	9个月以上	18	7.4

2. 社区服务中心大都承担一定的行政工作量

从总体来看，社区服务中心入驻半年内，仅 11.9% 的社区服务中心没有承担社区工作站的行政工作，其他社区服务中心或多或少都承担了一定量的行政工作；其中有 29 家社区服务中心承担了较多甚至很多的行政工作（见表 4－5）。

从所在社区类型来看，城中村社区服务中心中 20% 的社区服务中心反映没有承担行政工作，14 家工业社区类型的社区服务中心无一例外地都承担了行政工作，村改居社区中则有 15.28% 反映承担了较多及很多行政工作。

表 4－5　社区服务中心承担的行政工作量

内　容	分　类	个　数	比重（%）
入驻半年内承担社区工作站行政工作量的情况	没有	29	11.9
	较少	106	43.4
	一般	80	32.8
	较多	24	9.8
	很多	5	2.0

3. 大部分社区服务中心主任可在半年内融入社区

如表 4－6 所示，34.8% 的社区服务中心主任能在 3 个月内融入社区，多数（57.8%）的社区服务中心主任是在 6 个月内融入社区，仍有 15.5% 的社区服务中心主任融入时间超过半年。

表 4－6　社区服务中心主任融入社区的情况

内　容	分　类	人　数	比重（%）
中心主任自觉融入社区时间	3 个月以内	85	34.8
	3～6 个月	56	23.0
	6～12 个月	35	14.3
	尚未融入	3	1.2

4. 社区居民对社区服务中心的了解有待加强

由于本调查面向社区服务中心的主任，我们无法确切地知道社区居民对社区服务中心的了解情况，但可以获知中心主任主观感受到的居民情况。

约有一半的社区服务中心的主任认为，有50%以上的社区居民认识中心工作人员和知道中心，并参与过中心的服务。按照社区服务中心为社区居民服务的逻辑，了解的居民越多，我们认为越有利于社区服务中心开展活动。所以目前来看，还应该进一步促进社区居民对社区服务中心的了解。

5. 社区服务中心与利益相关方互动频次与关系建立情况成正比

社区服务中心入驻社区后，都与各利益相关方有所互动。通过表4-7得知，互动最为频繁的是社区工作站，有92%的社区服务中心选择了与社区工作站有较多或很多的互动；其次是居民委员会；与区主管单位互动较少。

表4-7　社区服务中心与利益相关方互动频次

单位：%

频次 利益相关方	很少	较少	一般	较多	很多	较多及以上
区主管单位	9	19	36	27	9	36
街道相关单位	0	6	38	46	10	56
社区工作站	0	1	7	31	61	92
居民委员会	1	2	10	40	47	87
社区社会组织	1	7	24	38	30	68

在关系建立上，调查显示，社区服务中心与社区工作站建立了良好的关系，其次为居民/村民委员会，再次为社区社会组织和街道相关单位，最后是区主管单位，详见表4-8。关系建立情况与互动频次几乎成正比。

表4-8　社区服务中心与利益相关方关系建立情况

单位：%

关系 利益相关方	很差	较差	一般	较好	很好	较好及以上 水平比重
区主管单位	0	1	41	44	14	58
街道相关单位	0	0	23	55	22	77
社区工作站	0	0	9	43	48	91

续表

关系 利益相关方	很差	较差	一般	较好	很好	较好及以上 水平比重
居民/村民委员会	0	0	13	44	43	87
社区社会组织	0	1	19	43	36	79

6. 社工站支持，社区服务中心提供优质服务，居民积极参与服务活动，这是增进社区服务中心和社区居民关系的关键

从图 4-6 可以看出，社区服务中心主任认为社区居民了解社区服务中心最有效的 3 种方式是：参与服务或活动、户外宣传、由社区居委会或工作站向居民介绍。尤其是"参与服务或活动"这一选项，244 位调查对象中仅 22 人没有选择。

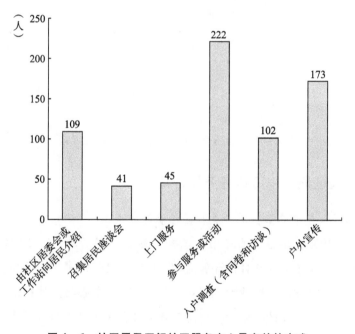

图 4-6　社区居民了解社区服务中心最有效的方式

从图 4-7 可以看出，社区服务中心主任认为，影响社区服务中心融入社区的前三个关键性因素分别是：社区工作站支持，社区服务中心服务适合本社区需求、项目服务优质，社区居民参与意识高。

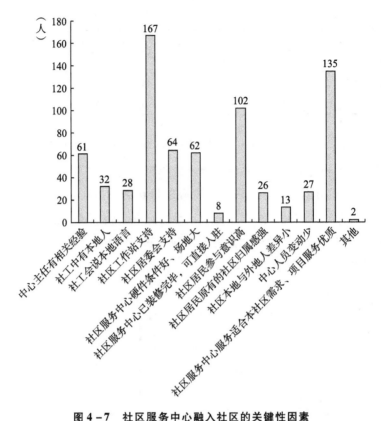

图 4 - 7 社区服务中心融入社区的关键性因素

三 社区服务中心服务开展情况

1. 社区服务中心第一次开展社区活动的方式

近半（49%）的社区服务中心选择了独立开展活动，27%的社区服务中心选择了与社区工作站合作开展活动，16%的社区服务中心采用协助、配合社区工作站的方式开展活动，仅6%的社区服务中心与其他社区组织合作开展活动，有6家社区服务中心通过与其他社工组织或外展宣传等方式开展活动，见图 4 - 8。

2. 社区服务中心的服务时间

表 4 - 9 中的数据显示，60.2%的社区服务中心每周服务时间是 6 天，近30%的社区服务中心的服务时间为周一到周五，也有 24 家社区服务中心每天都开放。每天服务时间中，超过半数的社区服务中心仅白天上班，

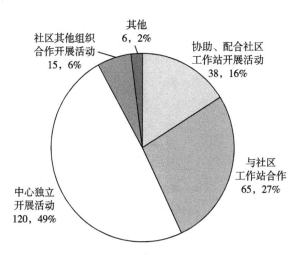

图 4 - 8 社区服务中心第一次开展活动的方式

45.1%的社区服务中心根据需要晚上值班，有 6 家社区服务中心每天晚上都有服务。

表 4 - 9 社区服务中心的服务时间

项 目	分 类	数量（家）	比重（%）
每周服务时间	周一至周五	73	29.9
	周一至周六	147	60.2
	一周七天	24	9.8
	周三至周日	0	0.0
每天服务时间	仅白天	128	52.5
	根据需要晚上值班	110	45.1
	每天晚上都有服务	6	2.5

3. 社区服务中心主任的角色定位

表 4 - 10 中的数据显示，57.4%的社区服务中心主任认为自己在协调社区各类关系方面扮演最重要角色，其次为资源整合。在体现社工专业化程度方面，46.3%的主任认为少数服务可以体现，44.3%的主任认为多数服务可以体现，仅2.5%的主任认为服务可以充分体现。

表 4 - 10   社区服务中心主任的角色定位

项　目	分　类	数量（家）	比重（%）
目前中心主任扮演的最重要角色	资源整合	70	28.7
	提供专业社工服务	7	2.9
	协调社区各类关系	140	57.4
	为其他同工提供指导	19	7.8
	其他	8	3.3
体现社工专业化程度	难以体现	7	2.9
	少数服务可以体现	113	46.3
	多数服务可以体现	108	44.3
	可充分体现	6	2.5
	说不清	10	4.1

社区服务中心的主任认为，社工最需要提升的三方面能力依次是与社区各利益相关者打交道、项目化管理和运用社工专业手法。其他能力分布如图 4 - 9。

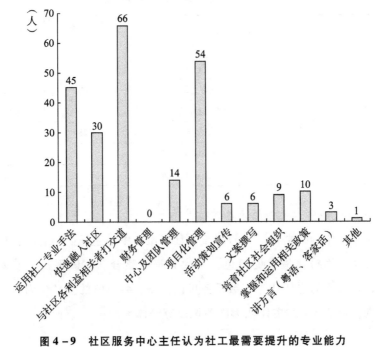

图 4 - 9   社区服务中心主任认为社工最需要提升的专业能力

4. 社区居民需求与协议服务指标相矛盾时实际处理措施

调查数据显示，仅 34% 的社区服务中心协议服务指标与社区居民实际需求基本一致、无矛盾，57.4% 的社区服务中心协议服务指标与居民实际需求存在少量矛盾，8.6% 的社区服务中心协议服务指标与社区居民实际需求有较多矛盾。

出现矛盾后，灵活处理，用符合指标要求的方式满足居民需求的社区服务中心占 54.5%；32.4% 的社区服务中心会优先满足居民需求，经主管单位或机构同意后适当调整指标；但仍有 5.3% 的社区服务中心面临"指标必须完成，无法调整，即使居民无需求也要开展服务或活动"的困境；还有 7.8% 的社区服务中心尚未遇到此类情况。

5. 社区服务中心收费性服务情况

笔者在调查中发现，84.4% 的社区服务中心没有开展收费性服务。在不同的社区，收费情况也有所差异。大鹏新区（100%）、宝安区（97.37%）、坪山新区（94.12%）反映没有开展收费性服务，其他区域收费服务情况见表 4-11。

表 4-11 不同行政区域社区服务中心与收费性服务开展情况交互

分 类	开展收费服务	未开展收费服务	受访总人数
福田区	23.33%	76.67%	30
大鹏新区	0%	100%	14
罗湖区	25.0%	75.0%	20
南山区	25.93%	74.07%	27
盐田区	50.0%	50.0%	2
宝安区	2.63%	97.37%	38
龙岗区	18.33%	81.67%	60
光明新区	12.5%	87.5%	16
坪山新区	5.88%	94.12%	17
龙华新区	15.0%	85.0%	20
受访总人数	38	206	244

如表 4-12 所示，在纯居民社区（现代化社区）社区服务中心收费性

服务比重要高出其他社区很多，而村改居社区收费情况则比较少见。

表4-12　不同社区类型社区服务中心与收费性服务开展交互

分　类	开展收费服务，受访人数	未开展收费服务，受访人数	受访总人数
纯居民社区（传统老城市社区）	13.33%，2	86.67%，13	15
纯居民社区（现代化社区）	31.25%，10	68.75%，22	32
城中村社区	17.5%，7	82.5%，33	40
村改居社区	8.33%，6	91.67%，66	72
工业社区	21.43%，3	78.57%，11	14
混合型社区	14.08%，10	85.92%，61	71
受访总人数	38	206	244

在开展收费性服务的38家社区服务中心中，36家（约95%）过去一年总的收费性服务在5000元以下，只有1家是5000~10000元，另有1家是10000~50000元。

在没有开展收费性服务的社区服务中心中，有48%的社区服务中心是社区服务中心主任认为"暂时无此需要"，23%的社区服务中心是其他原因（集中表现为时机不成熟，不适宜开展或无此需要），另外21%是因为区民政部门不允许，机构、社区和街道不允许的情况也存在，但这种情况不是很普遍。

6. 社区服务中心服务品牌建立情况

52.9%的社区服务中心主任认为所在社区服务中心服务已形成自己的服务品牌或特色，尤其是纯居民社区（现代化居民社区）和城中村社区有60%以上已形成自己的特色，其次是纯居民社区（传统老城市社区），占比46.67%。

近一半的社区服务中心形成了1~2个品牌。品牌服务主要集中在青少年、妇女、儿童、老年人、流动人口（劳务工）、残障、其他等领域，其中以青少年、妇女、儿童和老年人领域最为明显。具体见图4-10。

在未形成品牌服务的社区中，排在前三位的原因是：尚未找到能够形成品牌或服务的核心项目、入驻时间太短和相关指导不足。另外社工能力不足也是一个客观原因。具体见图4-11。

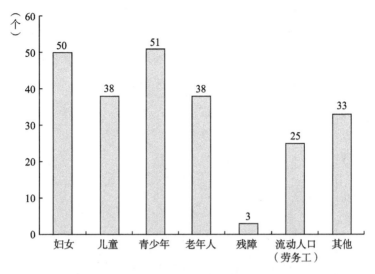

图 4 - 10　社区服务中心服务品牌服务领域分布

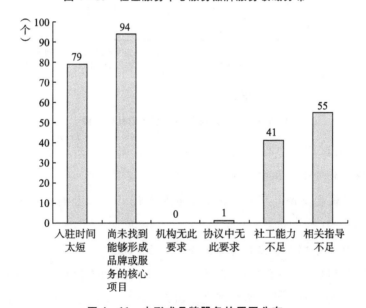

图 4 - 11　未形成品牌服务的原因分布

7. 社区服务中心资源整合情况

调查显示，各社区服务中心基本上都通过整合资源开展服务。在 244 家社区服务中心中，221 家（90.6%）与政府部门（含工青妇等群团组织）共同开展过社区服务，204 家（83.6%）与其他社会组织共同开展过服务，

152家（62.3%）与企业共同开展过服务，76家（31.1%）与其他社工机构共同开展过服务，3家（1.2%）没有与其他组织机构共同开展过服务。从图4-12可以看出，政府部门（含工青妇等群团组织）、其他社会组织与企业是社区服务中心经常合作开展服务的社区资源。

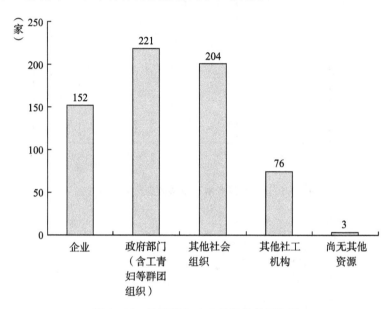

图4-12 社区服务中心获得的社区资源

244家社区服务中心入驻至今，绝大多数均获得了人力支持（93%）、智力支持（86.9%）和物资支持（86.1%），有156家（63.9%）社区服务中心获得了资金支持。其中，获得资金支持10万元以上的有9家。具体见图4-13。

8. 社区服务中心孵化和培育社会组织的情况

244家社区服务中心中有87家（35.7%）成功孵化社区社会组织。有87家社区服务中心，共备案社区社会组织285家，平均3.3家/中心。最多的1家社区服务中心（阳光家庭花果山社区服务中心）有39家备案社区社会组织；共登记126家，平均1.45家/每中心，最多的1家社区服务中心（尚德宝民社区服务中心）有20家登记的社区社会组织。

35.2%的社区服务中心主任认为孵化社区社会组织面临的最大困难是社区居民参与意愿不高，27.5%的社区服务中心主任认为手续繁杂，另有

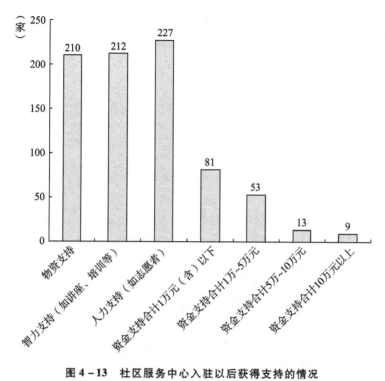

图 4 - 13　社区服务中心入驻以后获得支持的情况

21.7% 的社区服务中心主任认为社工能力还不够。详见表 4 - 13。在不同社区，社区服务中心面临的困难程度不一致。在纯居民社区（传统老城市社区），社区服务中心面临的最大困难集中在社工不具备能力及登记或备案的手续繁杂的问题上，第三才是居民参与意识不高；在纯居民社区（现代化社区），三个问题集中程度（比重）相当；在工业社区，社区居民参与意愿不高与手续繁杂这两个问题集中程度相当。

在与各区民政局签订协议时，44.7% 的社区服务中心有孵化社区社会组织的指标要求，55.3% 的社区服务中心没有指标要求。坪山新区（100%）、龙华新区（95%）普遍反映有该项指标，罗湖区（85%）和宝安区（86.84%）则普遍反映没有该项指标。由此可以看出各区要求迥异。

社区服务中心在与街道或社区工作站的合作中发现，28.3% 的社区工作站或街道有明确孵化社区社会组织的工作要求。南山区、龙岗区和龙华新区街道或社区工作站要求社区服务中心孵化社区社会组织的比重超过 40%，远高于其他区域水平；罗湖区、宝安区及大鹏新区街道和社区工作站有明确要求的比重则低于15%。在这种政策环境下，81.6%的社区服务中心社工会有意识地孵化和培育社会组织，高于协议、社区工作站或街道办明确提出的要求。

表4-13 社区服务中心孵化和培育社区社会组织的情况

项　目	分　类	数量（家）	比重（%）
孵化社区社会组织中面临的最大困难	社区居民参与意愿不高	86	35.2%
	社工不了解社区社会组织的政策	15	6.1
	社区居委会或工作站不支持	7	2.9
	社工尚不具备孵化或指导社区社会组织的能力	53	21.7
	社区社会组织登记或备案的手续繁杂，社工需花费较多时间精力	67	27.5
	其他	16	6.6
签订的协议中，是否有孵化社区社会组织的指标要求	是	109	44.7
	否	135	55.3
社区工作站或街道办是否有孵化社区社会组织的明确要求	是	69	28.3
	否	175	71.7
贵中心的社工在活动和服务中是否会有意识地孵化和培育社区社会组织	是	199	81.6
	否	45	18.4

第五章 融入社区：开展社区服务的敲门砖

正如本书第三章所指出的那样，融入社区是社区服务中心发挥服务型治理作用的第一步。作为社区外生的社区服务中心，如何面对社区中多个利益相关者，如何得到各方信任和支持。这是本章所要讨论的主要问题。

第一节 为什么社区服务中心面临着"融入"社区的问题

一 作为社区外生的服务主体

为什么社区服务中心面临着融入社区的问题？这要从社区服务中心的出身说起。从本书第二章对珠三角各地社区服务中心的概述中不难发现，社区服务中心是市区政府自上而下推行的，通过政府购买社工机构的服务而实施的社区公共服务平台。对于社区来说，社区服务中心是一个"外来户"。

首先，与社区服务中心相关的政策是由本社区之外的主体——上级政府部门制定的。社区服务中心的设立、运营、管理、服务、评估政策由市级政府统一制定规划和标准，由区级政府及街道办事处具体实施。在政策的制定与执行过程中，社区基本上处于难以发声的状态。尽管在设立社区服务中心之前，区级主管部门会到各社区调研了解情况，并让社区自主申报，但是并没有给社区系统的培训和介绍，社区工作人员并不了解社区服务中心的性质。而在社区服务中心全面推开的背景下，不管社区接受与否，都要配合市区的统一安排，设立社区服务中心。

其次，社区服务中心的运营是由本社区之外的主体——社工服务机构来承担的。社工机构通常是在市级或区级民政部门登记注册的民办非企业单位，一个社工机构通常运营数家社区服务中心，机构的办公地点与社区服务中心往往不在一地。社区对社会组织、民办非企业单位、社工机构、社会工作者等概念均比较陌生，对成立不过几年的社工服务机构的名称可能也是闻所未闻。社区原有的主体，如社区工作站、社区居委会、社区老年协会等并不清楚社区之外的社工服务机构会给社区带来哪些不一样的服务；也不明白为什么一定要把社区公共服务交由一个陌生的机构实施，而不是由已有的机构运作。

最后，社区服务中心的服务者大都由本社区之外的成员——社工来提供。2014年问卷调查显示，深圳有40%的社区服务中心有2名本地工作人员，10%的社区服务中心有2名以上本地工作人员。若从另外一个角度来理解，则是深圳社区服务中心6名全职工作人员以非本地工作人员为主。根据深圳市社会工作者协会2015年末的统计，社区服务中心一线社工平均年龄为26.9岁，62%为非深圳户籍，34%为2014年及以后毕业的大学生（其中18%为2015年毕业的大学生），这些学生中仅有13%为深圳本地院校毕业生。绝大多数的社工在来深圳从事社区服务之前与深圳几乎没有联系，更不要说与所在的社区有何联系。他们大都是在对深圳，对所服务的社区毫无了解的情况下就开始从事社区服务工作了。调研中，部分社工反映，深圳的一些城中村社区中，人们的主要交往语言是客家话或当地方言，外地社工们在开展社区工作，特别是开展老年人工作的时候，连基本的交往都面临困难。因此，面对这些外地来的刚毕业的年轻人，社区居民不认识、不了解也绝不可能信任这些人，他们不知道这些人将要做什么，能够做什么。

由此可见，社区服务中心从设立到运营的整个过程中，社区基本上是置身于外的，社区内的原有主体以及社区居民也难以参与到社区服务中心的筹建工作中来。建立社区服务中心并由其提供社区公共服务，并不是社区内部的主动选择，而是外部社会福利政策和社会服务介入的结果。在这一背景下，外生的社区服务中心自然面临着不被社区内的各种利益相关者所接纳和认可的问题。

二　作为社区全新的服务主体

如前所述，在深圳过去的基层社区治理中，已经有多个治理主体：社区综合党委、社区工作站、社区居民委员会、若干社区社会组织、社区股份公司等。自2010年开始，又出现了社区服务中心。社区服务中心这一新生事物的出现打破了原有的社区利益和权力格局，被赋予了改变社区治理模式的职能。然而，这一新生事物在社区原有主体面前，面临着诸多挑战。

首先，社区已有主体被迫接受社区服务中心这一新主体的运营模式。市区政府在推行社区服务中心的过程中并未给社区讲清社区服务中心的制度设计框架，社区服务中心实际落地的过程与社区原有的想象并不一致。

华东理工大学的一位硕士生在对深圳一家社区服务中心的实证研究中，展现了社区服务中心这一新生事物给社区原有主体带来的冲击。

> 对于T社区来说，社区服务中心就像一个"入侵者"，是一个新生的事物。深圳T社区开始建立社区服务中心之前，T社区确定了服务场地之后就把社区报备到L区民政局，由区民政局进行招投标。但是T社区的居委会和工作站的领导始终有一个误解，即他们认为社区服务中心是交给居委会来运营的，最后甚至T社区都不知道为什么要来这样一个服务中心。因此，最开始签订合同的时候，社区居委会和工作站就表现出了一种不配合的态度。居委会主任首先并不愿意接受社区服务中心这样的外来生物，其次也在观望其他社区的做法，迫于市区两级政府的压力，暂时采取躲避和观望的态度来面对同社区服务中心签订合同的事情。①

在不得不接受了社区服务中心由社工机构运营的事实后，社区还期待着政府应当给予社区工作站或相关单位额外的配套资金，用于场地装修和办公设施采购等。但是仅有个别区获得了少量配套资金，多数社区的期望

---

① 宗丽：《脆弱的合作：社区服务中心与基层行政力量的关系建构及其后果——基于深圳T社区服务中心的实证研究》，华东理工大学硕士学位论文。

最终落空。类似地，朱健刚等人研究发现，广州市的社区综合服务中心在建立初期，街区也更倾向于采取政府直接管理的模式，以期把资源控制在街道（政府）手里，但最后受到体制创新、上级要求及经费诱导的影响，才不得不采取政府购买服务的方式。① 可以看出，社区已有主体对于政府推行社区服务中心这一项目，经历了由些许期待到彻底失望，由逃避观望到被迫接受的过程。政府前期工作的不到位、不细致，使得社区中的已有主体对社区服务中心这一新生事物有了天然的敌意，不利于社区服务中心工作的开展。

其次，社区已有主体对社区服务中心有诸多质疑和担忧。尽管社区已有主体不得不被动接受了社区服务中心由外来的社工服务机构运营的事实，但是并不意味着它们清楚地了解了社区服务中心的定位。社区原有的主体不禁要问，社区服务中心这一新的平台与过去的社区主体之间有什么关系？特别是深圳市以南山区招商街道的花果山社区作为试点，将社区工作站的职能划分成 15 个项目，全部实行政府购买服务，由中标的社工机构提供服务并取消了社区工作站。② 这一试点社区成为媒体竞相报道的典型，也在社区工作站的现有工作人员中引起轩然大波。社区工作站的人开始认为自身的工作岌岌可危，随时都有被社区服务中心取代的可能性。在这样的心态下，部分社区工作站的人员就对社区服务中心及其社工产生了敌对态度，把社工当作潜在的竞争者。除此之外，社区工作站的现有人员还有诸多担忧和困惑。例如，社区服务中心的工作人员大都是社会工作者，以后会不会要求在社区工作的人都考取社工资格证？看起来社区服务中心无非开展了各种活动，这些活动社区工作站或社区居委会也能做，为什么非要招投标请社区之外的机构来做呢，这些机构了解我们社区吗？

最后，社区服务中心会直接影响到社区已有主体的利益。由于社区服务中心属于新近规划的社区公共服务场所，在过去的建设用地中并无明确

---

① 朱健刚、陈安娜：《嵌入中的专业社会工作与街区权力关系：对一个政府购买服务项目的个案分析》，《社会学研究》2013 年第 1 期。
② 《花果山社区取消工作站》，《深圳商报》2012 年 9 月 18 日，http://szsb.sznews.com/html/2012-09/18/content_2208162.htm。

的该场所的配套公建项目设施。社区服务中心的场地是整合社区各种公共设施资源后形成的。从另一个角度理解，社区服务中心的场地原来分散在社区各个主体手中，现在要统一由社区服务中心使用；或是由社区工作站在社区中为社区服务中心开辟新的服务场地。总之，原则上社区服务中心的场地由社区解决，这在一定程度上增加了社区的支出，还有可能减少社区原有的房租收入。例如，目前龙岗区南湾街道南岭村的社区服务中心原来是远近闻名的"南岭时装广场"，一年给南岭村股份合作公司带来的租金至少有 400 万元，2013 年后花 600 万元全面装修改造提供社区综合服务。若算上租金，这几年社区股份公司少赚了 2000 万元。① 南岭村社区主动放弃经济利益用于完善社区公共服务，但并不是所有的社区都像南岭村这样舍得投入。

社区原有的治理主体因上级有政策，在存有质疑和担忧的情况下，被迫接受了社区服务中心。那么在实际工作中，其表现出消极状态也就可以理解。原则上，社区服务中心需要由社区解决场地及装修，但是在没有相关配套资金，也无明文规定的情况下，社区就只负责找场地，而装修费用则由运营的社工机构在 50 万元的购买经费中解决；甚至个别社区没有提供场地，社工机构为了根据合同规定按时开展服务，还需要临时在外租场地，而 50 万元的购买服务的经费中是不包含场地费及装修费用的。

由此可见，社区服务中心设立伊始，社区原有的治理主体与社工机构之间就存在着嫌隙和隔阂。社区服务是面向"人"开展工作的，在缺乏最基本信任的情况下，何谈专业化服务呢？因此，社区服务中心进驻社区之前，首先要解决的就是融入社区的问题。

第二节　如何理解"融入"社区

专业社会工作理论作为舶来品，需要在发展中进行本土化，很多学者

---

① 《最火社区："让大家来南岭村感受幸福"》，《深圳特区报》2014 年 11 月 10 日，http://www.szlg.com/xwzx/wyklg/2014/11/10/10531690178.html。

都很关注社会工作理论的本土化过程。[①] 王思斌系统地运用了嵌入理论阐述专业社会工作在中国的本土化发展。他认为，改革开放以来专业社会工作在中国的发展是在嵌入状态下进行的。专业社会工作进入本土社会工作实践的原有领地，前者嵌入后者之中。随着专业社会工作自身的发展，专业社会工作在与本土社会工作实践的互动中不断进入本土实践领域，会出现专业社会工作的深度嵌入。[②]

朱健刚等人以广州社区综合服务中心为研究对象，他们认为专业社工以政府购买服务的机制在嵌入原有的行政社会工作中时，专业社工被吸纳到街道的权力网络的过程中，产生了外部服务行政化、内部治理官僚化和专业建制化。[③] 显然，珠三角地区社区服务中心的发展均是专业社会工作嵌入社区原有治理格局中，由专业社工运营的社区服务中心进入社区原有传统社会工作者所开展的社区公共服务及管理的领地之中。"嵌入"是一种客观存在的状态，是在制度设计上社区服务中心发展的现实情况。尽管都是社区服务中心"嵌入"原有社区治理的格局之中，但是深圳各行政区的嵌入程度存在差异。绝大部分行政区的发展是在社区范围内的嵌入，即社区服务中心成为社区治理中的一个独立的主体；但盐田区的嵌入更为深入，表现为社区服务中心嵌入原有的社区服务站，专业人员嵌入传统社区服务人员中共同开展工作。盐田区的具体情况，将在本章相关位置阐述。

社区服务中心在制度设计上嵌入原有社区治理体系中，并不意味着实际嵌入的顺利实施。朱健刚等人的研究就表明了这一过程存在的挑战和异化。嵌入是社区服务中心及其专业工作者被动地按照政策安排进入社区的状态，虽然所有的社区服务中心都是嵌入原有的治理体系中的，但并不是

---

① 范明林、徐迎春：《中国社会政策和社会工作研究专业化和本土化》，《社会》2007 年第 2 期；陈钟林、吴伟东：《社会工作研究的本土化：实践、反思与启示》，《中国青年政治学院学报》2006 年第 1 期；李迎生：《构建本土化的社会工作理论及其路径》，《社会科学》2008 年第 5 期；熊跃根：《论中国社会工作本土化发展过程中的实践逻辑与体制嵌入》，载王思斌主编《社会工作专业化及本土化实践》，社会科学文献出版社，2006。

② 王思斌：《中国社会工作的嵌入性发展》，《社会科学战线》2011 年第 2 期；王思斌、阮曾媛琪：《和谐社会建设背景下的中国社会工作发展》，《中国社会科学》2009 年第 5 期。

③ 朱健刚、陈安娜：《嵌入中的专业社会工作与街区权力关系：对一个政府购买服务项目的个案分析》，《社会学研究》2013 年第 1 期。

所有的社区服务中心都可以顺利地融入社区。嵌入之后能否与社区原有治理主体有机融合，是否能被社区各利益相关者接纳，就是社区服务中心及其专业社会工作者能否"融入"社区的标准。汪华对深圳某社区服务中心与基层行政力量的关系研究，就体现出了社区服务中心"融入"社区的艰难过程。他认为在社区行政力量对社区权力和资源牢牢把握的情况下，社区服务中心为了得到行政力量的支持、筹集更多的资源以便更好地完成服务社区的目标，采取了"自我矮化"的策略与社区行政力量进行合作，由于双方力量悬殊，社区服务中心对社区行政力量的过度依赖形成了不可持续的"脆弱的合作"关系。[1] 这种以"自我矮化"为策略的合作是社区服务中心主动融入社区的努力。

"社会融入"一词多见于对移民问题的研究中，西方学界将移民的社会融入作为一个重要的议题纳入其研究议程当中[2]；国内对社会融入的研究主要集中在农民工、城市流动人口的社会融入、社会融合问题上。[3] 艾林森（W. Ellingsen）认为，移民的社会融入可以被定义为个体或群体被包容进主流社会或各种社会领域的状态与过程，这一概念应该包含着移民与新社会之间的相互适应。[4] 社会融合是一个多层次的概念，它既包括个体层次（人际间）的融合，也包括群体层次、国家层次上的融合，如民族融合。[5] 本书借鉴了艾林森对移民社会融入的定义，在组织层面上使用融入的概念。本书中的"社区融入"是指社区服务中心及其工作人员被社区各种利益相关者接纳、认可乃至信任的过程和状态，是社区各利益相关者把社会工作者从"陌生人"变为"自己人"的过程，包含社区服务中心与原治理主体之间的相互适应。

---

① 汪华：《合作何以可能：专业社会服务组织与基层社区行政力量的关系建构》，《社会科学》2015 年第 3 期。

② 梁波、王海英：《国外移民社会融入研究综述》，《甘肃行政学院学报》2010 年第 2 期。

③ 赖晓飞、邹滨：《农民工城市融入最新研究综述》，《重庆工学院学报》2008 年第 12 期；胡杰成：《农民工城市融入问题研究综述》，《兰州学刊》2008 年第 12 期；任远、邬民乐：《城市流动人口的社会融合：文献述评》，《人口研究》2006 年第 3 期。

④ Winfried Ellingsen, "social integration of ethnic groups in Europe", Geografi i Bergen, University of Bergen. Department of Geography, 2003. http://bora. nhh. no/handle/2330/2036.

⑤ 梁波、王海英：《国外移民社会融入研究综述》，《甘肃行政学院学报》2010 年第 2 期。

从嵌入到融入，并非自然形成的，需要社会工作者主动而为，与各利益相关者建立良好关系，变为被社区认可的治理主体。正如朱健刚等人在研究结论中指出的那样，专业社会工作的嵌入不能仅仅是与行政性社会工作在服务上的简单嵌入，专业社会工作还需要适应本土情境。原有社区服务主体是社工深度嵌入性发展的根基，社会工作者需要与原有的社区服务人员结盟，亲近这些本地的社会工作人员，事实上也就亲近了多元化的民间。朱健刚等人在这里提到的适应本土情境，与原社区服务人员的结盟，亲近本地社会工作人员等，就是本书所阐述的"融入"的若干策略。尽管汪华的研究认为，由于双方力量悬殊，社区服务中心的种种努力可能是一厢情愿，"自我矮化"而形成的表面合作也并不能代表真正的信任，合作关系非常脆弱。但不管最终的结果如何，在制度设计上嵌入社区而生的社区服务中心不得不面临着如何融入的问题。否则，仅有客观上的"嵌入"状态，而无主观的"融入"状态，只会让社区服务中心及其专业社工在社区中处处碰壁，变为失败和无效的嵌入。

第三节　社区各利益相关者及其对社区服务中心的期待①

社区服务中心要融入社区，需要了解社区中有哪些利益相关者，不同的利益相关者对社区服务中心有哪些期待。这样社区服务中心才能运用不同策略来满足不同主体的期待，从而被社区各主体接纳和认可。

一　社区居民

社区居民是社区服务中心最直接的服务对象和最重要的利益相关方。尽管对于居民来说，社区服务中心是陌生的、外来的，但是有人提供服务、开展活动，不但不收费，还会赠送小礼品，居民总是欢迎的。社区居民对社区服务中心这一新生事物的期待是社区服务中心能够满足他们各方面的

① 本节很多观点来自庄爱玲博士的培训。

需要，使其能够足不出户便可享受到丰富且优质的社区资源和社区服务。社区居民希望年轻的社工是社区服务的提供者，希望他们能够有良好的服务态度、服务方法，能够取得较好的服务效果。

在社区居民中，不同群体对于社区服务中心的需要和期待也有所差异。社区中的残疾人、低保户等困难群体是社区服务中心个案服务的重点对象，需要社工提供深入、持久、个性化的服务；社区中的中老年人是与社区生活联系最紧密的人群，平时常年在社区内活动，生活半径有限，最需要享受家门口的服务；居住在社区中的中青年上班族往往只有下班后及节假日在社区中，他们能够接触社区服务中心的时间短，且会在社区之外有更广泛的生活娱乐空间，但他们更容易接受新鲜事物；社区中的青少年儿童群体课余时间在社区内活动较多，他们及其家长希望在社区中享受到安全、舒适、有趣的课外活动服务。

二 市区政府及街道办事处各相关部门

市区政府及街道办事处各相关部门都属于与社区服务中心相关的上级政府部门。市级民政部门主要是制定与社区服务中心有关的宏观政策，这些政策涉及社区服务中心的运营和评估标准；负责把握社区服务中心的整体发展方向；同时，提供50%的购买服务的资金。区政府及街道办是社区服务中心服务合同中的甲方和乙方①，区民政部门作为甲方负责指导和监管社区服务中心的运营，提供购买服务的经费，组织评估，协调各有关部门提供支持和帮助；街道办事处作为乙方负责监督协调社区落实场地，指导社工服务机构制订社区服务中心的服务计划，监督社区服务中心的项目实施，并在社区、办事处和区级部门之间进行协调沟通。可以看出，市级民政部门不会直接与某社区服务中心发生关联，其出台的政策会影响全市社区服务中心的发展。区级民政部门对社区服务中心就有直接作用了，其招投标的方式和相关配套政策直接影响社区服务中心的运作。街道办事处则

---

① 各区略有差异。龙岗区的协议中，社区工作站为乙方；坪山新区和大鹏新区是签订四方合同，四方分别是区社会建设局、街道办、社区工作站和运营机构。

要根据社区具体的需求提出服务计划，这一计划直接关系到社区服务中心的日常工作。在评估中，街道办事处是直接参与评价的相关主体，需对中心在合同期内的运营管理、服务开展、服务成效、对外宣传、社会影响、与社区基层部门的沟通合作等方面的表现进行评价。尽管影响程度不同，但这些上级政府部门对社区服务中心的定位容易达成共识，它们希望通过购买服务的方式，让专业社工为社区居民提供社区公共服务，以弥补政府公共服务的不足，进而赢得社区居民的信赖。

除民政部门之外的政府各职能部门，原本与社区服务中心的交集并不多，但随着社区服务中心的全面铺开以及领导的重视，各职能部门都意识到社区服务中心是在社区落实服务的重要阵地，都希望把本部门的服务下沉到社区服务中心，希望社区服务中心成为各项服务走进社区居民的"最后一米"，如妇联系统内的"妇女儿童之家"和共青团系统内的"青春家园"都依托社区服务中心建立。[①] 但是，社区服务中心的社工是否有能力、有精力去完成各部门的各项工作呢？各部门提出的在服务协议之外的服务内容是否需要额外购买服务呢？这些都是社区服务中心在运营中面临的具体问题。

同不少社会组织承担着作为窗口示范形象的角色一样[②]，各级政府部门在希望社区服务中心为社区居民提供优质的、符合居民需求的公共服务的同时，还期望社区服务中心能够成为政府宣传社区建设的重要窗口，成为深圳社会建设领域的创新工程，成为社区治理的典范。因此，有些"明星"社区服务中心常常有各种接待工作，迎接来自全国各地的参观者，此外还需要撰写各种汇报材料。例如，龙岗区南岭村社区服务中心 2012~2015 年的接待量分别为 33 次、26 次、99 次和 96 次[③]；宝安区海裕社区服务中心 2012 年和 2014 年每年的接访量（包括领导考察、部门检查、外地参观、本

---

① 《晒清单亮承诺接地气抓落实深圳公布今年 118 项民生实事》，《深圳特区报》2015 年 2 月 2 日，http://www.sz.gov.cn/cn/xxgk/zwdt/201502/t20150202_2810826.htm。
② 吕新萍：《本土草根 NGO 发展历程中的张力与挣扎——对一个 NGO 宗旨与使命的日常实践分析》，载田玉荣主编《非政府组织与社区发展》，社会科学文献出版社，第 56~73 页。
③ 根据南岭村社区服务中心提供的数据整理。

地同行交流等）为 200 多批次，2014 年和 2015 年每年接访量为 150 多批次。① 因此，社区服务中心不仅仅要面向社区居民做到服务到位，还肩负着总结经验、扩大影响的重任。

三 社区工作站

社区工作站是社区服务中心实际运营中接触最多的类政府部门，虽然深圳社区工作站的法律地位至今仍不明确，但我们不能否认，社区工作站是各级政府部门在基层的延伸，他们的主要工作是贯彻上级政府的指示。在社区服务中心推行初期，工作站与社区服务中心的职能划分尚不清晰，存在诸多模糊地带。社区工作站与社区服务中心之间是何种关系：是平等的合作关系，还是领导和监管关系？不同的社区工作站以及不同的工作人员对此有不同的理解。

社区工作站对社区服务中心的期待比较多元且暧昧。从整个社区管理的角度来看，它们希望社区服务中心为社区居民提供更好的服务，满足社区居民需求；从工作角度来看，它们希望社区服务中心能够配合社区工作站的工作，分担社区工作站的一些管理和服务任务，降低工作站的劳动强度；从个别人的个人角度看，有人或许会担心社工们的出现降低了社区工作站的威望，进而威胁到工作站的生存。

社区工作站作为社区服务中心最常接触的基层利益相关者，社区工作站工作人员特别是站长的态度对社区服务中心的服务和运营管理起着至关重要的作用，一个充分信任且不干预社区服务中心工作的社区工作站站长会极大地推动社区服务中心服务的进展。因此，如何看待社区工作站的行政性任务，如何既能配合工作站的要求完成任务又能保持社工独立性，如何取得社区工作站站长的信任和支持，如何与社区工作站的人员处理好关系，是社工们初入社区的必修课。

四 社区居委会

目前，深圳市基本形成了"居站合一"（即社区居委会和社区工作站实

---

① 根据海裕社区服务中心提供的数据整理。

行"一套人马，两块牌子"）和"居站分设"（即社区居委会和工作站完全分开）两种社区治理模式[1]，以居站合一为主。理论上，社区居民委员会是群众自治性组织，是社区中最熟悉居民，最了解社区的主体，应当代表社区全体居民的利益，向社区服务中心提出服务需求。社区服务中心若取得社区居委会的支持，在"扫楼"、需求调查等最初接触居民的过程中会顺利很多。2013 年，据广东省关于"两委"换届选举的要求，社区综合党委书记兼任社区居委会主任要达到 80%，综合党委委员与社区居委会委员交叉任职的比例要达到 80%。这一政策落到深圳后，实际操作中使社区居委会主任、社区工作站站长、社区综合党委书记三个职位"一肩挑"的比例增大。因此，社区居委会功能上的边缘化，以及居委会人员上的交叉化，使得居委会往往难以作为社区中一个独立的主体出现，而通常与社区工作站同时出现。上述社区工作站对社区服务中心的多样化的期待也适用于社区居委会。

五　社区社会组织

社区社会组织是社区内生的，由社区居民组成的，进行自我服务和运作的组织，如社区志愿团体、社区老年协会、社区各类文体团队、业主委员会等。老年协会的长者多是在社区时间最长，与社区联系最为紧密，最熟悉社区情况的人，他们可以成为社区服务中心融入社区的最得力助手。各类文体团队的成员多为中老年人，他们是社区服务中心最先接触到的居民群体，有一个社区服务中心主任曾这样说："取得老年人的认可，社区工作就容易多了！"同时，这些组织也是非常重要的社区自治力量。作为社区内生的组织，它们已经在提供社区公共服务方面发挥了一定作用，社区服务中心进驻并不是要取代已有的内生机构而提供所谓的专业服务，而是要扶持这些机构并培育新的机构，依托这些社区自组织实现社区营造，增强社区凝聚力。

随着社区服务中心对社区社会组织发展的支持力度不断加大，社区社会组织对社区服务中心的期待将更为具体和明细。它们希望社区服务中心

---

① 夏志有、崔学海、黄辉等：《居委会与业主委员会的关系研究——以深圳为视角》，http://mzzt.mca.gov.cn/article/hxsqyth/zxlw/200810/20081000020702.shtml。

的社工们能够协助其撰写项目申请书，申请资金资助；希望提升自己的专业水平；希望整合社区服务中心的场地资源，更好地开展活动。

六 社工服务机构

目前珠三角地区社区服务中心的运营状况是，社工服务机构是社区服务中心的运营单位，中心的所有工作人员均属于某一社工服务机构。社区服务中心没有独立的法人地位，其人事权、财务权等均由社工服务机构掌握。调研显示，不同的社工服务机构对社区服务中心的授权程度不同，社区服务中心主任的自主程度也各不相同。哪些事情需要向机构请示，社区中的哪些工作需要由社工机构出面协调解决，社工机构如何对派出各社区服务中心的社工们进行支持和监管，同一社工机构运营的社区服务中心之间应该有哪些合作和交流，等等，都需要社工机构建立相关制度。

社工服务机构对社区服务中心的期待非常明确，就是希望驻点的社工们可以运用自己的专业知识为社区居民提供优质服务，赢得其他社区各利益相关者的赞许，同时为机构赢得声誉。因此，社工服务机构应当为社区服务中心开展服务提供最大程度的支持。同一社工机构所运营的社区服务中心之间应当互通有无，合作交流，形成本机构的品牌服务和核心竞争力。

七 辖区企业

纯住宅型社区中的服务业，混合型社区中的工厂、企业等，都是社区服务中心运营中的企业类利益相关者。这些机构在初期往往对社区服务中心和社工了解极少，与之交集不多，对其没有太多期待。但随着双方认识的加深，这些企业可以成为社区服务中心未来重要的合作伙伴、志愿者、服务对象。

对于社区内的工厂型企业，社区服务中心可以开展企业社会工作，面向企业员工开展各种辅导性和治疗性社工服务，提升员工的凝聚力，为员工减压，弥补传统的企业人力资源管理及企业工会的不足。这一部分工作也已经成为地处工厂企业区的社区服务中心工作的重要组成部分。

社区内的商业服务企业，如银行、超市、饭店、照相馆、书报亭、理发店、修理店、早教班、培训机构、午托班等，都是与社区居民生活密切相关的便民性的商业服务资源。在社区中，它们与社区服务中心同属服务类机构，只是提供的服务类型不同，盈利与否的性质不同。新居民初入社区，首先注意到的、与其日常生活最为相关的就是这些企业，这关乎生活的便利程度。社区服务中心的社工要超越普通居民的视角来看待这些商业服务机构，寻找社区公共服务与这些商业服务的结合点。

物业管理公司实际上也是社区内的商业服务企业，但其与居民和社区服务中心有着比一般企业更为亲密的关系。物业管理公司本身就是社区服务不可或缺的重要主体，社区内的一些公共服务，如保安、保洁、绿化、房屋及设施设备维护养护、车辆管理等工作，通常由物业管理公司负责。因此，物业管理公司与社区服务中心一样，都是社区公共服务的提供者，只是二者提供的服务内容有所不同。物业管理公司并不会关心社区服务中心的出身，而只会从自身的管理和服务角度来看待中心的工作，如是否会加大物业管理的难度，是否加大保洁、治安等工作量，等等。在调研中，曾有社区服务中心的工作人员反映，该中心所服务的是几个封闭式商品房小区，有的物业公司出于安全的考虑，不让社区服务中心到该小区开展活动，而有些物业公司则比较配合。此外，社区服务中心在开展服务时，往往需要寻求物业管理公司在场地、宣传等方面的支持。

基于深圳的特殊性，在部分城中村社区中，还有农城化股份公司。农城化股份公司在社区治理中的主要职责是管理好自有物业、服务好村民（股民）。[1] 如前所述，社区服务中心所使用的场地资源往往是原农城化股份公司的，有可能给农城化股份公司造成租金收入方面的损失，那么不同股份公司董事长的理念对社区服务中心发展的影响也不同。在城中村中，农城化股份公司掌握了城中村主要的资源和权力，也承担了大量的社会管理事务。[2] 农城化股份公司的村民（股民）代表着社区原居民的利益，社区服务中心有可能在服务中面临着本村居民与外地居民的利益冲突，需要借助

---

① 胡锦：《一核多元——南山社区治理模式创新》，海天出版社，2015，第43页。

② 谢志岿：《村落向城市社区的转型——制度、政策与中国城市化进程中城中村问题研究》，中国社会科学出版社，2005，第222页。

股份公司的领导处理居民融合问题。

第四节　社区服务中心融入社区的若干行动策略

如前所述，汪华研究发现，社区服务中心"自我矮化"是一种寻求社区原有行政力量认可的行动策略，这一策略带着些许无奈。本课题组在调研中，通过对社区服务中心、社工服务机构的大量访谈以及对社区服务中心的参与式观察发现，社区服务中心融入社区的过程尽管艰难，但并不一定像汪华的个案研究中的那样，专业社会工作者们在实践中找到了若干融入的方法，融入的过程本身就是社会工作"专业"的体现。下文总结归纳的若干融入策略均来自一线社会工作者的实践。

一　社工机构出面：解决问题事半功倍

在社区服务中心入驻初期，社工服务机构作为年轻社工的"娘家人"，对社区服务中心能否顺利进入社区起着重要作用。社工机构是三方协议的签署者，应当对社区服务中心的服务直接负责。在社区服务中心开始运营时，社工机构的负责人应当带领本中心的社工，走访当地街道办事处、社区工作站，听取社区需求和服务建议。受年龄、阅历等因素的影响，社工机构的负责人与街道办事处、社区工作站的工作人员对话时，往往更加平等，更容易得到对方认可。不少一线社工反映，社工服务机构的负责人出面，事情往往可以立即解决，而由年轻社工们自行协调却要花费很大功夫。

二　从社区工作站入手：正确看待社区工作站的角色

尽管社区工作站可能对社区服务中心存有较多质疑，但不得不承认，社区工作站是社区服务中心在进驻社区、开展服务、评估考核的过程中一个至关重要的主体。社区工作站无疑是目前深圳基层社区中掌握社区信息最多、最熟悉社区情况的主体。同时，社区工作站也是与社区服务中心的运营机构最容易发生关联的主体。社区工作站是社区服务中心服务的使用者、监督者和评价者。在对社区服务中心评估的时候，其中一项就是征求社区工作站的意见，要求社区工作站对社区服务中心合同期内的运营管理、服务开展、服务成效、对外宣传、社会影响、沟通合作等方面进行评价。因此，社区服务中心必须处理好与社区工作站的关系。一线社工在实际工作中，对此也有较深的体会。根据2014年问卷调查分析的结果，与社区服务中心互动最多的就是社区工作站（见表4-8）。同时，社区服务中心的主任认为，影响社区服务中心融入社区的关键性因素就是"社区工作站支持"（见图4-7）。社区服务中心完成社区工作站交办的各项行政性任务，是一个普遍存在的问题。2014年调查问卷的结果显示，社区中心进驻半年内，仅11.9%的社区中心没有承担社区工作站的行政工作，其他社区中心或多或少都承担了一定量的行政工作，其中有29家社区中心承担了较多甚至很多的行政工作（见表4-5）。

因此，不管专业社工的意愿如何，社区工作站都是社区服务中心在进入社区的过程中不可回避的机构，是社区服务中心必须面对的主体。社区工作站的工作之于社区服务中心究竟是负担还是资源，是压力还是机会？社区工作站究竟是分派行政性任务的"婆婆"，还是资源共享的合作伙伴？社工以何种态度面对社区工作站的行政性任务，以及如何完成行政性任务，会直接影响社工的心态以及社区服务中心的服务效果。这些行政任务看似与社区服务中心的服务指标无关，完成行政任务看似与社工专业手法无关，但事实上，高质量、高效率地完成这些行政任务恰恰是社工能力的体现，是社区工作站了解社工的有效途径。在行政任务的完成过程中与社区工作站的交流恰恰体现出专业社会工作者的沟通技巧。当以"资源"的视角，积极地看待社区工作站的行政性任务时，社区服务中心社工的工作状态和工作效果就会大不相同。[1] 一位社工督导说："我们首先主动配合和承接社区工作站的一些工作，利用一些工作契机争取一些资源和支持，社区工作站慢慢对中心社工变得认可。"[2] 某社区服务中心的主任在社区服务两三年之后说："我们社区服务中心地处一'明星'社区，社区管理者高度重视社区建设，投入大量资源，常有各种级别各个部门的人员来社区调研考察。

---

[1] 详见本书第七章。
[2] 2014年7月2日对深圳市社工督导的座谈会记录。

在此环境下，社区服务中心根据迎检要求在服务安排、管理和解释方面承担重要角色。一线社工一度压力很大，积极性不高，总觉得打乱了工作安排，影响了工作效率，做了不属于中心的事情。但后来，我们调整了心态，换个角度看待这一问题。通过参与迎检工作，中心增多了提供直接服务的机会，将特色服务以一种直观的形式展现给了管理者，获得了后续的发展资源和推广机会。而通过一次次的磨合与沟通，中心与工作站的合作也更加默契。"[1]

案例5-1出自一位一线社区服务中心主任之手。这位中心主任本、硕专业均为社会工作，且硕士是在香港城市大学就读，可谓是"科班"出身。在调研时，我们看到她以及她的团队与社区工作站的工作人员谈笑风生，相处甚好。然而，这彼此认可的背后是她及其团队两年来的不断摸索与思考。

案例5-1　　　　从懵懂到成熟：社区服务中心与
社区工作站的关系建立

我在社区服务中心担任中心主任近两年，在说起处理与社区利益相关者关系这个话题时，这两年来与之相关的各种经历、体会瞬间历历在目。回想起2012年7月硕士毕业，刚走上社区服务中心岗位时的青涩、稚嫩，猛然觉得这两年时间我已然成熟、老练了许多。而这种改变和成长在很大程度上归功于我原本最不擅长做的事情——处理与各利益相关者的关系。

立足于基层的社区服务中心，其利益相关者主要是社区工作站、社区居委会、物业公司、社区社会组织等。当然，居民也是很重要的利益相关者，但相较于上述组织、单位，对我而言，处理与居民的关系更加容易些。我所服务的社区，是"居站合一"的架构，社区工作站理所当然地成为社区服务中心在社区最重要的利益相关者。不仅因为社区工作站是三方合同的签署者之一[2]，是社区服务中心运营和服务的监管者，在评估中占了35%

---

[1]　李思为此课题撰写的案例《浅谈社区服务中心之社区"融入"》。

[2]　各区三方协议的签署方略有不同。在该案例所在区，社区工作站是三方协议中的一方。

的权重，更因为它是本社区的基层管理者。这一点，我用了一年半的时间才领会到。

虽然现在中心与社区工作站的关系非常融洽，但是在此之前，社区服务中心却经历了不少波折。回顾这两年来社区服务中心与社区工作站的相处，大致可以分为四个阶段。

第一个阶段可以称为"懵懂期"，主要是中心入驻社区的半年内。两年前，我刚走进社区服务中心时，除第一天在机构（注：指社会工作服务机构）领导的带领下懵懵懂懂地与社区工作站分管副站长见了一面以外，对中心与工作站关系的认识趋于零。基于我在此之前实习及从事岗位社工时与用人单位微妙而并不十分愉快的经历，我对社区工作站是抗拒和排斥的。而对于社区工作站而言，当时社区服务中心亦是一个全新的事物，工作站领导也并不清楚该如何处理双方的关系。因此，在之后三个月左右的时间里，中心和工作站处于非常疏离的状态。二者的沟通局限在工作站人员向中心索取服务资料和分管副站长不时地在中心办公室窗外"诡异"地打量。

"懵懂期"的状态一直持续到2012年11月，我参加社协举办的"社区服务中心运营与管理"培训及紧接着的深圳市"社会建设风景林工程"的检查。参加培训让我认识了中心在社区服务中的角色和地位，更让我第一次明白，工作站有权利监管中心且是三方合同的签署者之一。这对于我和我的团队而言是一个不小的打击。尽管不情愿，但是我们都明白，我们必须调整我们的认识。而11月底"风景林工程"的检查让中心有机会和社区工作站就社区服务及双方的角色、定位进行较为全面和系统的沟通，我也有机会深入了解工作站对中心的态度和看法，并尝试从工作站的立场上去看待双方的互动。在此契机推动下，双方的关系逐步密切起来。中心与工作站在服务方面有了一些深入的合作，相较于之前，工作站直接开展社区活动的次数逐渐少了，向中心索取档案资料和向中心指派任务的次数渐渐多了，这可以说是第二个阶段："探索期"。而在这个阶段，在机构领导和社工的反复争取下，中心社工获得了工作站门禁密码及在工作站食堂就餐的权利，尽管每月需要交200元的费用，对中心社工而言却是极大的便利。

第三个阶段也是时间最长的一个阶段，应该是双方对彼此角色、定位有进一步认识之后的"磨合期"。2013年3月，中心一位社工在上班时偶然一次迟到被工作站分管副站长撞到，紧接着工作站在多次与机构领导沟通之后，出台了一系列针对中心考勤管理的方案，提出中心社工需在工作站签到，外出、休假均需向社区工作站报备。而机构领导基于工作站的多次反馈，针对中心考勤情况发出整改通知，中心团队很不情愿地接受了这个事实。自此，工作站对中心的监管力度逐步加强，其原来的服务职能也逐渐转移到中心。但显然，在这个过程中，工作站要比中心领先一步。在工作站已经明晰其角色、定位时，中心社工尚未跟上脚步，包括我自己，在短时间内面临工作站转移的大量任务和指标时，表现出各种不淡定。仍清楚地记得在压力最大时，我给工作站分管副站长写的一封洋洋洒洒近万言的信，信中陈述了年轻的中心团队所面临的巨大工作量和压力以及希望能获得她的理解和支持。尽管副站长在收到信后很及时地以大骂一顿的方式给了我回馈，但在这之后——直到现在，中心团队很明显地感受到工作站给我们的支持逐渐多于压力。依然非常清晰地记得当时工作站站长说的一句话："你们社区服务中心就是我们买来做服务的。"虽然这句话在当时听着刺耳，却也很直白地陈述了中心和工作站的关系。在这个阶段，在对中心服务加强监管的同时，工作站也给中心带来了很多资源。而最为重要的是，我也在与工作站的不断沟通中不仅对社区服务中心的角色与定位有了更为清晰的认识，而且也学会以社工的角色、运用社工的理念与知识去处理与工作站及其他利益相关者的关系。而对曾大骂我一顿的副站长，我至今仍视她为良师益友。

在经历了长期的磨合、碰撞之后，在2013年末中心年终服务反馈调研时，我很欣慰地听到工作站几位领导对中心工作报以非常明确的肯定态度。而我的团队也反映他们与工作站的沟通较之以往顺畅了许多，双方之间的合作与配合也更显默契。更值得高兴的是，今年年初在工作站新任副站长的协调和争取下，中心社工在工作站用餐的费用得以减免一半。而中心与社区工作站，这个至关重要的利益相关者之间的关系，也终于进入了"成熟期"。在这个阶段，互信与坦诚取代了以往的排斥、对抗与嫌隙，双方也更容易相互认同和达致契合点。

这两年中心与工作站相处的过程，就是一个不断厘清自身角色定位，不断学习接纳不同立场、不同需求的相关者，并找出求同存异之契合点的过程。而这一点，同样适用于其他利益相关者关系的处理。而正是在与社区工作站的不断沟通、磨合的过程中，中心团队在处理与各利益相关者的关系上有了明显的成长与进步，我和社工不会再对利益相关者的不恰当反应做出情绪化的、不恰当的回应，而是学会去明确双方角色、定位，从对方的立场去考虑对方的需求，并以一名专业社工的心态，像对待不成熟的案主一般，去接纳不同的利益相关者的独特表现，以同理心给予对方理解。

撰写人：王弋痕

案例5-1生动地向我们展现了社区服务中心与社区工作站之间从敌对到合作的过程。从面对全新事物的彼此隔离到相互交流，从排斥猜疑到互信坦诚，从压力重重到支持多多。经过这样的磨合，社区服务中心不仅得到了社区工作站的认可，而且在这一过程中把社区工作站与社区服务中心的职能理得更清，让社区服务中心担负起社区公共服务者的角色。社会工作者也充分意识到，处理与社区工作站关系的过程就是用专业方法开展工作的过程，社工的专业性不仅仅体现在直接对服务对象的服务上，而且体现在处理与利益相关者的关系上。

三　从社区需求调研入手：社工和居民彼此了解的过程

图4-7显示，"社区服务中心服务适合本社区需求、项目服务优质"是仅次于"社区工作站支持"的关键性社区融入因素。提供优质服务的前提是了解社区居民需求，因为融入社区需要了解社区。了解社区自然需要社工们与社区居民及其他利益主体密切接触。向社区工作站、居委会了解社区情况，到社区居民家走访、"扫楼"，在社区公共区域摆台宣传、发放调查问卷等，都是社会工作者了解社区需求的手段和方式。这些方式存在于社工们的课本中，然而纸上得来终觉浅，绝知此事要躬行。案例5-2中，社工的心路历程生动地展现了社工走进社区居民的酸甜苦辣。

案例 5 - 2　　　　　　　　　　第一次入户家访

　　我所在的社区以当地居民为主，他们讲广东话，可是那时候的我一个字都听不懂。居委会的工作人员曾带我去认识老人，但仅仅是相互介绍名字。而我并不满足于知道老人的名字，我期望老人知道我是社工，不是居委会刚来的小妹；我更希望老人知道我的工作就是来陪他们玩，教他们一些安全预防知识，为他们提供政策信息支持，为他们建立社交网络等。所以，我独自家访的愿望很迫切。

　　但是，这个社区是很旧的村，到处都是狗，我很害怕。而且我个子瘦小，一出门容易让人以为是谁家放暑假的孩子，没有一丁点儿工作者的样子。那时候的我想着"不成功，便成仁"，如果家访受气了，或者没人理我，我就不干了。因为工作团队融入不了社区，社工工作也开展不了，还不如不做了。

　　于是我鼓足勇气，偷偷溜出办公室，快走到村口的时候又折回来，想着吃闭门羹多难看。可是又想着不做事就得换工作，不能回家啃老，便又转身往老人家的方向走。快到门口的时候，又开始后悔，怕人家会放狗咬我……我在老人家门口徘徊了很久，直到有个阿婆出门倒垃圾看见我，我很没底气地叫住她："阿婆，我是刚到社区的社工，负责社区老人工作，可以到你家坐坐吗？"老人在犹豫时，一个阿公出来，阿婆问了老伴就让我进去了。我战战兢兢地走到人家家里，马上亮出工作证，阿公戴着眼镜仔细研究了一会儿就问我，你在哪个办公室？我回答了。阿公问："辉仔是不是在那个办公室？"我说："是的，他负责给老人打指模，方便你们领生果金。"阿公马上就高兴地说："嗯，对，你这么年轻就出来做事？"我们的话题就这样打开了……阿公可以说一小半普通话，会写字。于是，这次的家访我们用各自的语言聊天，不明白的地方就写字，整个面谈持续了两小时。阿公知道了我的工作内容，还知道了我想做什么，给我提了很多社区老人喜欢的活动。这次面谈成为我当时做社工两个月以后的转折点，我开始在社区打开局面，在持续的家访后组织了一系列的健康养生、老人粤语歌曲联唱和广东乐器演奏活动。

撰写人：启明星社工服务中心　郭乔蓉

社区需求调研的内容与过程本身都很重要，都与社工融入社区密不可分。社区需求调研的内容关乎即将进行的具体的社区服务，一方面是社区基本情况，如人口分布、地理位置、文化差异、收入总体状况、环境卫生、经济主体、政企部门、活跃社团等；另一方面是不同群体的服务需求、对社区服务中心的期望、现有的服务或管理情况等。了解社区的基本情况，才可能与这个社区发生深层次的联系，才可能与社区的居民有更多的共同话题；了解社区居民的服务需求，才可能制订具体的服务方案，设计符合本社区居民需求的服务项目。

与一般的调研重在取得最后的调研结果不同，社区服务中心在初期所进行的社区需求调研的过程同样重要，甚至比内容本身更加重要。一般的社会调查可能委托第三方机构完成，调查方在结束调查后就离开了被调查对象，二者不会再发生关联。而社区服务中心在自己社区中所进行的调查则不同，调查对象就是之后的服务对象。需求调研的过程就是初来乍到的社工们接触社区居民及其他利益相关者的过程，是社区各类群体了解社工的过程，是展现社工形象、体现社工工作理念的契机。社工此时的一言一行都会影响到社区人对社区服务中心及社工的认识和评价。

社区需求调研的形式可以是多种多样的，包括问卷调查、入户访谈等，但本质是一样的。借助社区需求调研的各种形式，社工与社区居民及其他主体可以相互认识和了解。

四 从特定服务对象入手

一个社区中有各种群体，社区服务中心的服务指标中也包含了面向各类群体的服务。那么在社区服务中心入驻之初，应当从哪些群体入手开展服务呢？一位在社区服务中心工作了两三年的主任说："中心服务先从显性需求人群入手，在此基础上再进行专业深入。一般来讲，一个社区众多人口中一定会有一部分人群有着外显的需求，这些人数量多，需求多为'看带帮扶'、兴趣爱好等，基本却又实际。个人认为，以中心初入社区的情况，无论从哪个方面讲，优先切入这些群体开展服务都是有必要的。比如，中低收入家庭子女的课后托管和课业辅导，中老年群体的文体娱乐。这些需求明显到你看得到，社区管理者也早已察觉到。假若中心一开始忽视这些，一味去钻研一两个特困居民的个案，七八个小学生的成长小组，则不见得多合适。简单地说，社区觉得你能做的太少了。反之，在将大需求人群的服务常规化后，在此基础上根据个别化需求深入挖掘，提供治疗性服务，就会顺畅许多。"① 这位社区服务中心主任提到的"大需求"人群就是社区服务中心开展服务的切入点，社区服务中心宜从基数最大、服务需要最多的群体入手开展工作。

老年人是"大需求"群体的典型代表，是在社区中生活时间长、容易形成威望和话语权的群体。有位一线社工在实际工作中总结道："从老年人入手，开展工作，做好了老年人的服务，社区服务就完成了一半。"② 在访谈中，有位社区服务中心的督导谈道："很多社区都有老年协会，处理好与老人的关系，为他们工作和服务，甚至包括帮老人寄存麻将等，都是争取老人信任的方式。通过这些方式可以把他们转化成义工和资源。"③

五 从拜访社区各类机构入手：寻求多方支持

与社区相关的各种组织也是社区服务中心的利益相关者。接触组织，通过组织的信誉和影响力扩大对社区中个体的影响力，也是一种可行的融入策略。在深圳市社工督导的座谈会上，有位社工说："我所在的社区服务中心地处深圳的旅游景区。进驻社区后，我们拜访了社区里的各个机构，小到社区的老年协会，大到酒店、旅游管理部门、旅游车队等。到了这些大的部门，我们直接与他们的一把手联系。拜访一次，对方可能并不搭理我们，但我们连续三个月都去，主动地告诉这些单位当月的工作情况以及接下来的工作计划。几个社工分工，每个人固定负责几家单位，与单位的工会等保持密切联系。"④ 在盐田区社区服务中心的调研座谈会上，有社工说："我们社区有一个沃尔玛，社区服务中心跟沃尔玛合作开展过一次活

---

① 李思为此课题撰写的案例《浅谈社区服务中心之社区"融入"》。
② 2014 年 6 月 18 日对盐田区社区服务中心的调研座谈会记录。
③ 2014 年 7 月 2 日对深圳市社工督导的座谈会记录。
④ 2014 年 7 月 2 日对深圳市社工督导的座谈会记录。

动，活动中沃尔玛的两位员工成了社区服务中心的志愿者。在这两个志愿者的带动下，沃尔玛的很多员工都成了社区服务中心活动的参与者。现在，我们社工到沃尔玛购物，处处碰到熟人，大家都跟我们打招呼。"①

有些社区服务中心所处的社区有诸多企业厂房和商业机构，这些企业及其员工本来就是社区服务中心的服务对象之一，员工及其家人也可能同时居住在该社区。通过接触这些社区中的企事业单位，可以慢慢影响与这些单位有关的人群，同时，还可能获得企事业单位对社区服务中心活动的资助。因此，要抱着积极主动的态度来看待这些社区机构，它们原本不会主动地注意到社区服务中心的存在，不会与社区服务中心发生直接的关联，但一旦社区服务中心走进它们，取得它们的信任，它们便会结合自身特点找到与社区服务中心的结合点，成为社区服务中心未来可整合的重要资源。

六 从点滴入手：放下所谓"专业"的身段

如前所述，社区服务中心、社会工作者等对于社区居民来说都是新生事物，居民们并搞不清社工专业是什么。在这个时候，单一地向居民普及社工专业知识效果并不佳。居民需要通过实实在在的事情看到社工服务的效果，通过社工服务的效果理解社工的专业理念。在实践中，社区服务中心的一线社工在服务中普遍得到的经验就是，居民需要什么就做什么。不要问这件事情是不是该社工去做，不要问这件事情是否属于社区服务中心的职责，不要问这件事是否体现了社工的专业价值，只要居民对社工对社区服务中心有需求，那么这件事就是有价值的。有位社工谈道："居民的需要其实非常简单，不需要什么高大上的理论。我们社区有一个家庭的老人无法自己下楼就医，家里也没人能抱得动他，我们一开始找不到合适的义工，就由社区服务中心里唯一的男性社工每次把老人抱下来，每周一次，一直抱了三个月。""我们从很多小事做起，通过小事让居民了解并信任我们。例如，有个居民说要出差几天，家里的狗没人管，我把钥匙给你，你每天快下班的时候，就把我的狗牵出来遛两圈；再如，居民希望我们帮他

---

① 2014 年 6 月 18 日对盐田区社区服务中心的调研座谈会记录。

们代收邮件快递，偶尔接送一下小孩上下学等。凡是能做的，我们都做。之后才慢慢扩大一些专业性的工作。""我觉得从一点一点的事情做起来，居民会先记'苦劳'再谈你的'功劳'，这样就慢慢融入社区了。"

抱老人就医、遛狗、代收快递等事情看似与社工专业无关，却是社区居民需要的，是社工走入居民生活的窗口。这些小事的服务到位了，居民就会越来越了解、认可和信任社工，社工取得了社区居民的信任才能慢慢地扩大一些专业性的服务工作。

七　发挥本社区工作人员的积极作用，克服消极作用

深圳市各区在服务协议中对于是否聘用本地户籍的工作人员规定不一。有的区在社区服务中心的招标公告中明确将"聘用20%～30%本地户籍工作人员"作为一个评分指标。宝安区、龙华新区和大鹏新区在签订的服务协议中对此有明确规定。宝安区要求"每个社区服务中心共配置6名工作人员，其中注册社会工作者不少于3名，其他工作人员宝安户籍不少于2名"。龙华新区要求"如有辅助人员，则辅助人员中至少录用1名有龙华新区户籍的人员"。大鹏新区提出"其他辅助人员优先招用本地具备一定的社工专业服务技能的人员"。聘用本地户籍工作人员的规定有多方面的考虑，一是可以拉动本地居民就业；二是在社工流动性高的背景下，本地户籍工作人员的稳定性更强；三是为了取得社区更多的支持，便于社区服务中心开展工作。本地户籍的工作人员因为不一定取得专业社工资质，通常作为辅助人员。他们大都由街道或社区工作站推荐，通过社工机构面试后，与社工服务机构签订合同，作为社工机构的工作人员派驻到社区。

2014年问卷调查结果显示，一半的社区服务中心有2名及2名以上本地工作人员（见图4-3）。分类统计的结果表明，村改居社区、工业社区以及原特区外的社区中，拥有本社区工作人员的比例较高。在村改居社区以及原特区外的部分社区中，深圳原居民比例高，"本地"与"外地"人的区分相对明显，本地人的作用也就尤为突出。来自本地区的工作人员具有特有的优势。例如，在语言方面，本地工作人员具有较明显的优势。根据2014年问卷调查结果，利用SPSS的Crosstab统计分析，"来自本社区工作人员"

与"掌握本社区方言的人数"具有显著的相关性，卡方检验 sig. < 0.05（见表 5 - 1）。

表 5 - 1　掌握本社区方言的人与本社区的工作人员的交互分析

		掌握本社区方言的人数				
		0 人	1 人	2 人	2 人以上	无本社区方言	受访总人数
有多少来自本社区的工作人员	0 人	16.67%	5.0%	5.0%	5.0%	68.33%	60
	1 人	4.84%	32.26%	11.29%	12.9%	38.71%	62
	2 人	2.04%	10.2%	38.78%	22.45%	26.53%	98
	2 人以上	0.0%	4.17%	12.5%	54.17%	29.17%	24
受访总人数		15	34	51	46	98	244

资料来源：2014 年问卷调查。

相对于外生的社区服务中心和其他社工，本地人员熟悉该社区的情况，掌握该社区的方言，他们自身就是社区的一员，可以跨越"融入"这一阶段开展服务，并可以协助其他社工融入社区。某社区中心主任说："中心工作人员中有一位是本地原住民，年轻男生，残疾人，本科毕业，会客家话，是街道推荐的，个人素质很不错，在社区开展联络工作很有优势。当时招聘这个男生来社区中心工作，是帮助街道解决就业问题，对社区中心来说也是一个不错的尝试。目前我们正在努力培养他晋升为社工。"[1] 招聘本地居民加入社区服务中心，一方面是为了帮助社区服务中心更快地融入社区，更好地开展工作；另一方面是为了促进当地就业。一个得力的本地工作人员可以作为桥梁，帮助社区服务中心建立与社区各种利益相关者的联系。

但是，本地员工的作用可能有正反两面。社区的一些"关系户"被推荐到社区服务中心工作，员工素质参差不齐，有些员工不仅无法完成本职工作，反而加重了其他社工的工作压力，影响团队的整体工作氛围，甚至成为社区服务中心的障碍。笔者在调研中发现，这种现象在多家机构都存在。因此，运营社区服务中心的社工机构要克服可能的来自多方面的压力，

---

[1]　2014 年 7 月 16 日对深圳市社区服务中心主任的座谈会。

对本社区的工作人员严格把关，遵守机构统一的管理制度，对于确不适合从事社区服务的人员坚决说不。

八　走进居民生活，与居民打成一片

理论上说，社工们的工作时间是固定的，而社区居民在社区内的活动时间则是灵活的。如果社工的工作时间是传统的朝九晚六的话，那么社工们则会缺席一早一晚社区居民最活跃、社区最热闹的时间。晨练时间与晚饭后休闲时间往往是一个社区内人气最旺、各类群体最集中出现的时间，要想了解一个社区真实的生活状态，离不开对这个时段的参与。某社区服务中心的社工们曾经抱怨说，该社区的居民活跃度不高，平时见不到人。而事实上，该社区服务中心所在地背后就是一个社区小广场，这个广场每天晚上都会聚集社区的男女老少，而下了班的社工却与所服务的社区居民缺少了交集。另一个社区服务中心的社工们则抓住了"广场舞"这一迅速走进社区居民的"捷径"，"在最初进入社区的三个月，我们每天晚上都与社区居民一起在广场上跳舞，早上 6 点多钟又早起跟大妈们一起锻炼。那段时间虽然很辛苦，但是慢慢感觉到社区大妈们逐渐把社工们当作自己人了"。有了这种"自己人"的信任感，社工们也就成了社区中的一员，接下来开展工作的难度也就会大大降低。

融入社区不是一种工作上的理念，而是实践上的行动。在希望社区居民前来社区服务中心参加活动之前，社工们应当首先让自己参与到社区居民已有的活动之中。参与社区居民已有的自发活动，一方面是社工们了解和熟悉社区及其居民的过程；另一方面也是社区居民认识社工的过程。通过参加社区已有的活动，社区居民会感觉到社工们已经是他们之中的一员，而不仅仅是社区服务中心内服务的提供者。

上述多个行动策略是多位社区服务中心的社工在实际工作中总结出来的，其实这些尚不能涵盖全部策略，每个中心、每个社工，在具体的实践中都会总结出符合本社区特色的融入方式。上述行动策略往往在一个社区服务中心的融入过程中同时发挥作用。案例 5－3 就运用了上述提到的多种策略，使中心成功地融入了社区，迈出了开展服务的第一步。在该社区服务中心运营四年多后，当本书课题组再次来到这个社区时，可以时时感到社区工作站对社区服务中心的认可，社区工作站五十几岁的书记亲切地将社区服务中心三十岁出头的主任称为"老蒋"，社区服务中心的服务也给这个社区带来了更多的荣誉和资源！

案例 5 - 3 　　　　　　　阳光总在风雨后

——社工们进入社区的酸甜苦辣

我所在的社区服务中心是深圳市首批五个试点社区服务中心之一，由YG 社工机构运营。2011 年 3 月初，十多个大学本科以上[①]、年龄 25 ~ 28 岁的社工专业年轻人浩浩荡荡进入社区，社区工作人员的第一反应竟然是：你们是来干嘛？是来抢我们饭碗的吗？要我们提供 400 平方米的场地，还要为你们准备办公室?! 再一问，我们竟然每个月可以拿到 4000 元工资，比他们还高。这是当时基层社区工作的同志对我们的第一印象。宝安区的社区工作站阵容庞大，负责社区的环境、卫生、计生、城管、服务（主要是办证，社区的公共服务基本上很少，多是商业机构和管理处零散的服务）等工作，工作站站长非常强势。他每次开会都把我们 12 个社工叫到现场，让我们一个个汇报工作，每个社工都要被训斥。很明显，社区工作站站长希望我们不要做什么专业的服务，他希望我们加入他的行政管理体制，希望我们的社工分开，派驻到每个社区工作站工作人员的岗位，协助他们的工作人员开展工作。"搞什么专业，你告诉我什么是专业？协助我们的同事就可以了！"这是社区领导经常挂在嘴边的说辞。当时社区的情况是，社区居委会和工作站的人员一边忙着社区管理的事宜，一边要管理居民公共事务，基本上社区管理事务占据了大部分人员的绝大部分精力，居委会这边包括星光老人之家、工青妇等单位派驻在社区的公共服务点都处于闲置的状态，不仅场地大量虚设，就连工作人员也很少开展服务。

在接下来的 2 ~ 3 个月，也正好是七八月，我们这些第一批进入社区的

---

① 深圳首批试点的社区服务中心有 12 名工作人员。

理想社工们，上午跟随社区工作站的人员分别到计生、民政、调解、城管等领域协助开展工作。下午回到社工的办公室讨论通过这些协助工作收集回来的人口、服务、需求等信息，进而开展走访、宣传、入户和基础的服务工作。炎炎夏日，我们都被晒得乌漆抹黑，但依旧乐此不疲。因为我们记得督导和我们讲过的一句话：是我们的专业进入了别人的专业，所以我们有义务和责任让别人认可我们的专业。

在这个过程中，我们发现，参与社区公共事务和具有社区公共服务需求的绝大多数都是社区当中的老年人、妇女以及儿童（当然中青年也有公共需求，但也许凭我们当时的能力，可能还不具备充分的条件向他们提供服务）。于是我们专门负责义工服务组、老年组的同事每天早起，跟着阿姨去跳舞，晚上跟着叔叔去下象棋，周末和社区义工们出去巡逻，打扫社区卫生。快10月的时候，社区有一场国庆演出。我所在的社区一直是省市领导甚至更高级别领导经常调研和走访的社区，因此社区也格外看重这场演出。在社区的筹备会上，社工的工作态度赢得了社区领导的赞赏，我们积极地向社区领导介绍我们这几个月和居民接触的信息，推荐谁演小品非常好、谁吹笛子非常好、谁说相声好，社工的积极推荐和社区工作站人员的相互推诿形成了鲜明的对比。晚会顺利结束后，社工便全盘接过了社区公共服务的大旗。

撰写人：深圳市宝安区阳光社会工作服务中心　吴金发

第五节　特殊模式：盐田区深度嵌入式发展^①

盐田区社区服务中心的发展模式与深圳市其他各区有所不同，盐田区采取了社区服务中心与社区原有的服务及管理主体共同合作、深入嵌入发展的模式。

---

① 盐田区将本区社区服务中心的发展模式称为"嵌入式"，但为了与前文所指的"嵌入"有所区分，在此使用"深度嵌入"一词。

一 "深度嵌入式"发展模式建立的背景

盐田区自 2005 年起，就不断探索社区服务的模式创新，在社区建立了居站分设、一居两站的架构，即社区行政性职能由社区工作站承担，自治性职能由社区居委会承担，社会服务性职能由社区服务站承担。社区服务站是由社区居委会设立的社区服务机构，登记注册为民办非企业单位，从事居家养助、棋牌娱乐、家政服务等社区服务项目。到 2009 年底，基本完成了 1 个社区设 1 个社区服务机构的布局，共吸纳 100 多名从业人员。

在深圳全市推行社区服务中心的时候，盐田区既需要符合全市统一要求，又要考虑将新的"社区服务中心"与原有的民办非企业单位性质的"社区服务站"有效衔接。盐田区采取的模式是将近 10 年积累的社区服务运营经验与全市社区服务中心建设工作结合起来，把社工机构与本土机构相结合，探索实行"深度嵌入式"的运营方式。

二 "深度嵌入式"发展模式的主要做法

所谓"深度嵌入式"发展，主要特点就是让原有的社区服务站与社工机构组成联合运营主体，参加社区服务中心项目招标，中标后由联合体统一组成运营团队，一般由原社区服务站的主任担任新的社区服务中心的主任，社工机构派驻优秀社工担任副主任，对社区服务中心实行联合运营。

1. 人员"嵌入"：双方共同组成运营团队

与全市其他社区服务中心一样，盐田区每个社区服务中心运营团队的组建，严格按照 2013 年《标准》中的规定，为每家社区服务中心分配 6 名工作人员。但这 6 名工作人员体现了"合作制"的特色，形成了"4 + 2"模式，即服务中心 4 名工作人员为承接该社区各项服务的社工机构所派驻的社工，另 2 名工作人员为该社区服务站原有的工作人员。社区服务中心的人员分工明确，社区服务站原有工作人员兼职负责社区服务中心的行政事务、协调沟通和部分外联工作，承接该社区各项服务的社工机构派出 4 名工作人员负责实施专业化社区服务。

2015 年，盐田区微调了社区服务中心的运营办法，有 8 家社区服务中心由社区服务站独立中标运营，中标后再由社区服务站与社工机构签订协议购买 4 名社工服务。这 8 家社区服务中心也就成为全市少有的由非社工机构中标运营的，且具有法人资格的社区服务中心。

2. 经费 "嵌入"：双方共同使用购买服务经费

与深圳市其他各区的社区服务中心类似，盐田区每家社区服务中心的 50 万元的运营经费也是市区财政各拨付 50%。2014 年 10 月前，合同经费拨付方式为市配套经费 25 万元，拨给社工机构；区配套经费 21 万元，拨给社区服务站；另有 4 万元区配套经费，待评估通过后，再拨给社工机构。盐田区社区服务站原来是有收费性服务的，收费权仍归原社区服务站所有。

3. 服务 "嵌入"：延续原有服务的基础上扩展专业服务

社区服务站原有服务主要包括三个方面：①根据居民的需求和就近原则开展便民利民、提高居民生活质量的低偿服务；②按照政府购买服务项目的方式为群众提供社会福利、社会保障、社区残疾人服务、社区老人服务和其他社会公益性服务等无偿服务；③指导社区安老、助残、文体等各类社区服务组织和队伍开展活动。社区服务站的经营范围包括图书室、健身室、棋牌室、培训室、星光老人之家、家政服务、中介服务、治安保卫、卫生环境等各类服务项目。[①] 新的社区服务中心就在社区服务站原有的服务基础上，按照市级社区服务中心统一的运营标准，根据各社区特色，增加体现社工专业的特色服务。例如，小梅沙社区服务中心针对小梅沙的旅游特色，将服务游客作为特色服务，在旺季时为游客提供交通疏导、义务指路、人身安全宣传、电影播映、游客游泳安全宣传、交通疏导及派送凉茶等系列服务，累计服务数千人次，受到了游客和度假村的肯定和好评。另外，中心还整合了社区各类行政服务和商业服务资源信息，制作社区服务手册，为游客提供社区便利服务指引查询，使到小梅沙游玩的游客享受到小梅沙社区的温馨服务，让小梅沙成为名副其实的游客之家。

三　对 "深度嵌入式" 发展模式的评述

社工服务机构与原有社区服务站联动运营，使社区服务站和社工机构

---

①　侯伊莎主编《透视盐田模式：社区从管理到治理体制》，重庆出版社，2006，第 38 页。

的优势都得到较好发挥。盐田区原社区服务站的负责人大多由居委会主任兼任。居委会主任在社区具有较高威望，熟悉居民情况，了解居民需求；而社工机构的社工则受过专门的社会工作教育，具有现代、专业的项目策划能力和工作手法。两者优势互补，"专业性"和"本土化"得到较好的融合。同时，新的服务主体依托原有服务主体，原服务主体不会把新生的力量当作竞争对手，而是当作有力的补充，对新事物的态度也多是接纳和支持。

一位来自某社工机构的社区服务中心的副主任说："因为采用'嵌入式'发展模式，我们中心在运营的前期能够更好地了解社区、融入社区，更好地开展服务。像最早的了解社区环境、家访等工作都是由社区居委会热心的林大哥，带着社工完成的。同时社区服务站原来就有一定的服务基础，社工在入驻社区后，在民政局、街道、社区工作站等领导的关心支持下，整合原来的社区资源。在场地使用上，充分整合星光老年之家、社区服务站、生育文化中心、党员活动室等场地资源，一室多用，增强场地利用率；在服务项目上，充分整合社区各类服务项目，主动链接社区各单位，将社区各项活动和服务纳入中心服务计划，共同为辖区老人、残疾人、青少年、妇女儿童等群体提供服务。"[①]

第六节　对促进融入社区的几点建议

促进社区服务中心融入社区，需要政府及社会组织的多方面努力。以下关于融入社区的建议对于其他城市推行社区服务以及对于新上任的社工来说，都是具有参考意义的。

第一，建议市区政府部门加强对政策的宣讲，提高基层政府工作人员的认识，自上而下对社区服务中心的建设达成共识。在推行社区服务中心等新的社区治理主体前，要对社区原有的治理主体进行培训和指导，让原有的基层管理者和服务者充分理解和配合，避免因不了解和不信任而造成的猜忌和排斥。

---

① 2014 年 6 月 18 日对盐田区社区服务中心的调研座谈会记录。

第二，建议相关社工培训机构加大相关培训力度。对所有新上任或新中标的社区服务中心主任进行有关社区利益相关者、社区治理等方面的培训，让中心主任在上任伊始能够快速地掌握了解社区情况的方法，在思想上、理念上、行动上，做好融入社区的各种准备。社工协会可以总结各社区服务中心在融入社区方面的经验，并推广运用到其他社区服务中心。

第三，建议社工服务机构加强对社区服务中心的支持力度。在中标运营新的社区服务中心前，在新的社区服务中心主任上岗前，在多位专业社工更换前，由社工服务机构出面，与街道办事处、社区工作站、社区居委会等主体协商和沟通，帮助社区服务中心的一线社工克服工作中的困难。

第四，建议一线社工调整心态、积极面对、努力实践。以资源的视角看待社区中的各个主体，运用社会工作的专业方法面对各种利益相关者，通过积极的态度、点滴的行动和专业的方法，采取有效的行动策略，化解各种质疑。

第六章 提供服务：特色化与项目化

深圳市民政部门为了规范社区服务中心的运营与服务，制定了《深圳市社区服务中心运营与评估标准》（深民函〔2013〕121 号），对全市社区服务中心的服务内容、服务群体、服务领域、服务指标等进行规定，与此同时，要求各中心根据不同的社区类型设计特色项目，提供服务。社工们在运营社区服务中心的初期，往往被成百上千的服务指标压得喘不过气来。如何跳出服务指标，形成带有本社区特色的服务项目？如何在完成标准化规定的基础上形成本社区的差异化服务？这是本章要讨论的问题。

第一节 社区服务中心运营标准中的相关规定

一 2013 年《标准》关于服务的基本要求

一是服务群体。2013 年《标准》要求，社区服务中心提供的社区公共服务包括老人、残疾人、妇女儿童及家庭、青少年、优抚对象等基础人群服务，药物滥用者、社区矫正人员、失业及特困人员等特定人群服务，以及居民自助互助服务。

二是服务项目。2013 年《标准》要求，社区服务中心开展的各类服务项目所涉及服务大项应不少于 12 个（其中居民自助互助服务必须涉及所有服务大项），服务细项应不少于 30 个。老人、残疾人、妇女儿童及家庭、青少年服务与居民自助互助服务为必须提供项目（某个特定人群数量少于20 人的除外，但必须提供转介服务）。

粗看起来，2013 年《标准》似乎对各个社区服务中心的基本服务规定很多很细，但仔细对照，会发现其实 2013 年《标准》只是列出了一个服务"菜单"，每个社区的服务灵活度其实很大，社区服务中心完全可以既满足基本服务要求，又根据社区类型和社区特色灵活开发项目。这是因为，12个大项并非指12类服务群体，而是从面向各服务群体的31个大项中选择12个项目，只是这12项中需要有关于老人、残疾人、妇女儿童、家庭以及青少年的服务，且必须涵盖居民自助互助的4个大项。同时，30个服务细项是在约150个服务细项之中进行选择。因此，从政策上看，社区服务中心可以根据社区特色在31个大项、144个服务细项中"点菜"，形成本社区的服务侧重领域（见表6-1）。

表6-1　社区服务中心服务项目统计

单位：个

服务对象	服　务　大　项	服务细项的数量
社区助老	1.1 日常来访与探访服务	5
	1.2 身体健康与生活照料服务	8
	1.3 心理健康服务	6
	1.4 社会支持网络建立	3
	1.5 老年人文体活动	3
社区助残	2.1 日常来访与探访服务	4
	2.2 残疾人康复服务	7
	2.3 社会支持网络建设	7
社区妇女儿童及家庭	3.1 日常来访与探访	3
	3.2 互助网络	3
	3.3 社区学校——家庭成长	8
	3.4 家庭辅导与心理减压	5
	3.5 家庭危机介入	6
社区青少年	4.1 日常来访与探访	3
	4.2 社区学校——青少年成长	6
	4.3 成长辅导	10
	4.4 危机介入	4
社区优抚对象	5.1 日常接访与走访	6
	5.2 新退役人员支持与辅导	5
	5.3 困难人员支持	3
	5.4 老军人关爱	参考社区助老
	5.5 对军属、烈属的关爱与支持	3

续表

服务对象		服务大项	服务细项的数量
社区特定人群	药物滥用者、社区矫正人员	6.1 社会适应	6
		6.2 资源网络建立	5
	特困人员	6.3 社会救助服务	3
		6.4 增能服务	4
		6.5 社区援助服务	4
居民自助互助		7.1 邻里互助与社区融合	8
		7.2 志愿者队伍建设	4
		7.3 社区能力建设	2
		7.4 社区公共事件应急援助	支持配合
合 计		31 个服务大项	144 个服务细项（不含 5.4 和 7.4）

资料来源：根据《深圳市社区服务中心运营与评估标准》（深民函〔2013〕121 号）的附表整理而成。

二　2013 年《标准》关于特色服务的要求

一是要根据社区类型安排服务内容。2013 年《标准》要求，社区服务中心在各领域服务量的分配上应充分考虑所在社区的类型，根据纯居民社区、城中村社区、村改居社区、工业社区、混合型社区等不同社区的社会人口特征，有所侧重地安排相应服务内容。2013 年《标准》的附表中对不同类型社区中不同服务项目的指标权重提出了建议（见表 6-2）。

表 6-2　不同社区类型服务指标量权重建议

单位：%

社区类型	服务内容	社区类型描述	服务指标类型	助老服务	妇女、儿童、家庭服务	青少年服务	助残、优抚、特定人群服务	居民自助互助服务	其他服务
纯居民社区	传统老城市社区	形成较早、位于老城区、以户籍或本地人口为主、人口流动性较小、居民收入与文化水平相对较低、配套设施与服务资源相对较差的社区	个体服务	20	30	30	10	—	10
			群体服务	15	30	25	5	20	5

续表

社区类型	社区类型描述	服务指标类型	助老服务	妇女、儿童、家庭服务	青少年服务	助残、优抚、特定人群服务	居民自助互助服务	其他服务
现代化社区	近年投资兴建、由商品房或福利性分房组成、人口流动性较小、居民收入与文化水平相对较高、配套设施与服务资源相对完善的社区	个体服务	15	35	30	10	—	10
		群体服务	15	25	20	5	30	5
城中村社区	具有城中村地理及经济特征、以非户籍人口为主、人口流动性大、居民收入与文化水平相对较低、配套设施与服务资源相对较差的社区	个体服务	5	40	35	10	—	10
		群体服务	5	30	25	5	30	5
村改居社区	乡村形态突出、以户籍或本地人口为主、人口流动性较小、居民收入与文化水平相对较低、配套设施与服务资源相对较差的社区	个体服务	20	30	30	10	—	10
		群体服务	15	30	25	5	20	5
工业社区	工厂职工聚居、人口结构单一、以非户籍人口为主、居民收入与文化水平相对较低、配套设施与服务资源相对较差的社区	个体服务	—	40	40	10	—	10
		群体服务	—	35	35	5	20	5
混合型社区	兼有以上类型及其他形态社区特征的社区	个体服务	10	40	30	10	—	10
		群体服务	10	30	20	5	30	5

注：

1. 该表格将总体协议服务量划分为个体服务指标（包括探访、咨询、个案辅导、家庭治疗等针对个人的服务形式）及群体服务指标（包括小组、兴趣班、工作坊、讲座、社区活动等非针对个人的服务形式），并针对不同类型社区，对各类服务内容下的服务量所占个体或群体协议服务量的权重分别给出建议。

2. 若助残、优抚及特定人群服务人数达不到开设服务标准或没有开设任何其他服务，社区服务中心须根据实际情况，将权重适当分配至助老服务、妇女儿童家庭服务或青少年服务当中；表中"其他服务"指根据本社区特殊情况，以居民需求为导向，设计的其他服务项目。

3. 原则上，各服务量百分数上下浮动不得超过2.5%。

4. 如社区类型未涵盖在如上分类之内，服务指标量的权重安排请与主管部门及购买方共同协商确定。

资料来源：《深圳市社区服务中心运营与评估标准》（深民函〔2013〕121号）。

二是要实施特色项目。2013 年《标准》提出，中心须根据不同类型社区的社会人口特征，设计和实施富有特色的服务项目。在 2015 年社区服务中心的评估中，对于特色服务项目品牌的评估分值从 10 分增加到 60 分。

三 2013 年《标准》关于"项目"运作的基本要求

从上文对基本服务内容和特色服务要求的描述中可以看出，各类服务要以"服务项目"的方式呈现出来。2013 年《标准》提出的中心营运管理制度也包括建立服务项目遴选制度、服务质量内控制度等。根据深圳市社区服务中心评估主体——深圳市现代公益组织研究与评估中心对评估重点的解读，"服务项目策划与管理"是评估重点之一，其中包括服务项目策划、项目实施过程管理、项目总结反思等。评估方提出，项目策划与管理评估的意义在于通过项目化运作思维，提高服务的针对性以及与社区需求的契合度。①

第二节　如何理解服务的特色化与项目化

一　社区服务中心的特色化服务

社区服务中心的特色化服务有两方面含义，一方面是反映社区特色，即结合本社区的类型、人口结构特点，根据本社区的内在需求，所提供的符合本社区居民需要的，能够解决本社区实际问题的，彰显本社区特色的服务内容。符合社区特色的服务并不一定是"特殊"或是"个性"的服务，凡是满足本社区需求的，突出本社区特点的，都是本社区的特色化服务。

社区的特色化服务可以表现在不同角度。一是服务对象具有特色，如有的社区中住着一定数量的退伍老兵，有的社区集中住着一些早年来深圳的建设者，甚至有的社区集中存在着一些性工作者，这些群体可能不是社区服务中心的主流服务人群，但在特定小区可能成为重点服务对

---

① 深圳市现代公益组织研究与评估中心于 2013 年 10 月开展的《有关〈深圳市社区服务中心运营与评估标准〉解读》的培训。

象；二是服务介入方法具有特色，如高档的现代化小区中人口素质较高，自我服务的能力强，就要多采取赋权的方式鼓励居民自主地参与和开展服务；三是服务内容上具有特色，如旅游特色的社区服务中心可以开展面向游客的服务，在较为封闭的传统城中村社区中要针对社区融合开展大量服务；四是服务机制和模式具有特色，如社区义工队伍或社区社会组织发展较好的社区，可以形成"双工联动""双社联运"或"三社联动"的特色服务模式。

社区服务中心的特色化服务含义的另一方面是反映运营本社区服务中心的社工机构的特色，机构的文化或是人力资源形成了对某方面服务的优势和特色，形成自身的服务品牌，并将其运用到所服务的中心。如今，几乎所有的社工机构都在运营社区服务中心，社工机构千篇一律，缺乏机构特色。倘若可以从公益项目入手，差异化地结合机构自身的人力资源特点开展不同的公益项目，便可以逐步形成不同社工机构之间的专业化特色服务，形成自己的核心竞争力。反之，倘若机构在设计公益项目时，胡子眉毛一把抓，则会陷入越做越杂、资源分散的局面。

二　社区服务中心的项目化服务

"项目"一词运用广泛，项目管理在过去仅限于工程项目等少数领域，随着社会转型和知识发展，现在许多企业或组织开始重视项目管理并将其运用到实际工作中。美国项目管理协会（PMl）对项目下的定义是：为完成某一独特的产品或服务所做的一次性努力。① 项目的几个核心要素包括：第一，项目的复杂性和一次性；第二，项目受到预算、时间和资源的限制；第三，项目开发是为了实现一个或一系列特定的目标；第四，项目是以客户为中心的。② 社会工作领域的项目还具有自身特点，即社会工作项目有望

① Broject Management Imtifute, "A Guide to the Project Management Body of Knowledge," Newtoun Square. PA：PMl2000.

② 〔美〕杰弗里 K. 宾图：《项目管理》，鲁耀斌、董圆圆、赵玲等译，机械工业出版社，2007，第 3 ~ 4 页。

对项目参与者（即服务对象）产生某些类型影响的干预或者服务。①

项目化运营是以项目管理为核心的一种组织管理运营方式。周瑛等人将项目化运营定义为一种被各类组织广泛运用的管理方法，是指管理者在有限的资源约束下，运用系统的观点、方法和理论，对项目涉及的全部工作进行科学有效的管理，核心思想是以"项目"作为独立的组织单元，通过项目的形式来保证组织的灵活性和管理责任分散，以目标为导向解决问题。②崔雪宁的定义是，社工机构项目化运作是一种组织管理方式，即把专业社会工作以项目的形式进行设计，通过建立项目的策划、实施、评估等制度体系，使社会工作机构在项目中进行组织管理和制度建设并实现内外各项资源的最大优化配置，按时保质地达成目标，进而促使机构自身的可持续发展。③

本研究认为，社区服务中心的项目化运作是指在资源有限的条件下，社区服务中心的运营者以解决社会问题为目标，通过开发和实施公益项目的形式来提供专业社工服务、促进社区发展的管理与运营方式。这一定义包括以下几个重点。

首先，社区服务中心的项目化运作是一种管理与运营方式。社区服务中心的项目不同于一般的公益项目，它不是一个个孤零零的项目，也不是一个机构唯一的项目，一般的项目管理并不能涵盖社区服务中心的项目化运作过程。社区服务中心的项目化运作不仅仅是管理好一个公益项目，更是提供一种社区服务的理念和运营方法，要求社工运用"项目"的思维去开展社工实务工作、去看待社区发展，把社工专业方法与项目管理理念有机结合起来。

其次，强调以解决社会问题为导向，这是设计公益项目的基础，也是将活动转变为项目的核心。无论运作何种公益项目，都必须以解决社区居民面临的问题、满足社区居民的迫切需求为根本目的。

---

① 〔美〕戴维·罗伊斯等：《公共项目评估导论》，王军霞等译，中国人民大学出版社，2007，第5页。

② 周瑛、彭华、李锋华：《民政工作项目化运作研究》，《中国民政》2011年第9期。

③ 崔雪宁：《社工机构项目化运作面临的挑战及对策研究——以上海市X机构未成年子女关爱行动为例》，华东理工大学硕士学位论文，2012。

再次，强调资源的约束性。要求社区服务中心在政府购买服务的资金以及人力资源配置既定的情况下，在所签署协议的指标约束下，最有效地整合资源，最大限度地发挥社工专业性。

最后，公益项目是载体，专业社工服务是内容，促进社区发展是目标。项目化必然要开发和实施公益项目，项目实施要体现社工专业性，这一切的根本目标都是促进社区发展。

三　特色化服务与项目化服务的关系

社区服务中心的特色化服务与项目化服务的共性在于，都是从本社区居民的实际需求出发，以解决本社区的问题为导向。特色化服务和项目化服务都不是既定指标导向的服务，都是居民需求导向的服务。特色化服务反映社区内在的特色和需要，是项目化的内生基础，项目化是特色化服务的外在表现形式。

公共管理中的"三圈"理论框架可以帮助我们理解社区服务中心的特色化与项目化。"三圈"理论是一种常用的公共政策决策工具，它是由哈佛大学肯尼迪政府管理学院马克·莫尔（Mark H. Moore）教授提出的。莫尔认为，公共管理的终极目的就是为社会创造公共价值，任何一项好的公共政策或项目首先要具备公共价值；其次，政策或项目的实施者要具备提供管理和服务的能力；最后，这个政策或项目还需得到政策作用对象或民众的支持。这就形成了三个圆圈，分别指代公共价值（value）、能力（capability）、支持（support）。① 那么一个社区服务中心在设计服务项目的时候就要结合这三点来思考，社区要做的项目需要满足以下几点：一是具备公共价值，即符合社区实际需求，能够解决社区面临的实际问题，那么符合这一要求的必然是可以体现本社区特色的服务；二是实施者要具备服务能力，即一线社工有足够的能力和经验提供服务，其社工机构可以给予相应的指导和支持，如果某社工机构形成了自己的特色品牌服务，那么便是在

---

① 〔美〕马克·莫尔：《创造公共价值政府战略管理》，伍满桂译，清华大学出版社，2003。

这一服务方面积累了较多的能力和经验；三是具备外部支持，即社区各利益相关者支持该项目，一个充分满足社区需求的体现社区特色的项目才有可能获得社区各方支持。可见，一个可落地实施的社区公益项目一定体现社区特色。社工机构和社区服务中心在设计公益项目时，就要双结合，既结合组织优势，又结合社区特点，来选择适合自己的公益项目，逐步打造本机构的特色品牌。

四 服务特色化与项目化的现实困境

上述对 2013 年《标准》的梳理可以看出政策规定其实给社区服务中心比较大的灵活空间，在服务特色化基础上的项目化好像不难达成。然而在调研中，笔者却常常发现社工们认为规定性动作过多，他们整日忙于策划活动，完成各种指标，无暇根据社区需求设计符合社区特色的公益项目。一线社工们在第一年工作中，头脑中往往仅有各种协议规定的指标，不断地策划各种活动来完成十几个大项几十个小项的服务指标。待第一年结束时，就临时性地把若干零散的活动以合并同类项的方式"包装"为项目。此时的所谓项目有"拉郎配"之嫌，凡是受益人群为儿童的活动，就称之为"儿童项目"；凡是面向劳务工的活动，就称之为"劳务工项目"。社区服务中心运营第二年，吸取了上一年的教训，社工们年初就开始有策划项目的想法，但往往只是把上一年的思路反向完成，即把服务大类变为项目，无非还是老年项目、青少年项目等，项目之下有若干活动。这一阶段，比较可喜的是，社工们已经具备了项目的思维并开始注重把零散的活动以系列化的方式呈现出来。但这时候的项目依然仅仅是形式上的项目，未能体现出项目的实质，即未以需求为导向。一线年轻社工的经验不足是导致服务未能项目化运营的重要原因，但顶层设计与实际操作之间的制约因素也是不容忽视的。

一是在未了解社区需求时就签订了服务协议，制定了服务指标。理论上，应当先调研社区需求再设计社区服务指标。但实际情况往往是一家社工机构先中标获得运营某一社区服务中心的资格，然后与民政部门和街道办事处签订协议，确定服务指标，之后进驻社区提供服务。在进驻社区之后，才开始进行社区需求调查。而此时社区需求调查的形式意义大于实质意义，在某种程度上只是为了完成调研而不得不进行的工作，调研结论与实际服务内容几乎没有关联。实际所开展的服务源于协议所规定的"指标"，而不是根据社区需求调研中所发现的问题设计的，自然无法契合本社区的特色。

二是社区服务指标规定过多过细，难以聚焦。在尚未充分了解社区需求的情况下就制定的服务指标却规定详细。调研中，笔者注意到服务指标通常包括两个维度：一个是服务群体或类型，如老年人、青少年残疾人等；另一个是指标数量，如咨询个案、辅导个案、治疗个案、小组服务、大中小型活动等（如表 6-3 所示）。这两个维度之间本应有内在的逻辑关系，但目前刚刚接触社区服务中心的社工往往无法将两者有机结合起来。面对这样一张详细的指标图，一线社工们显然容易陷入具体的、孤立的指标量之中。于是用各种活动来填充完成一个个指标，成了他们的理性选择。过多过细的指标增大了以特色的项目化方式运营社区服务中心的困难，使经验不足的社工容易在所有领域平均用力，难以根据社区特点开展差异化服务。

表 6-3　深圳市某社区服务中心三方协议中规定的服务指标

指　标	老人服务	家庭服务	青少年服务	残疾人服务	居民自助互助服务	优抚及特定人群服务	青年干警服务	备　注
辅导/治疗个案	3个	4个	4个	2个		1个	2个	节数≥5节
咨询个案/探访/电话	30人次	120人次	70人次	10人次	20人次	20人	30人次	1~2次完成
小组服务	3个	7个	8个					人数≥8人，节数≥5节，小组成员出勤率≥60%
中小型活动	3节	12节	10节	1节	2节	1节	1节	人数≥50人
大型活动	1节	2节	5节					人数≥100人
讲座	2节	7节	10节	1节		1节	4节	人数≥20人，时间≥40分钟

续表

指　标	老人服务	家庭服务	青少年服务	残疾人服务	居民自助互助服务	优抚及特定人群服务	青年干警服务	备　注
委托帮助	20人次							受老年人委托帮助办理
康复服务				50小时				为有需要的残疾人提供康复服务或提供资源
志愿者队伍			20人		30人			50人以上，有组织规范

资料来源：某社区服务中心三方协议。

第三节　社区服务中心"特色化"基础上的 "项目化"运营路径分析

特色化和项目化的道路并非想象中的那么容易，而超越零散的指标和活动的项目化服务又是社区服务中心提升服务质量的需要。深圳市有必要借鉴已有公益项目运作的经验，并结合社区服务中心自身的特色，提出深圳社区服务中心项目化运营的路径选择。王瑞鸿从自身多年对一线社会工作督导的实务工作中，总结出了社会工作项目化管理的四大策略，即"四化"建设——理念活动化、活动项目化、项目品牌化、品牌社会化。[①] 本书借鉴上述王瑞鸿对社会工作项目化管理的四个策略的总结并结合社区服务中心自身的运营特点，将上述"四化"分为两个阶段。第一阶段是单个社区服务中心自主进行项目研发和实施阶段，形成本中心本社区的特色项目，这一阶段主要体现了"理念活动化"和"活动项目化"；第二阶段是基于几个社区服务中心由一家社工服务机构运营的事实，提出如何将一个中心的项目变为一个机构的项目，形成本机构的特色项目，体现了"项目品牌化"和"品牌社会化"。

---

① 王瑞鸿：《社会工作项目精选》，华东理工大学出版社，2010，第14页。

一　第一阶段：形成本中心本社区的特色项目

这一阶段，社区服务中心的项目设计、管理和评估，与一般的公益项目类似。对于社区服务中心而言，重点是如何将社会工作的理念转化成一项项社区居民喜闻乐见的活动，如何把一个个零散的活动变为系统的项目。

1. 项目设计：社区需求导向而非指标导向

实现从"活动"到"项目"的飞跃，核心是根据社区需求，以解决问题为导向开发项目。之所以说在社工没有项目化理念的情况下仅仅是"包装"项目，有项目之形，而缺少项目之神，是因为那些项目不是从社区居民的需求出发，不是问题导向的，而是活动与指标导向的。以面向劳务工群体的服务为例，如果冠以"劳务工项目"，那么我们仅仅知道所服务的对象是劳务工群体，但无法得知是为了满足劳务工哪方面的需求，解决劳务工哪一方面的问题。可能存在的情况是，开展了十几场面向劳务工群体的活动，但活动的指向是分散的，热热闹闹的活动背后无法解决劳务工群体面临的某一方面问题。彼得·德鲁克指出："非营利组织……需要严肃认真地满足客户需求，这不是说我们知道什么东西适合他们，而是要知道什么是他们认为有价值的东西以及如何把这些东西送到客户手中。"[①]

仍以面向劳务工群体的服务为例，在设计项目之前应当首先了解本社区劳务工群体的年龄、性别、婚姻等基本情况。年轻的、刚刚来城市打工的未婚的劳务工与务工多年已经成家的劳务工所面临的问题和服务需求一定有显著差异。前者最迫切的需求往往包括婚恋交友、融入城市、技能指导等；后者的需求则会转变到家庭关系、子女教育、职业规划等。那么，劳务工服务项目要聚焦到某一个年龄段劳务工群体的某一类需求。当被服务群体有多种需求时，就要结合本机构所长来设计项目。例如，深圳市龙岗区的一家社工服务机构，发起人原来有过十余年的婚姻介绍所的职业经验，该机构就结合年轻劳务工的需求在本社区内发起了一个流动人口婚恋交友项目。再如，某一家社区服务中心的一名社工是部队退伍军人，该中

---

① 〔美〕彼得·德鲁克：《非营利组织的管理》，吴振阳等译，机械工业出版社，2012，第42页。

心针对本社区青少年自律能力不足、抗压力差等问题发起了一个名为"少年军"的青少年服务项目，希望采用军事化的理念和管理方式在本社区内培养一支"少年军"。以上两个例子就是将社区特色需求与机构特色能力有机结合开发项目的典范。

目前，社区服务中心在运营之初，尽管也进行了社区需求调研，但往往是一个大而空的调研，在某种程度上只是为了完成工作而不得不进行的调研，调研结论与实际服务内容几乎没有关联。实际所开展的服务是由协议中所规定的"指标"导向的，而不是根据社区需求调研中所发现的问题设计的。要想将活动上升为项目，必须充分重视社区需求调研，并将社区需求调研的结论应用到服务项目的开发中。社区调研的一方面是对服务对象的调研，要注意区分老人、儿童、青少年、妇女、劳务工、残疾人等不同群体，挖掘每一类服务对象的具体需求以及亟待解决的问题，并确定备选的服务方式；另一方面是对社区资源的调研，挖掘本社区各类利益相关者所拥有的资源以及当前为上述目标群体提供服务的情况，以此找到留给社区服务中心的社会需求空白以及未来开展项目时可以整合的潜在资源。此外，还可以通过调研加深对本社区背景情况的了解，绘制社区地图，了解社区建筑物概况、社区公共空间等。在充分调研的基础上，就可以设计并实施项目了。

2. 项目实施：体现社工专业手法

以项目化的方式运营社区服务中心离不开社工的专业手法。项目的实施过程本身可以分解为若干个小组工作，如开设教育小组、成长小组、支持小组、心理治疗小组等，在小组工作中注意运用控制小组进程、掌握小组会议和策划小组活动等各种技巧；项目实施中还会有若干个案服务，在个案服务中采用心理社会治疗、危机介入、行为治疗和人本治疗等个案服务模式，并遵循社会工作从接案到结案不同阶段的流程。如果说一个个的小组、个案、活动是一颗颗美丽的珍珠，那么科学的项目设计则会成为将一颗颗珍珠串在一起的丝线。项目要解决的社会问题是这一串珍珠的灵魂，选取什么样的珍珠都取决于这一灵魂。目前，很多社工反映找不到"个案"，难以完成个案服务的指标，甚至为了完成指标把一次入户探访就作为一个个案。而在项目化运作的视角下，因为每一个项目都是根据社会需求导向设计的，都必然关注某一问题，在项目实施中社工会通过服务发现一些需要介入的个案，并进行进一步的个案服务。这些个案不是项目设计之初既定的，而是在小组活动中发现并跟进的。在社会工作方法分类中，学界有一种共识是分为微观实践（个人、家庭、小组及个案管理）和宏观实践（组织、社区和政策）两大类。[①] 本书认为，宏观实践与微观实践并非完全割裂，在进行社区社会工作的时候，离不开微观社会工作的方法。项目化的思维是将宏观、微观社会工作有机结合的桥梁，要想通过社工的服务带来社区面貌的改变，要依靠一系列有机的个案服务和小组、活动，所有的小组和个案都是围绕着项目目标，都属于项目实施中的环节。

3. 项目评估：注重成果而非产出

在缺少项目化思维时，社区服务中心在评估服务成效时容易产生两种误区。一是将产出当作成果，仅看重服务指标的完成情况，如开展了多少场活动，组织了多少个小组，辅导了多少个个案，等等，似乎完成了协议中所规定的各类服务指标量就万事大吉了。二是将服务对象的满意度当作服务效果，尽管满意度对于公共组织来说是重要的，但满意度仅仅能够反映服务质量的一些侧面，无法衡量服务成效。参与者满意度不是一种结果，人们可以对他们所接受的服务表示满意，但那并不表明他们的状况或总体技能发生了不显著变化。[②] 在调研中，一位社工就有这样的困惑："我们每次开展活动都让参与者填写满意度调查，社区居民都很宽容，基本上都是99% 以上的非常满意，这能否反映他们的真实想法，我们如何得知他们是否从活动中真正受益呢?"[③] 在当前社区服务以免费服务为主的情况下，无法用市场信号来体现居民的真实需求，而社区居民从无到有得到免费的社区公共服务，即便这一服务并没有切实回应居民的需求，也会得到比较高的满意度，而导致服务需求信号的失真。

---

① 王思斌主编《社会工作导论》，北京大学出版社，2011，第203页。
② 〔美〕Leon H. Ginsberg：《社会工作评估：原理与方法》，黄晨曦译，华东理工大学出版社，2013，第265页。
③ 2013年11月11日深圳市龙岗区NL社区服务中心社工访谈。

在特色化基础上的项目化视角下，因为项目的设计是为了解决问题，那么项目的成果应当体现在项目是否达成了最初的目标，项目受益人群的需求是否在这一过程中得到满足，原来存在的社会问题能否在项目实施中有所改变或得到解决。以活动或产出代替成果，是目前社会组织实施公益项目时特别容易犯的错误。根据美国联合劝募开发的项目评估模型，项目包含四个部分：投入－活动－产出－成果。提供给项目或由项目消耗的资源是投入，机构履行使命的所作所为是活动，项目活动的直接产品是产出，而参与者在参加项目活动期间或之后的收益是成果。① 以往社工们的服务指标，如参与者的服务次数、服务提供小时数、宣传材料分发数等都属于项目活动的产出，这些只能说明项目实施中所做的具体事情，而无法体现项目的成果。一个公益项目的成果应当是参与者在参加项目活动期间或之后的收益，往往体现在受益者知识、技术、态度、价值倾向性、能力、地位等方面的改变。而社会组织的价值也正在于这些改变。"非营利组织是改造人类的机构，因此其结果不外是引起人类的改变——行为、环境、见识、健康、希望的改变，当然最重要的是能力和潜能的改变。"② 这些改变就是公益项目的成果。社会组织及其实施的公益项目要"有注重成果的心态"③，"只有那些能够持续实现可衡量的成果的组织才能走向未来"④。通过前后对比法、结果认定法和知晓度调查法等方式，社工们可以衡量服务的效果。诚然，这些理论上的测评方法并无法全部解决实践中的问题，公共服务项目可能包含短期、中期和长期的成效⑤，对中长期成效的检验需要时间，很多项目的效果要在若干年之后才可以显现出来。但当社工有注重成果的心态时，便可以随时注意服务对象的改变，评估服务成效。例如，深圳市龙岗区某社区服务中心开设了暑期夏令营，夏令营之后，很多家长在社区

---

① 美国联合募捐会：《项目结果的测评：一种实用方法》，转引自〔美〕Leon H. Ginsberg：《社会工作评估：原理与方法》，黄晨曦译，华东理工大学出版社，2013，第 262 页。

② 〔美〕彼得·德鲁克：《非营利组织的管理》，吴振阳等译，机械工业出版社，2012，第 84 页。

③ 陈迎炜主编《中国社会创业案例集》，北京大学出版社，2013。

④ 〔美〕彼得·德鲁克、吉姆·柯林斯：《组织生存力》，刘祥亚译，重庆出版社，2009。

⑤ 陈锦棠等：《香港社会服务评估与审核》，北京大学出版社，2008，第 79 页。

家园网或 QQ 群上留言，表达自己的感受及谢意。"以前放暑假，孩子就是自己在家里看电视、玩游戏，通过这次社区服务中心举办的暑期夏令营活动，孩子的暑期生活变得丰富多彩，孩子也在这个夏令营中结识了新朋友。非常感谢！""听社工说，第一次小组活动时，我的孩子非常腼腆，但在社工姐姐的不断鼓励下，孩子变得越来越自信和开朗，最后一次团队展示中，我看到孩子在舞台上自信的表现，感到由衷高兴！"

案例 6 - 1   "睦邻厨房"项目始末

2012 年，正阳社工走进平湖社区服务中心。社工们初来乍到，就开始了走街串巷，通过密集的"扫楼式"社区调研，深入了解社区状况，聚焦社区需要和问题。

几年前，平湖社区的户籍居民还分散在大皇公、河包围、松柏围、大围、石井头、万福、长廊、红磡等各个老村，2004 年社区户籍改革，原来的村民变成了居民，居住环境发生了巨大的变化，社区户籍居民集中居住在凤凰新村花园小区。在巨大的社区变迁面前，居民需要适应城市化生活，但是也不能完全与过去割裂。社工们发现，新的生活环境对社区中老年人的影响极大。社区老龄化已达到了 15.3%，还在呈上升趋势，严峻的社区老龄化袭来。许多长者虽然在社区里有良好的居住环境，但是因为孩子们上班或者在外地工作，很多时候老人独自在社区里居住，缺乏照料，需要更多的社会关怀和社区服务照料。社工上门去探望老人家，他们总是舍不得社工离开，只是希望能再同社工多聊一会儿。许多义工上门探访，老人们也总是想能和来访者多聊一会儿。

同时，随着社区城市化发展，社区人口结构也发生了翻天覆地的变化。10 年前社区外来常住人口还不是很多，10 年后随着凤凰新村、满庭芳、翠峰丽景、威凤山庄、御峰园、凤冠华庭以及东西富民工业区的开发，社区外来常住人口已经近 5 万人，社区人口严重倒挂，社区外来人口之间、户籍居民之间、户籍与外来人口之间居民的融合问题不可回避。

社工们从上述社区调研中发现了社区面临的三大问题：社区居民的城市生活适应、长者的社区照顾以及社区居民的社区共融。社工们同时发现，社区居民们特别喜欢传统美食，但由于现代城市生活的局限，制作传统美食所需的工具和设备受到很大限制。针对上述问题，社工们设计了"睦邻厨房"项目。由社区广大居民建议，推动社区建成了别具特色的社区大厨房，打造了灶台、磨盘等传统烹饪设备，开展了"季度长者生日会""亲子家庭厨艺秀""爱心美食探访长者和残障人士""美食家家轮流做"等一系列活动。就像社区居民每年春节都喜欢吃"大盆菜"一样，通过厨房这一平台，以美食为手段，链接、整合、重组、提升社区资产，凝聚社群，大家一起在这个平台上，增进了解，凝聚共识，开启"睦邻"运动。

整合社区本土资源。"社区资产为本"是"睦邻厨房"项目所秉承的理念和显著特点。一方面，社工们以社区大厨房为平台，整合周边的企业、银行、物业、酒店、食府的资源，开展美食活动、厨艺培训以及为居民摆酒席提供免费场地等暖心服务；另一方面，社工和社区居民一起制定社区服务发展目标，社工们培养社区义工领袖和骨干，共同策划、组织、开展项目服务活动，以社区长者和妇女为主体，开展亲子厨艺秀、季度长者生日会，重大节庆日美食活动等主题服务。

3年来，"睦邻厨房"项目开展了72场专项服务活动，组建了睦邻厨房3支关爱探访义工队，服务居民12950人次，实现了社区60岁以上老年人服务的全覆盖。低龄长者们活跃在社区老年志愿者队伍当中，都说越活越精彩，老了也要有所为。高龄长者们经常有社工和义工们一起去探访，他们不仅可以得到成人义工们的帮助，还可以看到小义工们的精彩表演。从四面八方涌来的非户籍居民们，也逐渐通过活动认识，生活有了更多交集。3年的睦邻运动，得到了广大社区居民的支持和认可，95%以上的社区参与者感受到，"睦邻厨房"服务项目带给了社区更多的人情味和温暖，也让社区人与人之间建立起了互助分享的平台。"睦邻厨房"让社区变成一个大家安居乐业的朋友圈，每个人都可以通过服务活动建立起正式和非正式的网络和关系，成了"你中有我，我中有你"的社区生活共同体。社区里建设银行的行长说："上次去参加你们厨房的活动后，每次见到那些社区的阿姨、婆婆们都好亲切地问候打招呼，真的好开心。"阿姨、婆婆们也经常说："现在搞厨房活动，认识了好多银行、酒楼的人，去银行存钱、去酒楼吃饭感觉就像在家里一样。"许多家庭妇女也经常说："以前一栋楼住的人都不认识，现在好了，大家认识以后可以一起组织家庭生日分享会、聚餐、亲子游活动。孩子们都成了好朋友，相互帮助，一起学习，社区里有了社工真是不一样了。"

撰写人：深圳市龙岗区正阳社会工作服务中心　苏伟

"睦邻厨房"项目就是从社区居民的需求出发设计的社区服务项目，在项目实施中将社工的专业理念和手法运用其中，探索出一条"社区资产为本"，从社区优势出发，从个体到家庭再到社群，引导和鼓励社区居民参与社区服务的发展路径。项目不仅仅有具体的活动和服务的产出，而且在促进社区融合方面成效显著，有效地改善了社区邻里关系，构建了和谐社区关系。

二　第二阶段：形成本机构的特色项目

第一阶段的项目化运作是在一个社区服务中心完成的，形成了本社区本中心的特色服务项目。按照目前深圳市的发展现状，一家社工机构往往同时运行几家甚至几十家社区服务中心，若干社区服务中心既有共性又有个性，既可以做到资源共享又需要突出特色。项目的推广与拓展就是实现资源共享与突出特色相结合的重要手段之一。社工机构的评估也有一项指标是关于"品牌项目"的，但很多社工机构苦于拿不出核心的品牌项目，或是难以从社区服务中心的服务中找到品牌。笔者在调研中发现，目前深圳的不少社工机构已经基于岗位社工形成了机构品牌特色，如深圳市龙岗区春暖社工服务中心的医务社工服务，深圳市龙岗区至诚社会工作服务中心的企业社工服务，等等。然而，基于社区服务中心的品牌项目却凤毛麟角。这一方面是因为社区服务中心开展的是综合性服务，各个中心之间的同质性高而差异性小，难以形成特色；另一方面是因为各个中心之间缺少项目的共享机制，单个中心的特色项目无法上升为机构的特色品牌项目。项目化的第一阶段解决的是单个中心缺少特色服务的问题，那么项目化的第二阶段要解决的就是社工机构如何形成特色品牌项目的问题。

根据项目设计的核心原则——社会需求导向，单个中心的项目要想推广到其他社区，必然是这些社区类型相近，社区居民有相似或相近的需求。换句话说，当社区有共性需求的时候，项目就有了复制的可能。具体地说，项目的复制和推广有几种路径。第一，从一个中心到多个中心再到机构层面。一个社区服务中心开发了一个项目后，可以通过社工机构的内部分享机制，复制到其他同类型的社区。其他社区在采用该项目时，要注意根据本社区的情况进行加工和改进。当有若干个社区同时实施一个类似项目时，社工机构可以将几个社区的项目经验进行总结提炼，上升为本社工机构的品牌项目。第二，多个中心共同开发后再上升到机构层面。几个社区针对共同的社区需求一起设计项目。例如，在暑假期间，针对流动人口子女无人照看的问题，可以一起设计一个暑期主题夏令营项目，几个社区的项目内容可以是类似的，但要在具体的活动实施中突出各自特色。待到暑期夏令营项目结束后，地域临近的社区可以组织一场共同的活动作为总结。第三，社工机构原有的特色项目在社区服务中心推广，让社区服务中心成为项目实施地。例如，深圳市龙岗区至诚社会工作服务中心的企业社工项目就推广到了工业型社区服务中心。

这样，公益项目就不再局限于一个社区服务中心，而是成为一家社工机构的品牌项目和核心产品。社工机构可以把这一项目应用到其他新中标的社区服务中心，甚至其他机构也可以引入这一项目，扩大项目在全市的覆盖范围，并在不断复制的过程中提升项目的品质，开发适合不同社区类型的服务内容。若该项目可以长期运行，也就可以成为一家社工机构的特色服务项目，在一定程度上解决当前社工机构"同质性"强的问题。在这样的项目运行过程中，社工机构与社区服务中心之间的关系也将逐步清晰起来。社工机构的作用是支持、研发、统筹，可以进行统一的宣传，统一的标识，统一的操作要求，统一的活动方案，统一的物品采购，等等；而社区服务中心则是一线执行者，项目策划方案可以最大限度地实现共享和复制，其经验也将得到积累和流传。

项目化有助于社工机构利用品牌特色项目拓展资金来源，从政府、企事业单位以及其他社会组织处获取经费。① 例如，深圳市目前已有多个区设立了资助社会组织从事公益项目的专项资金，面向社会组织开展公益项目的征集和资助活动。例如，罗湖区设立"社会建设和民生创新项目专项资金"，资助社会治理创新、社会组织培育、社区服务与社区自治、扶贫济困服务、扶老助残服务、特殊人群服务、精神民生服务、新罗湖人服务等八大类公益服务项目。龙岗区设立"培育扶持社会组织发展专项经费"，用于支持社会组织发展优秀项目、奖励优秀社会组织、奖励行业协会起草行业标准、培育发展社区社会组织和社区基金会、提升社会组织能力建设等。福田区设立"社会建设专项资金"，主要用于支持各类社会组织在福田区域实施的基本公共服务、社会公益服务、社区便民服务、创新社会治理等社会建设领域的相关项目。龙华新区开展公益创投项目，对符合条件的公益项目给予资助。

　　基金会也是公益项目的重要资助方。在越来越多的基金会向资助型转变的背景下②，社工机构可以结合自身特色项目和基金会的意向申请项目资助。笔者在调研中了解到，深圳已经有多家社工服务机构成功申请到了基金会的公益项目，这些公益项目也推动了本机构形成特色品牌服务的进程。例如，深圳市安澜社工服务社到 2014 年只运营四家社区服务中心，在深圳属于比较小型的社工服务机构。但该机构的资金结构比较多元，目前除政府购买服务的资金外，还申请到了中国妇女基金会的资助项目以及企业的项目。安澜社工服务社将这些公益项目直接对接到社区服务中心，在社区落地。这既有效地整合了外部资源，打造了本机构的特色服务项目，又提升了社区服务中心的服务质量，且提高了社区一线社工的工资水平。安澜的社工说："相比其他机构，安澜的社工流失率低，工资较高，每月 7 日可以准时发放工资。"③ 再如，深圳市北斗社工服务社曾争取到李嘉诚基金会资助的"家庭主妇社会化回归"项目。该项目与社区服务中心原有的服务

---

① 刘庆元：《社会工作机构项目化运作的探索与思考——从资金来源角度看青少年服务的项目化运作》，《社会工作（上半月）》2009 年第 8 期。
② 徐宇珊：《论基金会：中国基金会转型研究》，中国社会出版社，2010。
③ 详见第七章案例 7-6。资料来源：2014 年 7 月 16 日社区中心主任座谈会记录。

指标及服务目标群体高度重合。由于有了基金会的资金注入，社工们在执行该项目时可以获得额外的项目补贴，而活动水准乃至礼品质量都随之提高，活动宣传自然也"高大上"起来，服务对象参与活动的积极性很高，满意度高。

案例 6-2　　"老伙伴　志愿行"服务社区高龄老人项目

一、需求调研与项目背景

2013 年 8 月，一篇名为《独居老人"失踪"两天后被发现猝死家中》的新闻在报纸上刊登，这样一篇文章触动了深圳市东西方社工服务社（以下简称"东西方"）驻金地社区服务中心的社工小朱，引发了社工对金地社区高龄独居空巢老人安全的关注。社工在社区内对 80 岁以上的高龄空巢老人的需求进行了调查，调查发现，超过 65% 的高龄老人独自生活，无人照料，居家安全难以保障；经济条件较好的老人大多都可雇用保姆同住，居家安全的需求不明显，但是 90% 以上参与调查的高龄老人的日常交往较少，生活范围局限于居住的本小区，并且老年朋友的数量平均不超过 4 个，社交需求明显。社工针对这一情况，亲自上门对高龄老人定期探望，但是在服务过程中发现，探访活动不能满足高龄独居老人的需求，探访频率相对较低。而与此同时，社区低龄老人志愿者相对比较活跃，空余时间较多，并且非常热心参与志愿服务。于是，2013 年 12 月东西方社工就在金地社区组织成立"老伙伴"义工服务队，探索以低龄老人服务高龄老人的邻里互助模式。

二、"老伙伴　志愿行"的具体内容

"老伙伴　志愿行"的核心内容，通过社工带领低龄老人志愿者，低龄老人志愿者与高龄老人以就近结对的方式，为高龄老人提供探望、交流、康乐、居家安全等服务，让独居高龄老人在社区获得高质量的晚年生活，形成邻里互助的氛围。该项目具体包括以下内容。

1. 双结对

一是社工与低龄志愿者结对，由社工带领低龄老人对有需要的空巢高龄老人入户调查，并负责低龄志愿者的招募、培训和管理，社工是在志愿者与高龄老人结对过程中的关系建立者；二是低龄老人志愿者和高龄老人

就近结对，确保社区内每位独居高龄老人都有志愿者对其进行服务。

在结对初期，由社工带领志愿者进入高龄老人家中相互认识建立关系，但后来发现效果不明显并且耗费了社工大量的时间和精力，于是，社工变更方式，从活动出发，举办一系列的活动以建立服务对象与志愿者的信任关系，在关系建立之后再进行结对和入户服务。

2. 低龄老人与高龄老人的结对服务

项目针对社区高龄老人开展不定期经常性探访、日常陪伴、定期体检、高龄老人支持网络重建等服务。高龄老人的日常陪伴与探访服务主要由各自配对的志愿者主导进行，在服务开始，志愿者对于高龄老人的服务以探访为主，3个月之后，服务主要内容变得更加多元化，包括日常陪伴购物、陪伴就医、居家安全评估及改善等。项目志愿者根据每个服务对象的具体需求进行有针对性的服务，"家门口"的志愿服务节省了志愿者的时间，并且满足了服务对象的具体需求，志愿者便利，服务对象满意。

3. 社工对低龄志愿者老人的服务

项目实施以来，低龄老人志愿者的管理、统筹、培训等工作对社工而言是一个非常大的挑战。低龄老人志愿者在参与社区志愿服务的过程中面临着安全、资金、能力、持续性和激励等问题。针对这些问题，项目团队召开专题例会商讨解决办法。第一，在结对方式方面改为两人一组，保障志愿者的安全，同时解决了因志愿者的流动性而存在的衔接问题；第二，在志愿服务的过程中难免会产生少量花费，低龄老人志愿者在花费方面相对比较重视，项目组在此方面以少量志愿者补贴的形式对志愿者服务的经费进行补助；第三，志愿者与服务对象年龄相近，话题较多，在服务过程中难免会加入自己的观点，缺乏专业性，低龄老人志愿者服务能力有限，项目实施要求志愿者具备一定的专业能力，所以社工有针对性地开展了项目情况、志愿者入屋须知、志愿服务礼仪、沟通技巧、居家安全知识等方面的培训。经过不断摸索，项目团队的社工们形成了一套针对项目服务需求的系统的志愿者招募、管理、培训和激励制度，建立了一套志愿者管理体系。

三、"老伙伴　志愿行"的成效

项目实施社区，已经基本建立了低龄老人志愿者与高龄老人之间的互助网络。参与项目的每一位高龄老人都有一到两名相对固定的志愿者定期跟踪服务，志愿者表示，现在出门路过服务对象家门口，敲敲门问候一声已经成为习惯了，要是不在社区也会打电话问问服务对象近期的情况。项目基本解决了社区内空巢老人的居家安全和精神交流等问题。低龄老人志愿者在服务过程中发现高龄老人家中存在的安全隐患后及时与社工联系解决。例如，某社区志愿者发现老人家的浴室洗澡之后地面较滑，非常危险，老人几次差点滑倒，志愿者向社工反映了该情况并对其浴室地面做了防滑改造，保障了项目服务对象的居家安全。

项目增强了社区低龄老人志愿者的成就感。过去低龄老人志愿者的日常生活中的大部分时间用于帮助子女做家务和带小孩，志愿服务这一助人行为可以有效增强低龄老人的自信心和成就感。志愿者表示，"虽然我做的是一件小事，但是它的意义非凡，帮助了别人，也看到了自己的价值"。

四、"老伙伴　志愿行"项目推广与拓展

"老伙伴　志愿行"项目原是在本机构的金地社区服务中心开始实施的。因实施效果明显且可复制性强，2014 年 8 月，机构将该项目推广至福田区的上沙社区、金城社区、翠湾社区以及福民社区，并申请到了福田区社会建设专项资金 15.7 万元的资助，专门用于福田区几个社区的项目服务。2015 年 3 月，项目再次拓展至东西方负责运营的南山同乐社区、龙岗盛平社区、龙华陶吓社区。同时尝试突破机构与机构之间的限制，与其他社工机构负责运营的福田梅岗社区服务中心和梅岭社区服务中心进行合作，由中心负责老年人服务的社工直接对接东西方，开展相关的服务，这样一来，越来越多的社区低龄老年人就可以直接参与志愿服务，而更多的老年人也可以享受到"老伙伴　志愿行"的服务。

随着"老伙伴　志愿行"项目的拓展，该项目已成为东西方社工服务社的品牌项目。整个项目由东西方社工服务社进行策划、运作、统筹和管理，统一宣传，并不断地完善项目服务流程、制定项目实施规范指引，统一召集人员进行培训，对项目参与人员进行分工，并定期组织召开项目专题会议，针对各个社区的特点及项目推广遇到的问题，改进项目实施方案，在共性的服务需求中寻求个性的服务方式。

该项目现已推广到 10 个社区，并还在持续复制中，得到了晶报、深圳晚报等媒体 10 余篇报道，先后与福田区福利中心、福田区老年协会、华泰公司、滴水网和香港诺嘉国际集团有限公司等进行合作，得到了合作方的大力支持和积极的评价，项目获得了第四届慈展会明善公益榜"年度最具捐赠价值公益项目" 50 强。

本项目以"邻里互助，'老'有所养，双工联动，'老'有所为"为宗旨，从小事做起，充分运用社区资源，发动居民力量，解决社区问题，项目从社区服务开始，以项目的模式进行运作，促进服务专业化、规范化发展。本项目是社区服务项目化运作的一个成功案例。

撰写人：深圳市东西方社工服务社　周斌、刘春乐

"老伙伴　志愿行"项目就是一个典型的从一个中心的项目出发，到多个中心，再上升到机构品牌项目的案例。当项目成为机构品牌项目时，社工机构会对该项目进行统筹管理，并结合不同社区的特点对项目进行调整。

从一个中心的项目到社工机构的项目，是笔者提出的社区服务中心项目化运作的成长路径。这两个阶段既可以成为一个连续的过程，也可以相对独立，待条件成熟时逐步向前推进。社区服务中心的项目化运作不仅仅是管理好一个公益项目，更是一种提供社区服务的理念和运营方法，要求社工运用"项目"的思维开展社工实务工作、看待社区发展，把社工专业方法与项目管理理念有机结合起来。

第四节　社区服务中心项目成果

社区服务中心的项目化之路需要一个过程。笔者在研究过程中，亲历了社区服务中心的服务从"活动"到"项目"的变化，从一般服务到机构品牌的发展。笔者 2014 年开始调研时，各社区服务中心几乎只见活动未见项目；而到了 2016 年再次调研时，发现社区服务中心运营 5 年来，已经形成了项目化的思维，能够根据社区居民需求，设计公益项目，以提高服务的针对性以及与社区需求的契合度。根据 2016 年问卷调查，运营 5 年来，

社区服务中心已经形成了上千个社区服务项目，服务人群覆盖妇女、儿童、青少年、老年人、残疾人等。

一批优秀项目得到资金资助。根据 2016 年问卷调查，社区服务中心所开发的公益项目中，有 276 个得到过各级政府部门、企业、基金会的项目资助，总资助金额达到 2673.64 万元（见表 6-4）。其中，有四个社工机构的四个社区公益项目获得国家级奖项和资助（见表 6-5）。获得区级资助的项目数最多。各区设立了专门用于扶持社会组织公益项目的专项资金，如福田区社会建设专项资金、罗湖区民生创新专项资金等；另一部分是各区各部门下沉到社区服务中心的项目资助，如工青妇的一些项目等。资助社区服务项目的基金会范围广泛，从社区基金会到深圳市级基金会到全国性的公募基金会，都对深圳社区服务中心的项目有所支持。这表明社会资源对社区服务中心公益服务项目的认可。

表 6-4　社区服务中心的公益项目获得各级各类资助的情况

项　　目	国家	省级	市级	区级	街道	企业	基金会	个人	总数
资助项目数量（个）	4	1	17	126	69	26	32	1	276
资助金额（万元）	53.30	5.00	111.86	1547.87	338.53	234.56	381.26	1.25	2673.64

资料来源：2016 年问卷调查数据。

表 6-5　社区服务中心的公益项目曾获国家级奖项及资助的情况

机构名称	奖　项　名　称	项目名称	项目主要服务群体	资助金额
光明壹家亲	第三届中国公益慈善项目大赛创意类"三等奖"	儿童安全体验营	儿童	3000 元
龙祥	民政部 2015 年中央财政支持社会组织参与社会服务项目	深圳城中村流动儿童安全预防与自救项目	青少年	44 万元
北斗	第四届全国公益慈善项目大赛银奖	游客的味道——客家饮食文化传承	客家人	6 万元
南风	第四届中国公益慈善项目大赛百强项目	大伙伴计划——青少年儿童成长计划	青少年、儿童	3 万元

资料来源：2016 年问卷调查数据。

优秀项目得以推广复制，形成特色服务品牌。根据 2016 年问卷调查，目前已有近 40 个社区服务项目在全市多个社区推广和复制。其中有 5 个项目已经推广到 20 个以上的社区服务中心（见表 6－6）。这些被推广复制的公益项目往往也是获得各级各类资金资助的优秀项目。有些社工机构，将本机构在岗位领域的专长植入社区服务中心，提升社区服务中心的服务专业化水平。例如，深圳市融雪盛平社工服务中心将机构的核心品牌项目——"临终关怀·器官捐献与社工服务"，在机构所运营的 23 家社区中心进行植入，在社区层面开展长者身心志愿服务，尤其是慢性病老人关爱活动，让长者能够得到全方位的照顾，提升其晚年生活质量。

表 6－6　社区服务中心的项目在全市推广复制的情况

已推广的社区数	10 个以下	11～20 个	20 个以上
项目个数	25	9	5

资料来源：2016 年问卷调查数据。

第五节　对促进特色化与项目化服务的几点建议

为促进社区服务中心特色化与项目化服务，笔者有以下几点建议。

第一，建议政府部门以项目化和特色化思路重新调整三方协议。一是在服务标准方面，进一步减少规定指标的比例，增加特色项目的比重；具体指标的规定描述宜粗不宜细，政府减少直接、具体地让社区服务中心"做什么"和"怎么做"的规定，同时加强对服务效果的要求。二是政府部门在社区服务中心入驻第一年的协议中，更加重视社区需求调研，适当减少其他具体的服务指标，将第一年社区需求调研结果作为之后开展服务的依据。

第二，建议社工机构以项目化思路形成本机构的优势和特色。在社区服务中心发展到一定程度的时候，社工机构应该从追求中标数量向提高管理质量过渡，将社区服务中心的公益项目上升为能够凸显机构特色的公益品牌项目，进而通过品牌项目形成各机构之间的差异。项目化运作是社会组织从政府部门、企事业单位及其他非政府组织处获取经费支持的前提，社工机构可以依托品牌项目申请各种社会资源，改变社区服务中心资金来源单一的现状，优化资金结构。

第三，建议社区服务中心的一线社工在特色化和项目化的思路下看待服务指标。跳出服务指标框架，在管理思维和方法上进行调整，从完成指标导向到解决社会问题导向，从零散的、孤立的个案和活动到统筹推动社区综合发展，从仅仅盯着直接服务对象到整合各种社区资源。同时，循序渐进，切勿为了做项目而做项目，在条件不成熟的情况下把社区服务中心的所有服务简单地项目化。

第七章　提供服务：专业化与合作化

为社区居民提供专业化的公共服务，是设立社区服务中心并购买社会工作者提供服务的初衷。那么社区服务中心是否具备了提供专业化服务的能力？现阶段社区服务中心的专业化服务体现在哪些方面？社工在服务的时候是否还需要整合其他一些资源？这些是本章所要讨论的问题。

第一节　审视社区服务中心的自有资源：
是否足以开展专业化服务

在讨论社区服务中心如何提供专业化服务之前，我们先来审视社区服务中心自有资源的情况。这里所说的"自有"资源，是指各社区服务中心"标配"的、可见的资源。

2013年《标准》为各个社区服务中心标配了统一的资源。在资金方面，政府给每一个社区服务中心投入了不超过50万元的运营及服务经费；在人员方面，配备了6名工作人员，要求"建立以专业社会工作者（已获助理社工师及以上职称，并已在深圳市社会工作者协会注册的社会工作者）为骨干的运营团队，原则上应配置6名左右全职工作人员（其中注册社工应不少于3名）"；在实际运作中，一般形成了4名社工加2名行政辅助人员的工作模式，即：原则上应当由6名工作人员用不超过50万元的经费在社区服务中心为社区居民提供服务。

一　现有的全职工作人员足够了吗

深圳各社区的面积和人口数量差异巨大，社区服务中心的场地面积也大小有别，6名工作人员对于大社区而言显然不足。根据深圳市社会工作者

协会的抽样数据，全市各社区人口最多的达到 9 万，每名全职工作人员服务
1.5 万人，若仅仅计算专业社会工作者，则每人服务 2.25 万人。全市各社
区的面积最大的达到 37.6 平方公里，每名全职工作人员服务的地域面积超
过 6 平方公里。因此，标配的社区服务中心工作人员数量及经费并未考虑到
社区的规模差异，对于人口多、面积大的社区来说，标配的人员和经费则
显得捉襟见肘。而对于面积小、人口少的社区来说，6 名全职工作人员就可
以开展更为深入细致的工作。深圳市各区社区基本情况见表 7 - 1。

表 7 - 1 深圳市各区社区基本情况

项　　目	福田	罗湖	南山	盐田	宝安	龙岗	光明	坪山	龙华	大鹏
社区面积最大（平方公里）	3.84	0.9	3.2	20	13.1	7.5	37.6	5.1	6.1	22
社区面积最小（平方公里）	0.3		0.22	6.4	3.9	2.56	1.01		3.14	0.54
社区人口最多（万人）	2.34	3.02	8.48	3.3	6.5	4.2	9	1.13	5.3	1.43
社区人口最少（万人）	1.19		1.5	1.69	3.3	2	0.5		3	0.19
服务中心场地最大（平方米）	415	57	487	680	600	1800	100	458.3	1380	600
服务中心场地最小（平方米）	46.4	22	22		100	100	80		300	180

资料来源：根据深圳市社工协会在全市抽样数据整理而成。

政府规定的服务内容多，面对的服务需求多，6 名工作人员显然不足。
根据 2013 年《标准》，一个社区服务中心的 4 名社工和 2 名行政助理需要面
对社区中各种群体的各种需求。笔者调研发现，社区服务中心的社工通常
会根据服务的类型和性质进行大致划分，每人负责为一两个相近的领域或
者群体服务。例如，老人和残疾人的服务接近，由一人负责；青少年、儿
童和家庭领域由一人负责等。这里的负责仅仅是负责策划而已，通常所有
的活动都需要全部人员齐上阵，分工合作完成。因此，社区服务中心的每
一名工作人员都成了多面手，难以在某一特定服务领域耕耘。

也正是意识到 6 名全职工作人员无法满足社区的多种服务的问题，
2013 年《标准》在人力资源配置中，也提到了"可招募若干兼职人员和
志愿服务人员（义工）"，并把发展壮大社区志愿者队伍，招募、培训志

愿者等工作作为社区服务中心的基本服务内容。因此，从政策设计到具体实践，都说明社区公共服务不能仅靠政府购买服务的 6 名全职工作人员。这 6 名工作人员仅仅是社区公共服务的骨干和核心，还需要充分调动其他利益相关者的积极性，共同参与社区公共服务。在这一过程中，谁可以成为服务的提供者，这 6 名全职工作人员应起到什么作用，是接下来要讨论的问题。

二　50 万元的运营经费足够了吗

社区服务中心的全年运营经费不高于 50 万元。2013 年《标准》规定，在政府购买或资助的公共服务项目的总费用中，员工薪酬与福利应控制在项目总经费的 70% 左右①，服务项目运作、办公设施与场地运作成本两项各占 10% 左右（以上比例上下浮动不得超过 3%），机构营运管理费不得超过 10%。理论上每个社区服务中心每年的项目运作经费仅 5 万元左右，这在客观上会影响服务效果，不利于服务质量的提升。若将 5 万元的活动经费平均到 12 个大项、31 个细项的话，每个细项的活动经费则不足 2000 元，而每一个细项又是由多场活动或服务组成的，每场活动的经费可能仅有百元。由此可以看出，50 万元的运营经费，除去基本的人力成本之后，用于服务项目的支出非常有限，在一定程度上制约了服务的专业化。

三　社区服务中心的场地资源足够了吗

2013 年《标准》对社区服务中心的场地及硬件配置提出明确要求。应选址在居民集中、交通便利的场所，并应具备配套的公共活动区域及室外活动场地。社区服务中心可利用的室内场地总面积应不低于 400 平方米，设立服务接待、个体辅导、团体活动、行政办公等场所或区域，并配备消防设施、逃生路线标识、无障碍通道等。尽管 2013 年《标准》给出了统一规定，但各社区服务中心的实际场地情况有很大差异。

2014 年问卷调查统计显示，尽管近 40% 的社区服务中心可以在签约后

---

① 2016 年调整到 75% 左右，截至课题结题时尚未出台正式文件，但多家机构已开始执行。

立即进入场地开展服务，但是依然有 35% 的社区要等 1~3 个月，12% 的等 3~6 个月，14% 的甚至要等半年以上。部分社区的服务场地是因为尚在装修，在装修完毕入驻之前，需要开辟其他的服务场所；部分社区特别是福田、罗湖等城区，社区内缺少服务场地，需要运营机构自行解决。

社区服务中心的服务地点是否只能局限于固有的室内场地呢？2013 年《标准》指出："社区服务中心应充分整合利用现有社区服务资源，有关部门应协助、支持社区服务中心对星光老年之家、党员活动室、社区图书室等场地及硬件设施进行统一规划，有效使用。"

如上所述，似乎社区服务中心配置的人、财、物，对其开展专业服务有一定的限制。那么在现有条件下如何理解和体现社区服务中心服务的专业化呢？下文笔者将对此问题进行分析。

第二节 如何理解社区服务中心的专业化

一 理论中的社区社会工作及社区服务的专业化

社会工作的专业化[①]（Professionalization of Social Work）是社会工作诞生以来就存在的话题，弗莱克斯纳[②]（Flexner）、格林伍德[③]（Greenwood）、维林斯基[④]（H. Wilensky）等西方学者先后从不同角度提出了社会工作的专业化标准或过程。

社会工作引入中国后，关于中国内地社会工作专业化的讨论也从未停息。早在 1999 年，夏学銮就提出了推进中国社会工作专业化的若干具体措施。[⑤] 王思斌认为，专业化是指某一职业越来越由受过专门的高等教育的人

---

① M. Gibelman, "The search for Identity: Defining Social Work - past, Present, Future," *Social Work*, 1999, 44: 298 - 310.

② Flexner, A., "Is Social work a profession?" *Research on social Work Practise*, 1915, 11 (2): 152 - 165.

③ Gerenwood, E., "Attribute Of a Profession", *Social Work*, 1957, 2 (3): 44 - 55.

④ Wilensky, H. v., "The professionalization of everyone"? *American Journal of Sociology*, 1964, 70: 137 - 158.

⑤ 夏学銮：《关于加快中国社会工作专业化的几个问题》，载《社会工作教育专刊——中国社会工作教育协会年会暨"面向 21 世纪的中国社会工作教育"学术研讨会论文集》，1999。

充任，并按照专业要求为社会服务的过程。① 柴定红、熊贵彬认为，科学性、必需性、权威性、自主性和利他性是社会工作专业的基本要素。社会工作专业化是通过提高社会工作的科学性、必需性与利他性，以维护与提高其权威性与自主性，从而更好地服务人类与社会的动态过程。② 陈红莉认为，中国内地与中国香港、英美等国家及地区的社会工作专业发展路径大不相同，社会工作的专业化过程没有经过自然的酝酿和积累，而是政府自上而下推进的结果，职业化先于专业化，专业教育先于专业实践。③

社区工作作为社会工作的一个领域，也具有鲜明的中国特色。在计划经济时代，我国已经建立起一套以政府为主体的社会管理和社会服务相结合的民政工作体系，形成了一套完整的制度。这一体系长期承担社会救助等福利事业，已成为内地社会福利制度的主要实施途径。在这一体系下，社会工作专业几乎不被人了解，人们往往把社会工作等同于社区的管理和服务工作，把社会工作者等同于居委会大妈，认为只要热心社区公共服务就可以做好社区工作。社区内原有的民政工作体系与专业社会工作虽然同为服务社区居民，服务弱势群体，但是在工作理念和具体工作方法上有很大不同。民政工作的理念是强调政治思想上的统一和政治目标的优先性，国家、集体利益高于个人利益；工作模式是政治思想教育和行政模式，强调服务对象的行为形塑、思想统一，单向接受，与受助者之间是上下级的不平等关系；其功能是社会管理和维护社会秩序稳定。④ 而专业的社区工作应该是一种以社区为基础的社会工作方法，由专业社会工作者本着助人的价值观念和专业技艺，与其所服务的社区居民一起工作，推动与居民福利有关的社会行动的开展及社区方案的制订。⑤

---

① 王思斌：《体制转变中社会工作的职业化进程》，《北京科技大学学报》（社会科学版）2006年第1期。
② 柴定红、熊贵彬：《社会工作专业化的一种理论解释》，《中国青年政治学院学报》2009年第1期。
③ 陈红莉：《中国内地社会工作专业化思考——国际（地区）比较的视角》，《社会工作（下半月）》2010年第6期。
④ 陈红莉：《中国内地社会工作专业化思考——国际（地区）比较的视角》，《社会工作（下半月）》2010年第6期。
⑤ 吴亦明：《现代社区工作：一个专业社会工作的领域》，上海人民出版社，2003，第10页。

珠三角各地推进以专业社会工作者运营的社区服务中心，就是希望实现社区服务的专业化。陈涛认为，社区服务是区别于市场服务、公共（法定）服务和非正式照顾服务的第四类社会服务。专业性就体现在它是一种非营利的、自愿的、公益性的服务。社区服务专业化具体包括：运作方式的专业化，用专业的方式运作和提供服务，专业组织机构是真正的服务主体；组织管理体制的专业化，专业团体组织按照专业的标准进行管理、监督和评估，政府间接管理和支持；人员的专业化，进行专业岗位设置，由具备专业资格的人员任职，建立由专业人员组成的队伍体系；服务内容和形式的专业化，运用专业化的服务方法、技术与理念来进行工作，特别是要以居民的需要而不是市场需求为出发点设计和提供服务。[①] 社区服务中心的制度设计大致体现了上述社区服务的专业性：社工服务机构这一专业机构负责运营和服务，市政府制定专业的标准，由专业社会工作者运用专业的方法提供专业的服务。

二 实践中的社区社会工作及社区服务的专业化

社区服务中心在实践中是否可以实现制度设计中的专业服务？专业社会工作者是否可以提供理想中的专业服务？我们把由专业社会工作者提供的专业社区社会工作与其他社会工作进行对比，从中发现社区服务中心的专业性体现在哪些方面。

1. 专业社会工作者与传统社区工作者的比较

尽管前面提到，中国内地传统的社区服务是以管治为导向的民政工作体系，它们的价值观念和工作方法有别于专业社区社会工作。但是专业社会工作者进入社区开展社区服务，不可回避或忽视原有的社区工作人员。王思斌指出，我们是在近50年本土社会工作的基础上，在有相当数量人员的实际上，在从事有中国特色的社会工作基础上进行社会工作的职业化建

---

① 陈涛：《专业化是社区服务发展的应有方向》，载田玉荣主编《非政府组织与社区发展》，社会科学文献出版社，2008，第141页。

设。① 在社会工作领域有一部分过去从事各种相关社会工作的人员，通过职业考试成为专业社会工作者。例如，在 2008 年社会工作职业水平考试的参加者中，绝大多数为实际从事各种社会工作实践的人员，而很少社会工作专业毕业生。② 这些传统的社会工作者尽管可能不知道社会工作的理论，但是他们在常年的工作中积累下来的实践经验，对社区服务中心年轻的工作人员来说是一笔宝贵财富。

从另一个角度来看，是否接受了社会工作专业的本专科教育，并通过了社会工作师职业水平考试，就具备了"专业"社会工作者的资质和能力呢？在调研中，多名社工机构负责人都表示，与 2007 年和 2008 年社会工作刚刚起步时相比，近些年招聘的社工专业毕业生，从学校档次到学生综合素质都差了很多。③ 且笔者在调查时发现，因员工不足，有的社区服务中心从年初起就聘用当年 7 月才毕业的应届大学本科毕业生作为全职社工。根据深圳社会工作者协会 2015 年末的统计，社区服务中心的社工中，34% 为2014 年及以后毕业的大学生，其中 18% 为 2015 年毕业的大学生。仅仅经过了 4 年社会工作专业本科学习的应届毕业生往往缺乏实务经验，对"麻雀虽小、五脏俱全"的社区事务，并不能得心应手，很难把书本上的社工理念与社区中的工作实务有机结合起来。

与深圳及珠三角地区社区服务注重"社会工作"专业身份不同，上海诸多从事社区服务的社会组织则更为灵活。本书课题组在上海调研时，某机构的负责人讲道："我们在招聘时对专业没什么要求，关键看这个人是否有为社区服务的初心，我们机构有一套社区工作的方法教给他们，然后他们在社区中按照工作方法操作就行了。当然，这要看自己的悟性和积极性。"正如很多企业在招聘应届生的时候，对应聘者的专业背景并没有太多限制，更看重的是一个人的综合素质以及潜能。具体的专业知识在后续的工作中可以不断学习，而一个人服务社会的价值观、学习新知识的能力以

---

① 王思斌：《体制转变中社会工作的职业化进程》，《北京科技大学学报》（社会科学版）2006年第 1 期。
② 陈红莉：《中国内地社会工作专业化思考——国际（地区）比较的视角》，《社会工作（下半月）》2010 年第 6 期。
③ 社工机构负责人座谈会。

及综合素质却难以在短时间内快速提升。公平、正义、助人、服务等是一个社会工作者首先要具备的价值观，这些价值观并非 4 年的社会工作本科专业所能培养而成的。那么一个三流的缺乏社会工作情怀的社工专业的应届本科毕业生，与一个一流的非社会工作专业的有着社会服务理想的有基层工作经验的往届毕业生，究竟哪一个更能够给社区带来更优质的服务呢？是否只有社会工作专业的毕业生才能带来专业的服务呢？

在目前的发展阶段，社区服务中心究竟最需要什么样的人才呢？如果社区服务中心需要的是专业能力强的社会工作者，那么在人才结构上更看重的应该是具有专业资质的、具有一线实务经验的社工专业人才；如果社区服务中心现阶段需要的是善于整合资源、协调关系能力强的人才，那么则应当侧重这个人的沟通能力、公关水平等，一个人过往的工作经历往往比所学专业更为重要。资源依附理论的实证研究中发现，一个组织的资源结构与其理事会构成密切相关。那些依赖当地社区提供更多资源支持的医院，更倾向于任命那些具有筹款能力的人进入理事会；而与当地社区没有直接关系的医院，更强调理事的管理和技术能力。概括地说，组织资源越依赖外部环境，理事会越需要发挥"边界跨越"或者说是对外联络功能（Boundary-spanning），以强化组织从环境中汲取资源的能力，提高组织的竞争力。[①] 目前，社区服务中心的资金资源与人力资源都高度依赖政府、基金会及当地社区，组织自身通过专业服务而直接获得资源的可能性较小，在这种情况下，则要求社区服务中心的工作人员具有较高的对外协调沟通能力。

因此，我们不应陷入对社会工作专业的迷思，过度强调其科班出身的专业性，而忽视对社区工作非常重要的其他方面的素质。作为一个实践性很强的专业，专业知识和社会实践岗位的结合才是发展和推动社会工作专业化的现实道路。[②] 一方面，社工机构及社工协会在对社区服务中心人力资

[①] Pfeffer, Jeffrey, "Size, Composition, and Function of Hospital Boards of Directors: A Study of Organization – Environment Linkage," *Administrative Science Quarterly*, 1973, 18 (3): 349–364.

[②] 郭伟和：《迈向社会建构性的专业化方向——关于中国社会工作专业化道路的反思》，《北京科技大学学报》（社会科学版）2005 年第 2 期。

源的专业构成上制定标准的同时，不妨对工作经验等方面也提出一些具体要求。另一方面，社工机构及社工协会要加强对原社区工作人员的培训，鼓励有意愿、有能力的社区工作人员通过接受专业训练，掌握社会工作的专业知识，并考取社会工作师职业资格认证。

2. 社区社会工作与岗位社会工作的专业性

笔者在调研中发现，一些从岗位社工转向社区服务的社会工作者，似乎会认为社区服务的专业性不如岗位社工的专业性那么强。认为解决个案问题才体现专业化，这也是在社会工作领域的一个误区。有一种倾向就认为偏向心理治疗方向的社会工作具有更好的专业形象，侧重解决个人问题，但这种倾向忽视了社会结构的问题。[①] 社区服务中心的服务特点是面向多种群体、满足多种需求、提供多种服务，这是其与"岗位社工"服务所不同的地方。2014 年问卷调查统计结果也说明一线社工的感受的确如此。数据显示，超过 57.4% 的社区中心主任认为自己在协调社区各类关系方面扮演最重要角色，其次为资源整合；而提供专业社工服务仅占 2.9%。正如一名社工所说："以前做岗位社工的时候，眼睛盯的是一个个的个案，想的是如何解决好案主的问题；现在做社区服务中心的社工，要首先考虑如何让社区居民知道社区服务中心，了解不同居民的需求，开展不同服务。"[②] 这种服务特点所导致的结果就是社区服务中心的社工相比岗位社工，较难提升对某一特定群体的服务能力。首先，社区服务中心的社工，尽管稍有分工，但难以持续地仅仅关注一个群体，难以在一个专业服务领域深耕，那么其个人在这一领域的专业能力提升便较困难。其次，社区中的某些群体数量少，在尚未形成规模的时候，社工难以从少数个案中积累形成一般性的工作经验。例如，社区中的残疾人数量不多，且差异大，社区服务中心很难形成对少数残疾人的有力支持和有效帮助。最后，单个的社区社会工作者在缺乏专业团队支撑的情况下，很难发展起对某一服务群体的专业化服务。每一个群体的专业服务都不是一个人就可以完成的，哪怕一个社工只关注一个领域一个服务群体，他个人的知识水平和能力也不足以形成有效的专

---

① 雷杰：《社会工作专业化对社工理论的影响》，《社会工作（下半月）》2007 年第 5 期。

② 2014 年 7 月 16 日深圳市社区服务中心主任座谈会。

业力量。

因此，社区服务中心社工的"专业性"并非完全体现在对某一类群体的专业服务手法上，这是社区社工与岗位社工的重要区别。岗位社工面对的是同一群体、同一类型的个案，量的积累带来质的变化，岗位社工要发展的就是针对某一特定群体的特定服务手法。而社区社工的专业性体现在始终贯穿助人自助的价值理念和关注综合服务成效方面。社区社会工作者的价值不仅在于对某一特定群体形成专门的社工服务，更在于以社工的理念去提供服务，激活社区力量，构建和谐社区。当社工们带着专业理念去开展社区活动和服务时，慢慢地，社区居民便可以体会到由受过专业训练的年轻社工组织策划的活动与居民委员会的中老年人组织的活动就是不一样，社工的专业元素体现在所有活动的始终。

3. 社工服务机构与其他社会组织的专业性

如本书第二章所述，目前深圳及珠三角其他地区皆形成了以民办社会工作服务机构为主，运营社区服务中心的局面。近几年，政府购买社会组织服务的资金主要用于发展综合性的社区服务中心，目前政府投入资金最多、最集中、最稳定的当属社工服务。于是，我们会看到很多专业服务机构为了获得政府订单而放弃机构的专业性，转向运营综合性的社区服务中心。

然而就像上文提到的那样，社区服务中心的专业性在现阶段难以体现在对某一特定群体、特定领域的工作方法上，即便是专业的社会工作者也不可能十八般武艺样样精通。那么社区服务中心要想对某一群体开展深入的、有特色的服务，还需要借助其他专业机构的力量。这些社会组织或企业中的工作人员不一定拥有社会工作专业教育背景，不一定通过了国家职业资格考试，但是他们可能在某一特定服务领域有其专业资质，可以提供专业服务。他们可能具备心理咨询师资质，在处理婚姻家庭问题上更具专业性；可能接受过学前教育专业训练，在儿童服务领域更加专业；可能是从事特殊教育服务，在残障领域更有优势。

三 正确看待社区服务中心的专业化服务

由社工机构采用专业管理手段运营社区服务中心，由专业社会工作者根据专业服务标准提供社区服务，并不意味着社区服务实现了专业化。

在深圳，社会工作现阶段的实际情况决定了社区服务中心难以照搬西方社会工作专业性的模式。一是民间社工机构起步初期，质量参差不齐，同质性强而专业差异性弱，目前难以为社区服务中心提供强有力的专业支持后盾，对社区服务中心的专业管理和指导有限；二是社会工作者初出茅庐，对社区认识和了解不多，更难以提供面向各类群体的专业服务，即便遇到需要辅导的个案，也往往力不从心；三是社区服务中心目前定位为社区层面的面向多种群体的综合服务组织，某一类型的专业服务难以深入；四是社区居民对社会工作者的认识尚不充分，并未养成寻找专业社工进行个体辅导或治疗的习惯，而更喜欢从社区活动入手了解社工；五是社区服务中心的运营经费和人员有限，几万元的服务资金相比社区各种需求是杯水车薪。因此，社工机构现有的管理水平，社工现有的服务水准，社区服务中心现有的人、财、物，都对社区服务的专业化造成制约。政府自上而下的制度设计和标准制定，并不能够保证专业服务的实现。那么究竟如何理解社区服务中心的专业化呢？

1. 社区服务中心的专业化服务不是仅靠专业社会工作者完成，而是通过社会工作者运用专业社工理念整合各种外部资源共同完成

社区专业化服务需要依靠原有的社区治理主体，需要吸收传统的社区工作站在长期的一线实践中积累起来的服务智慧；社区专业化服务需要依靠各类型的社会组织和企业，让不同专长的组织通过社区服务中心这一平台在社区开展服务。

深圳市政协委员张红桥对社区服务中心及其运营的社工机构，有一个很形象的比喻。社区服务中心就像一个"剧场"，社区服务中心的6名全职工作人员就像常驻剧场的"乐队"。政府建设了"剧场"，并为剧场配备了基础"乐队"。该"乐队"可以保证"剧场"的基本运转，如每年定期在该"剧场"举办演出活动（即基本服务）。但是"剧场"365天的演出并不是全部由这个基础"乐队"承担，在一年中的大多数时间内，"剧场"要吸引其他各种"演出团队"（即各种提供社区服务和管理的组织）来这里演出，"剧场"可以为"演出团队"提供基本的服务（如场地设施）和基础性"乐队"（即 6 名全职工作人员）。

也就是说，社区服务中心应当成为各种社区公共服务类的组织和社区居民自组织服务和管理的平台，所有有利于社区发展的项目都可以在这个平台上展示。这些组织不一定要固定驻点在社区服务中心的平台上（因此，二者是剧场与演出团队的关系，而不是超市与专柜的关系），但是可以借这个平台开展服务。社区服务中心的全职工作人员扮演两个角色：一个是在这个平台上提供基础性服务，另一个是协调其他各类组织在此平台上开展服务。社工进驻社区服务中心伊始，首要的工作不是去寻找个案，立即开始面向某一群体的专业服务，而是要全面摸清社区中的各种资源，要用 50 万元的经费撬动几倍甚至几十倍的社区资源，要用 6 个人的力量带动成千上万人的加入。

2. 社区服务中心的专业化服务在现阶段不完全体现在对某一群体的专业服务方面，而是体现在运用社工专业理念推动社区综合发展方面

2013 年《标准》要求社区服务中心在"居民自助互助服务"方面必须涉及所有服务大项，包括邻里互助与社区融合、志愿者队伍建设、社区能力建设和社区公共事件应急援助四个大项。这也反映出政府在政策设计中，就把社区的综合发展摆在了社区服务中心的首要位置。童敏指出，以社区为服务对象时，社会工作服务的专业性体现在两个层面：一是与社区整体发展的链接；二是社会工作自身的专业性。这时的社会工作不是不需要自身的专业方法、知识和技巧，而是要首先保证在社区建设的整体层面上与社区发展链接起来，让具体的社会工作专业服务促进社区的整体发展。[①] 本书认为，社区服务中心的专业性在现阶段体现为：在社区服务中心这一平台上，在社会工作的价值观和理论知识指导下，运用社会工作的理论和方法，构建社区社会支持网络，整合各种资源进行社区营造，增进社区凝聚力，实现社区和谐发展。即便是具体服务社区中的某一群体的服务，最终的发展目标也是增进社区建设。例如，政府传统的为老服务是直接为老年人提供帮助，如发放老龄服务券，提供居家养老、日间照料，社区居委会

---

① 童敏：《社会工作专业服务的规划与设计》，社会科学文献出版社，2011，第 212 页。

上门慰问老人，等等；而在社工专业理念看来，以社区发展为长远目标的老年人服务则会整合社区其他资源，创造社区的整体爱老助老氛围。由深圳市龙祥社工服务中心运营的龙岗区龙新社区服务中心的一个项目就体现了这一理念。该中心的社工发现社区内有 20 多名高龄独居老人需要关照，同时也发现了社区中有大量的全职妈妈，这些妇女时间充裕灵活、擅长用本地语言同老人交流、懂得照顾老人、热情善良、愿意奉献爱心，但是缺少在社区内活动或服务的平台。中心的社工在"优势视角""赋权"理论的指导下，引导社区妇女参与社区为老服务，并吸引有能力的老年人参与项目、共享智慧。他们培育成立爱心妈妈义工队，开展常规的"爱心送餐慰问"和"结对入户探访"两项为老服务活动；同时，助力老年协会开展端午节、重阳节等节日主题活动，增强老年人的社会互动，邀请老年协会理事成员加入社区互动计划咨询建议委员会。这样的项目设计撬动了妇女和老年人两个群体的资源，吸引了居民参与，增进了邻里间的互动，营造了友爱互助的社区氛围。[①]

本书第五章所阐述的社区服务中心融入社区以及本章后面将要谈到的通过合作整合资源，都是社区服务专业化的体现。无论是融合还是整合资源，都贯穿着专业社会工作的理念和方法。现阶段，社区社会工作者的专业性其实不是体现在一个个孤立的个案辅导上，而是贯穿社区服务的整个过程，体现在整个团队的服务理念和服务精神上，体现在每一次活动背后的设计理念上，体现在每一次与社区居民交往的点点滴滴上。鹏星社工服务社运营的怀德社区服务中心的社工们就在 3 年的服务中，对社会工作者的"专业性"有了自己的理解和感悟。

案例 7-1　　　　如何将专业化贯穿到服务中
　　　　　　　　　——以怀德社区服务中心为例

社工是什么？和义工有什么区别？社工开展的活动和其他人开展的活动又有什么不一样？很多社区居民都有这样的疑惑，其实，不仅仅是社区

---

① 案例来源：2015 年龙岗区社区服务中心和社工服务优秀项目。

居民，很多一线社工也一样有这样的疑惑，不知道怎样在平时的服务中体现社工的专业性，觉得自己做的事情非社工一样能做得很好，长此以往，就导致社工自己没有价值感和成就感，从而离职。怀德社区服务中心成立后近3年的时间里，一直在努力探索怎样将社工的专业性贯穿到服务中，通过专业服务赢得社区居民的信赖。

一、用社工理念凝聚中心成员

怀德社区服务中心的成员变动率不高，从2012年6月到2014年5月，整个中心没有任何的人员变动，在深圳社工流失率①如此高的大环境下，这是很难得的。经历两年多时间，有些同事在清楚自己不适合做社工之后提出离职，重新选择自己的职业，这是很自然的现象。我们积极面对团队的变化、通过各种途径补充新鲜的血液，寻找志同道合的人。在今年（2014年）下半年新增加了3位成员，新的活动助理是中心之前的义工骨干，在协助中心开展服务的过程中，她感受到社工工作的意义所在，并且认同社工的价值理念，积极加入社工行列。新的行政是社区的本地居民，学习能力、办事效率以及家人的支持程度都很好。新的妇女家庭领域社工是一位2014年的应届毕业生，对社工专业怀抱着一腔热血，专业的实务能力也非常不错。团队内部之前的活动助理跟着团队一起成长，虽然不是专业出身，却对社工专业有很强的认同感，自愿转为长者领域社工。怀德社区服务中心之所以能这么稳定，一方面是因为在选择团队成员时，非常注重个人的理念以及做人的态度，如果理念不同，实务经验再丰富我们也是不会选择的；另一方面，我们注重团队成员的个人成长以及培养义工人才，用社工理念价值观感染、转化一些有志向做社工的人才。我们坚信志同道合的人才能一起走得更远。

二、寻找团队成员共同认可的理论支持

中心专业服务需要有一整套理论和理念支持，这一套理论是团队成员都认可并且愿意一起践行的，同时，团队成员不断学习专业技能，提升专业能力，身体力行社工的价值观就变得尤其重要。这样才能确保中心专业

---

① 2013年、2014年深圳市社工流失率为分别为21.8%和22.2%。（资料来源：深圳市社会工作者协会，2014年度深圳社工行业数据分析报告）

服务的方向，才能够做出特色，被相关利益方所认同。

中心的督导、主任等都是香港正面文化老师任志峰先生在内地的第一批学生，经过两年的学习和练习她们已经非常熟悉正面文化的理念并学会了应用这一理念。在她们的影响下，中心的其他同事也很认可正面文化，于是正面文化的理论和理念就成了中心服务的支持和指导。在这一理念的支撑下，中心注重团队成员的个人成长以及培养义工人才，用社工理念价值观感染义工，将一些义工转化为有志向做社工的人才。

三、服务设计需要有理论及理念的支撑

怎样避免为了开活动而开活动？怎样区别社工从事的活动和其他人从事的活动呢？最简单也是最重要的一点就是：活动背后是否有理论及理念的支撑。如果没有，就会变成为了活动而做活动，不需要社工来做。只有拥有明确的理论及理念，才会清楚什么是媒介、什么是本质。

例如，中心开展的"妈妈厨房"项目，做这个活动不仅仅是为了学习做菜，我们认为厨房——不仅仅是煮菜做饭的地方，也可以是学习、沟通、交流、展示自我的舞台。这片小小的天地不仅可以传来饭香、端出佳肴，更可以创造并传递快乐和温暖！我们相信每个人都是有潜能的，通过潜能的发现和挖掘，可以更好地实现自我；相信良好的沟通、互动能促进家庭更加幸福和睦、社区更加融合。

因为有着这样的理念支撑，所以，活动的目标就变得非常明确：帮助社区妇女改善孩子吃饭问题，同时，为大家提供一个交流、互动及展示自我的平台。在明确的目标指导下，工作人员就很清楚除了要向参加者分享儿童餐的制作方法，也需要特别带动参加者之间的互动和交流，留意、发掘、欣赏组员好的方面。当看到某个参加者在某方面特别擅长的时候，工作人员就从自己欣赏、称赞她的能力开始，逐步鼓励她将自己擅长的东西分享给其他人，并带动其他人一起欣赏、鼓励她的分享，从而慢慢地提升参加者的自我价值感。在此次项目中，成功地挖掘到 2 位参加者并让他们担任导师教授其他组员制作美食，挖掘到一位非常擅长做手工的妈妈并让其担任中心的手工老师。同时，一位参加者通过活动获得自信，发动自己的老公和孩子一起担任了中心"DIY 变废为宝环保时装秀"的主持人。

四、言传身教——注重点滴的影响

我们团队的成员都非常注重言传身教的影响，不仅仅会通过语言向服务对象传达我们的理念，更重要的是通过我们的实际行动和身体语言去传达我们的理念。

例如，我们希望通过社工的真诚和热情去传递快乐和温暖，所以不管是中心成立初期，还是成立两年半后的现在，中心的社工一直都会用热情的笑脸面对居民，热情地和遇到的每个居民打招呼，看到有服务对象在门口观望，就会主动走出去介绍自己、介绍中心，邀请其进入中心。经过点滴的积累，慢慢地就有居民跟我们反馈："每次看到你们就很开心，久了不见你们就觉得少了点什么。"还有一个老奶奶跟中心的同事说："我观察了你们很久，发现你们是真的很热情、很用心地去对待大家，很有爱心，所以我才愿意带着孙女进去里面玩的。"

我们希望向社区的孩子传递遵守规则、欣赏他人的意识，那我们自己就要先遵守规则，主动欣赏他人。例如，我们规定在中心不可以吃东西，工作人员就不会在中心服务时间吃东西。如果有小朋友在中心吃东西会直接被请出去在外面吃完再进来，看到某个小朋友很遵守规则，自觉在外面吃完再进来，工作人员就会立马赞赏他这一点。通过不断的言传身教，现在经常会看到孩子一边走路一边吃东西，走到中心门口就自动停住，吃完再进来。

对于"专业化"，我们理解的是一群志同道合的人，努力寻找适合自己的专业理论并努力付诸实践，持续提升自我的专业能力，注重在服务过程中身体力行产生的点滴影响。专业化服务这条路没有捷径，我们一直在努力，希望有更多的人可以加入我们的行列，一起践行社工的专业价值。

撰写人：深圳市鹏星社工服务中心　孟静

第三节　用"优势视角"看待社区资源：
发现合作化发展的可能

社区服务中心的专业化需要链接社区中的各种资源共同实现。2013年

《标准》也指出："社区服务中心运营主体可争取和动员机关、企事业单位和业主自治组织及物业管理服务机构为社区服务提供场地、设施、资金、人力等支持资源，鼓励社区服务中心引入各类社会组织和以追求社会价值为目标的企业参与社区服务，并广泛开展社区志愿服务，形成多元化的服务供给模式。"首先，我们来分析一下社区中究竟有哪些资源，发现合作的可能。社区资源是一个社区能够掌握、支配和动员的社区赖以生存和发展的各种社会资源和社区资本。Dennis Saleebey 将基于社区资产的社区分析作为优势视角下的一种方法，强调社区分析应该以社区资产为本，聚焦社区的优势。[1] 多样性，是目前中国大部分社区资源的特点，表现为各方面资源并存。[2]

第一，资源所有权多样化。在社区中，既有属于社区（街道、社区居委会）自有的资源，也有驻社区其他机构所拥有的资源。不同所有权的资源在社区服务中心使用和合作中的模式不同。

第二，资源类型多样化，社区资源包含了社区各类服务设施资源，如健身器材、养老服务机构、便民维修点等；信息资源，如社区公告栏、电梯媒体广告、社区家园网或 QQ 群；人力资源，社区中的每一个人本质上都属于社区内的人力资源，而现有的组织化的队伍更是社区服务中心首先要介入的人力资源，如社区老年协会、社区志愿服务队等。

第三，资源属性多样化，社区中既有营利性的资源，如各种店铺；也有非营利性的资源，如社区工作站、老年协会、业主委员会等。盈利与否决定着资源所有者在与社区服务中心合作时采取不同的态度和立场，社区服务中心需要根据不同资源属性采取不同的合作策略，满足不同资源拥有者的需求。

第四，资源的可获得性不同，现有资源与潜在资源并存，可直接利用的资源与待开发的资源并存。社区中的有些资源是一眼可见的，是可以立即使用的，如社区中的健身器材、小区广场；有的资源是存在但不一定是社区服务中心的社工能够立即使用的，是需要进行挖掘和动员的，如社区

① Dennis Saleebey：《优势视角——社会工作实践的新模式例》，李亚文、杜立婕译，华东理工大学出版社，2004。
② 参考上海映绿公益事业发展中心的培训资料。

老年协会、社区工作站、社区居委会、社区物业管理中心等，它们都是长期在社区中生活和工作的，最熟悉社区环境，但它们并不一定会立即接受社区服务中心及其社工，不一定可以立即变为社区服务中心的资源，需要社工做工作来开发和动员；还有一些潜在资源是当下并未存在或未被发现，但未来可以成为社区资源的，如社区志愿者，在社区服务中心入驻的时候，可能并没有人担任社区志愿者，但社区中一定有愿意进行志愿服务的居民，经过寻找和培育，他们可以组成志愿服务队，成为社区资源。

总之，当一个社工进入一家社区服务中心时，若以悲观的视角则看到的都是社区中存在的种种问题和困难，诸如社区工作站不支持、不配合；社区服务中心的硬件设施尚未到位，缺乏办公场所；社区居民不热心公共事务；等等。然而，当社工用优势资源的视角来审视社区时，则会发现大量的现存的及潜在的资源，上述困难或许都有可能变为可以利用的资源。社区工作者的重点应该是分析社区目前拥有及潜在的资源与能力，协助社区有效运用这些社区内部资产，培养社区本身解决问题的能力。

在本书第五章，已经分析了社区服务中的各个利益相关者，他们自然都是社区服务中心的资源。在此，我们从资源的角度再来看待这些利益相关者，分析他们可以为社区服务中心提供哪些发展资源。按照类型划分，社区资源可以包含以下几类。

政府资源。此处说的政府资源是广义的概念，包括与政府工作相关的各类组织，如市、区政府，街道办事处，政府各职能部门及党群组织，社区工作站等。社区服务中心作为全市各级政府力推的一项社会建设工作，政府的政策及资金投入本身就是最为重要的政府资源。到了基层，不同的领导和工作人员对社区服务中心的认识会产生不同的政府资源，不同社工的工作方式和技巧也会对同一政府资源产生不同的态度。

商业资源。各个类型的社区，都有一定的商业资源，它们是社区生活不可或缺的组成部分，直接影响到社区居民的生活质量。这些商业资源是社区服务中心潜在的物质资源和人力资源的提供者，它们有可能为社区服务中心提供活动物资、志愿者，可以与社区服务中心联合开展活动等。从客户的角度看，这些商业资源的客户与社区服务中心的客户是高度重合的，一家培训机构的顾客有可能就是社区四点半学校的学员，一家修理店的顾客有可能就是一个老年兴趣班的成员，一家饭店的顾客可能就是一个社区活动的热心者。从服务的内容来看，社区服务中心的某些服务与商业机构的服务有交叉。例如，社区服务中心的四点半学校与社区中的商业性午晚托班的服务内容类似，能够满足的居民需求接近，社区服务中心需要思考如何找准自己的定位，如何与市场化的机构优势互补，形成服务合力。反之，如果社区服务中心不能处理好与这些商业机构的关系，则会两败俱伤。例如，笔者在调研中发现，深圳市某社区存在若干家晚托班，社区服务中心在开设四点半学校前未与晚托班的负责人沟通，这些晚托班认为四点半学校有可能成为同业竞争者，于是百般阻挠，干扰社区服务中心的正常服务。

社区自治性组织资源。与广义的政府资源相对，自治性组织资源就包含了社区内的各类自我管理和服务类的机构。① 这些自治性组织中蕴藏着巨大的潜在人力资源，他们有可能成为未来社区服务中心的支持者、志愿者和参与者。

专业服务资源。专业服务资源也包括社区内已有的和未来有可能进入社区的资源。社区内已有的资源如社区内的医院、社康服务中心、心理咨询机构、幼儿园、养老院、残疾人职康中心、社区文化站等；社区外未来有可能进入社区的资源包括其他各类专业社会组织。这些机构的性质通常为事业单位或民办非企业单位，它们的共同点是都是社区某一人群或某一专业服务的提供者，都是社区服务中心潜在的社区公益合作伙伴。社区服务中心在开展面向某一服务对象的服务时，通常需要与这些机构合作。

社区公共场所设施资源。如社区公园、绿地、广场、游乐园、文化馆、大礼堂、艺术馆、学校、游泳池、健身会所、图书馆、会议室等，这些场所构成了社区公共空间，是社区居民开展社区活动的场所。社区服务中心的服务阵地不仅仅限于中心室内，而应当拓展到所有这些社区公共场所中。某社区服务中心主任曾说："一开始，觉得社区服务中心的办公场地没有装修好，难以开展工作，但之后发现办公场所的大小和条件与开展服务的关

---

① 由于社区自治类组织与专业服务类社会组织扮演的角色不同，且资源链接方式不同，我们将两类组织资源分别阐述。

系并不大，社区内所有的地盘都是我们服务的区域。"① 因此，不一定让居民走进社区服务中心接受服务，而可以将服务和活动送到这些居民已经熟悉的社区公共场所。还有一个社区服务中心的社工，抱怨说中心位置偏僻，不便于社区居民来中心活动，而笔者在调研中发现，该社区有一个小广场，晚饭后社区居民就会聚集在那里跳舞、唱歌。因此，不是居民不愿意参加社区活动，也不是缺少社区活动，而是社工缺少了发现居民及其活动的眼睛。社区服务中心的社工们在进入社区之前，要牢记，中心的服务场所绝不是中心办公所在地，社区内所有的公共场所都是服务区域。

社区媒体资源。每个社区都有小区公告栏、宣传栏，部分小区还有自己的网上空间或业主 QQ 群，有些社区会有社区工作简报等。这些都是社区服务中心了解社区，宣传自己的窗口。针对不同的居民群体获得媒体资源的习惯，社区服务中心应当通过不同的渠道宣传社工及社区服务，让居民通过自己熟悉的方式获得社区服务中心的活动信息并报名参加，并利用这些宣传媒介与居民互动，进行反馈。

第四节　社区服务中心整合资源开展服务的若干实例

社工机构在依托社区服务中心链接其他外部资源开展服务时有着得天独厚的优势，这一优势是其他社会组织所不具备的，这一优势就是分布广、接地气。

首先，各种服务最终都需要在社区落地。各种公益项目都需要有相应的服务对象，这些服务对象最终都可以落到社区，特别是对于老弱病残等弱势群体来说，社区是其生活的主要场域。社区服务中心的优势就是最接近这些服务对象，最有可能知道服务对象的需求，可以帮助每一个公益项目最精准地在社区中找到最需要的人。

其次，一线社工可以发挥其专业作用。如果说在社区落地这一优势，社区居委会也可以做到的话，那么社区服务中心的专业人力资源则是居委

---

① 2014 年 7 月 16 日，社区服务中心主任座谈会。

会所无法比拟的。社区服务中心的一线社工具有一定的专业素养，他们对公益项目的操作流程和操作理念更为熟悉，更可以把公益项目执行到位。回到关于"剧场"和"乐队"的比喻，社工们作为剧场的常驻"乐队"，具备为其他演出团队"伴奏"的能力，可以协助其他团队在剧场演出。

最后，外部资源所资助的公益项目与社区服务中心原有工作高度吻合且效果有强化作用。社区工作站的主要工作在于履行政府职能，进行社区管理，而社区服务中心则是为社区提供服务。几乎所有的公益项目均着眼于提供公共服务，寓管理于服务之中，其服务内容与社区服务中心已有的服务指标类似，是其工作职能的一部分，不但不会干扰其原有工作，还会增强社区服务中心原有的服务，提升服务水平。

目前社区服务中心已经广泛地与政府、企业、社会组织等展开广泛的合作。2014 年问卷调查结果显示，244 家社区服务中心中，有 221 家（90.6%）与政府部门（工青妇等群团组织）共同开展过社区服务，204 家（83.6%）与其他社会组织共同开展过服务，有 152 家（62.3%）与企业共同开展过服务，有 76 家（31.1%）与其他社工机构开展过服务，仅有 3 家（1.2%）没有与其他单位共同开展过服务。根据 2016 年问卷调查，社区服务中心所链接的社会资源涵盖了各种企业及各类社会组织。其中，既有"高大上"的知名企业，如平安银行、希尔顿酒店，也有社区内的商家和店铺，如理发店、照相馆、小餐馆等；既有大型公立医院，如深圳市儿童医院、深圳中医院等，也有专业性的私立医院，如爱尔眼科医院、拜尔口腔医院等；既有深圳狮子会、深圳市儿童福利会等市级知名社会组织，也有社区内的草根社会组织。

各种社会资源支持社区服务的方式多种多样：从提供活动使用的气球、水果、茶点，到赞助 10 多万元的资金；从专业人士提供义诊、义教到专业团队的艺术表演；从单方面地提供资源到多方合作开展服务。根据 2014 年的问卷调查，社区服务中心获得的外部社会资源，主要包括人力支持（93%）、智力支持（86.9%）、物质支持（86.1%）和资金支持（63.9%）。

案例 7-2　　　　　整合资源　开展服务

社区服务中心的经费除去员工的薪水和福利，只有少部分的经费可以用于活动和服务的开展，因此资源整合便成为社工服务的必备技术。从最初和中心周边的大型超市、医院个别活动的合作，到长期和深入的合作。起初，某个活动需要对方赞助礼品或活动用品，我们试探性地合作，它们认为我们比较认真负责和专业，我们认为它们没有摄入过多的商业元素。于是达成合作意向，与医院合作的义诊日定为每月一期，与培训机构英语角的合作定为每周一期，与建设银行的合作变为每季度按需求开展。我们保证我们的服务和活动是在受居民欢迎的前提下开展，合作单位保证根据我们的标准和原则开展服务。仅 2013 年一年，社区服务中心已经搭建了一个资源整合平台，社区服务中心借助于和社区工作站的"亲密"关系从外表得到了其他组织的认可，同时，通过深入的合作，社工的专业服务态度和精神彻底给合作单位吃了定心丸。我们相信，长期服务中，社区服务中心的资源整合平台的意义应该可以进行更大、更深层次的挖掘。HY 社区服务中心进驻一年后的合作单位见表 7 - 2。

表 7 - 2　HY 社区服务中心进驻一年后的合作单位

类别	合　作　单　位	合　作　内　容
社区单位	社区工作站	政策支持、场地支持、经费支持
	HY 社区居委会、新岸线居委会	人力支持、场地支持、物资支持
管理处	深业新岸线物业管理处	场地支持、人力支持、物资支持
	君逸世家物业管理处	场地支持、人力支持、物资支持
	裕和花园物业管理处	场地支持、人力支持、物资支持
	金成时代物业管理处	场地支持、人力支持、物资支持
	御景湾物业管理处	场地支持、人力支持、物资支持
	幸福海岸物业管理处	场地支持、人力支持、物资支持
	裕丰花园物业管理处	场地支持、人力支持、物资支持
	第五大道物业管理处	场地支持、人力支持、物资支持
	达海花园物业管理处	场地支持、人力支持、物资支持
	幸福海岸物业管理处	场地支持、人力支持、物资支持
	裕丰花园物业管理处	场地支持、人力支持、物资支持

续表

类别	合 作 单 位	合 作 内 容
政府职能部门	HY社区妇联	场地支持、人力支持、活动支持
	HY社区计生部门	场地支持、人力支持、活动支持
	新安街道关心下一代工作委员会	活动支持、物资支持
	宝安区疾病预防控制中心	活动支持、物资支持
	驻地武警七支队	活动支持、人力支持、物资支持
	宝安区中心血站	活动支持
	宝安区团区委	政策支持、活动支持、人力支持
	宝安区老干部活动中心	活动支持、物资支持
	新安街道司法所	活动支持、物资支持
	新安街道劳动办	活动支持、物资支持
	新安街道普法办	活动支持、物资支持
	宝安区体育局	场地支持、活动支持、物资支持
	HY社区健康服务中心	人力支持、活动支持、物资支持
	宝安区中医院	活动支持
	宝安区青少年活动中心	活动支持、场地支持、物资支持
	宝安体育馆	场地支持、活动支持、物资支持
社会组织	深圳市彩虹花公益小书房	物资支持、人力支持、活动支持
	HY社区美术摄影协会	人力支持、活动支持
	HY社区棋牌协会	人力支持、活动支持
	HY社区体育健身协会	人力支持、活动支持
	HY社区药品安全行业协会	活动支持
	幸福家庭工程项目	活动支持
	爱心协会	活动支持
	HY社区书法协会	人力支持、活动支持
	HY社区文化艺术团	活动支持
	HY社区计生协会	活动支持
	HY社区居民创业帮扶互动协会	活动支持
	HY社区慈善帮扶	活动支持
社区商家	沃尔玛超市（罗田店）	物资支持、活动支持
	真功夫（中心区店）	物资支持、活动支持
	艺术创苑培训中心	物资支持、活动支持

续表

类　别	合　作　单　位	合　作　内　容
	龙文教育	物资支持、活动支持
	广汽本田安信月亮湾店	物资支持、活动支持
	华润万家超市（中心店）	物资支持、活动支持
	永和大王（创业路店）	物资支持、活动支持
	铭铸教育	物资支持、活动支持
	菲菲美容美发化妆培训学校	物资支持、活动支持
	缪氏川菜（宝体店）	物资支持、活动支持
学校	崛起实验中学	活动支持、人力支持
	深圳市广播电视大学	活动支持、人力支持
	深圳市宝安中学附属小学	活动支持、人力支持

撰写人：深圳市宝安区阳光社会工作服务中心　吴金发

一　整合企业资源，共同开展服务

如今，越来越多的企业重视履行社会责任，希望与所在的社区构建良好伙伴关系，希望员工参与到其社会公益活动之中，希望树立良好的企业形象。根据卡罗尔对企业社会责任的分析框架，"慈善责任"是企业社会责任的最高层次，慈善责任意味着企业要成为一个好的企业公民，给社区捐献资源，改善居民生活质量，帮助社区改善公共环境，自愿为社区工作。[①]可以看到，慈善责任很重视企业与其所在社区的互动关系。

与以具体的项目申请政府或基金会的资金相比，企业和社区服务中心的合作则更具灵活性和广泛性，也更需要社工发挥主动性和拓展性。企业资源的灵活性，一是合作方式的灵活性，有的企业已将资助公益项目作为企业战略的一部分，像基金会一样对外公开接受项目申请。有的企业则为临时性的捐赠或是短期合作。二是企业支持形式的多样性。企业给予社区服务中心的支持可能是直接的资金捐赠，也可能是实物捐赠，如提供礼品、场地，亦可能是人力资源支持和智力支持，如策划活动、组织义工等。三

---

① 〔美〕卡罗尔：《企业与社会：伦理与利益相关者管理》，黄煜平等译，机械工业出版社，第26页。

是合作进程的灵活性。政府和基金会的项目申请往往有明确的资助周期，定期结项。而企业的合作可能是逐步深入的，从一次性的活动合作到长期的项目支持，双方可以谈判的空间很大，自由度很高。四是社区内外的企业、不同规模的企业，其合作模式和策略各不相同。每个社区内都有若干社区店铺，它们也是一个个独立工商注册的企业，这些店铺往往规模小、利润薄，让它们直接捐赠或许困难。但是这些企业的优势在于它们本身就是社区的一员，当社区服务中心的服务与它们的利益吻合时，它们可以发挥自身特点提供特别支持。例如，场地支持，可以借助它们的场地开展活动；人力支持，可以由它们提供义工服务；物品支持，可以提供小礼品、代金券等等。社区中的理发店、修理铺、照相馆、小饭馆、小超市……都有可能成为这样的社区企业合作伙伴。而一些大型企业对社区服务中心的潜在支持可能更大、更长远，但也需要社工从企业战略角度出发与之谈判合作。

正是由于企业资源的灵活性特点，使其对社工的主观能动性要求更高。如果说政府和基金会项目的基础是具有符合对方既定要求的项目设计，那么获得企业资源，则要首先读懂企业的需求，发现那些既能让企业实现利益又可服务社区居民的合作点。此外，政府和基金会的项目申请通常是有既定的申请时间和要求的，而企业的资源则是随时随地，没有固定时间的，需要社工们有一双随时发现的眼睛。

案例 7-3   引入企业资源 开展公益服务
——以深圳慈善公益网与深圳益力多公司合作为例

深圳慈善公益网下辖福田区新华、新洲、新沙社区服务中心及坪山新区龙田、老坑、沙田、沙堂社区服务中心。社区服务中心在运营中发现，政府购买服务的资金有限，很难满足社区居民的服务需求，而同时企业希望回报社会，履行社会责任，却苦于找不到服务切入点。因此，如何让社区服务中心成为一个社会资源的募集平台一直是慈善公益网思考的一个重要问题。2013年至今，慈善公益网与深圳益力多有限公司合作，取得了较好的服务成效。

一、引入

开始引入益力多公司资源，源自一位社工偶然阅读《深圳晚报》中一篇关于益力多在社区推广肠胃饮食健康方面的宣传讲座的报道，该社工受到启发，便登入该企业的网站收集相关资料，查询到该企业在2013年度有深入社区推广饮食营养健康的项目，并通过网站联系到了项目的负责人。通过初步电话沟通，社工向该项目负责人简单介绍了社区服务中心的情况，听完社工介绍之后，该项目经理表示非常有兴趣与社区服务中心合作，并与社工约定了时间前来社区服务中心进行详细面谈，由此开启了社区服务中心与益力多公司的初步沟通。

二、合作

随着双方不断地认识、了解、熟悉，合作层次逐渐由社区服务中心深入至机构，合作方式由单次活动转为月度常规活动再转为项目合作，程度由浅至深、逐渐加深。

（一）初步合作

慈善公益网运营的新沙社区服务中心于2013年3月开始与益力多公司合作，在社区开展针对青少年的肠道健康方面的讲座，由社区服务中心负责招募参与活动对象，益力多提供讲师和活动物资，此次合作非常成功。随后益力多公司又连续在该月支持社区服务中心开展了面向老年人和残障人士的服务活动。经过中心社工的初步评估，该企业公益性程度较高，因此将其推荐至慈善公益网，由机构总部与益力多建立合作关系，将该企业资源推广至机构9个社区服务中心，开展常规性活动，其合作形式也从单纯的讲座扩展到资金支持、志愿者服务、捐赠图书、举办大型活动等。

（二）项目合作

随着与益力多公司合作的日益深入，双方在公益理念方面的认同逐渐加深，有意长期合作，共同在社区推动公益项目。例如，"益力多暖春行动"项目，2014年1月，由益力多公司出资6.5万元，由社工组织志愿者为9个社区150名孤寡老年人制作团年饭，邀请老年人一起过年吃团圆饭，推动社区关怀。2014年7月，"益力多夏令营"项目，由社工负责组织设计，益力多出资8.8万元，为130多名暑期来深的儿童开展了一系列以成长教育、兴趣培训为主题的夏令营项目。

三、思考

①公益性的考量。与企业合作开展服务，需要充分评估企业的合作目标，明确其是为了品牌推广，或者是履行社会责任，还是纯粹的商业宣传。这些都需要认真分析和评估，评估的方法可以是走访该企业，查询企业网页，以及与企业负责人交流，亦可简单地分析该企业的合作目的。

②资金的透明度。一般企业非常注重投入和产出，因此，在企业有资金的支持时，一定要做好财务收支的明细，及时公开发布，做到公开透明，以此增进企业对机构的信任，从而保持长期的合作。

撰写人：深圳慈善公益网 朱彧宏

深圳慈善公益网与益力多的合作是典型的由点及面，由一次活动到长期合作的案例。从这个案例中，我们可以看出一线的社工在整合资源方面的主动性，也可以看到社工机构在机构层面将成熟的合作推向各个社区服务中心的优势。

在与企业合作时，社区服务中心要注意保持自身的独立性；要分析和评估该项目或资金对社区及社工的影响，不能因资金而放弃机构宗旨及社工专业理念；要把握好商业利益介入的程度，既确保企业自身的利益得以体现，又不可让社区服务中心成为企业宣传其商品或兜售商品的平台。合作双方应当在活动冠名、宣传、礼品等具体合作事宜方面达成书面协议。

二 整合专业机构资源，共同开展服务

社区服务中心的社工们难以十八般武艺样样精通，很难有针对性地提供面向每一部分群体的某一特定服务。与此同时，社会上存在着大量不同性质的专业性机构，社区服务中心跟这些专业性机构相比，针对某一特定群体的服务显然要逊色很多。例如，同样针对0~3岁儿童的早期教育，社区服务机构的服务质量自然比不过收费不菲的营利性早教班；有关智障儿童的康复问题，社区服务机构可能很难储备此领域的专业人才；面对婚姻家庭问题，涉世不深的社工估计也比不上专业的家庭指导中心。前面关于社区服务中心是"剧院"，社工是"乐团"的比喻也说明，社工除了要担负

起"剧院"的基本"演出"外，还要引入其他"演出队伍"来充实"剧院"的活动。那么，各种专业机构就是要引入的其他"演出"队伍。

1. 发现社区中已有的专业机构

专业服务机构资源中最容易发现的莫过于社区内已有的机构，如医院、社康服务中心、心理咨询机构、幼儿园、养老院、残疾人职康中心、社区文化站等。这些机构本来担负着为社区某一特定居民提供特定服务的职能，它们对社区某一特定群体的熟悉程度高，服务专业化程度高。

一线社工认为，与这些社区内的专业机构合作难度不大，双方的服务目的接近，服务目标群体有重合，这些专业机构愿意借助社区服务中心的场地来开展服务。社区服务中心与这些机构的合作恰好是优势互补。社区服务中心提供的是场地和平台，外部专业机构提供的是服务。社工们所起的作用是事前联络、组织服务对象，事后总结反馈，外部专业机构或人士则是事中的具体服务者。对于社康服务中心、残疾人职康中心等机构而言，自身也有服务社区居民的指标要求，与社区服务中心合作，便于这些机构顺利完成已有的服务任务；对于培训机构、民办医院而言，社区居民就是其潜在客户，他们希望通过社区服务中心让更多的目标客户了解自己，树立机构良好的形象和信誉，吸引潜在目标群体。

2. 与其他公益性专业社会组织合作

如果说社区服务中心提供的是面向社区居民的综合性、全方位的服务，那么其他各类型的社会组织则是面向某一特定群体提供的具有针对性的、个别化的服务。灵活性和多样性是社会组织的显著特点。美国一个几万人的小镇上就会分布着几百家非营利组织。同样是公益性晚托班，有特别针对女孩的，有针对青少年的；同样是为无家可归人士提供临时庇护，有面向家庭提供住所的，有提供白天餐饮及清洁服务的，有提供紧急食品援助的。不同组织在分工明确前提下的交流合作是社会组织之间的良性生态特征。

家庭教育、女性成长、心理咨询、儿童阅读、残疾人康复、家庭婚姻指导……，在珠三角地区，这些领域均有专业性的社会组织，而这些组织的服务又都是社区服务中心的服务内容之一。因此，专业机构希望其服务在社区落地，它们看重社区服务中心的平台、硬件设施以及潜在的服务对象；社区服务中心希望借助专业机构提升自身的服务水平和质量，整合外部资源，二者都有合作的意愿。调查显示，在被调查的 244 家社区服务中心中，有 204 家（83.6%）与其他社会组织（非社工机构）共同开展过服务。这些合作既有一次性的活动性合作，也有长期的项目合作。如果说一次性活动合作只是有助于丰富社区服务中心的活动内容的话，那么长期项目合作则是让专业服务在社区扎根的表现，意味着社区服务中心开始发挥平台性作用。倘若一个社区服务中心可以与几家专业社会组织合作的话，那么专业社会组织的服务便可以嵌入社区服务中心，真正扎根社区，进而有可能孵化出社区自我服务团队。而社区服务中心则成为社区服务的平台，起到沟通联络、整合资源的作用。

案例 7 - 4　　　　　　　　**专业机构助力社区亲子阅读**

——桃源社区服务中心与彩虹花公益小书房共建社区绘本馆

一、项目缘起

桃源社区服务中心由深圳市龙岗区彩虹社会工作服务中心负责运营，于 2013 年 7 月正式投入服务。深圳市彩虹花公益小书房成立于 2011 年 1 月，是深圳首家正式在民政部门注册的民办非企业的公益性儿童阅读组织。2013 年 9 月，在第二届中国公益慈善项目交流展示会上，两个机构的负责人在慈展会上相遇，双方在社区建设及亲子阅读领域进行交流，表达了初步的合作意愿。

桃源村社区是彩虹花公益小书房的发源地，也是彩虹花的社区公益绘本馆所在地。长期以来，绘本馆一直由负责人个人出资，租用民房作为服务场地。受场地及人手限制，每周只能开放半天为居民提供绘本借阅服务，且绘本借阅管理只能依靠义工们手工登记，优质的绘本资源难以惠及更多居民，不少居民建议延长开放时间并提供一个更好的阅读场所。

桃源社区服务中心希望充分发挥社区服务中心的平台作用，吸引更多合作伙伴与中心一起为社区居民提供多样化的专业服务和项目。基于此，桃源社区服务中心与彩虹花公益小书房的合作提上议程。

二、达成项目合作，构建"三方"共建模式

双方经多次商讨于 2014 年 4 月 20 日签订了合作意向书，正式启动"桃源村彩虹花绘本馆项目"。该项目采用三方共建模式，即社区服务中心、彩虹花公益小书房、有意向参与共建社区的居民三方，共同建立"桃源村彩虹花绘本馆"。所有居民均可免费在馆内阅读绘本；绘本馆对自愿参与共建的社区居民提供绘本借阅服务。自愿参与共建的社区居民需与绘本馆签订《居民共建协议》，之后由绘本馆为参与共建的社区居民办理共建借阅卡，成为共建居民，享受绘本馆共建相关权益。在运行初期，每捐赠 100 元共建资本享受为期 1 年的绘本馆共建相关权益。参与共建的社区居民以三种方式捐赠共建资本：①捐赠等额的符合绘本馆要求的绘本作为共建资本；②捐赠等额的符合绘本馆要求的共建资金作为共建资本；③捐赠"一定数额的共建资金＋一定数额的符合绘本馆要求的绘本（总额等于共建资本即可）"。共建资本在三方的共同监督下管理使用，且仅限于绘本馆发展建设使用，绘本馆在完成图书增补及使用后公示给共建方及社区居民。

在绘本馆的归属问题上，在桃源社区服务中心的主导下引入了公益产权的概念，即绘本馆初建图书资产归深圳市彩虹花公益小书房所有，共建阶段新增图书归三方共同所有，列归公益产权，由彩虹花公益小书房进行实际资产备案及管理，绘本馆存续阶段由桃源村彩虹花绘本馆代为登记及管理。

三、绘本馆的服务及管理

（一）图书管理制度化

绘本馆在社区共建理念基础上，不断完善共建的相关制度标准，逐步完善了《居民共建协议》《共建借阅管理办法》《绘本捐赠与污损处理办法》《绘本馆义工激励机制》《义工培训手册》等管理机制。

（二）图书借阅电子化

绘本馆引进了一套被广泛使用的图书管理软件——天浩图书管理系统（加密版），本套图书管理软件配合扫码枪以及专门为图书及读者设计制作的条码，实现了图书的电子化管理，图书借还、查阅、统计分类等工作效率得到明显提升。

（三）开放时间常态化

在征集以往读者建议并结合社区服务中心安排的基础上，绘本馆每周二、四、日下午2：30~6：00开放，居民可在馆内阅读、查阅书籍、借还图书、办理借阅卡等。绘本馆开放期间，由社区义工值班管理。

（四）义工服务规范化

本着社区自治、居民自我管理、自我服务的原则，绘本馆将彩虹花过去的老义工和社区服务中心义工进行统一培训，统称绘本馆义工，义工共同为绘本馆建设服务，形成了义工常规值班制度。

（五）配套服务专业化

为了更好地推广绘本馆及亲子阅读，引导儿童爱上阅读，指导家长掌握正确的阅读理念，绘本馆项目配套开展亲子阅读技巧工作坊（每月一次）、"大手牵小手·阅读共成长亲子关系读书会"（每月一次）、义工能力建设培训（每季度一次）等多项服务，不断拓展绘本延伸服务、丰富绘本馆的活动。

四、服务成效

从2014年4月到2015年3月底，据不完全统计，绘本馆累计吸引253名居民参与共建，共筹措共建资金22764元，累计开馆服务时数504小时，图书数量增加至4467本，图书累计借阅3751人次，借出图书15004本次，人均借阅55本次，累计参与义工42人，义工累计服务时数1725.89小时。

绘本馆成立了在南山区桃源街道备案的社区社会组织——桃源村彩虹花绘本馆义工队，累计开展特色服务9场，服务460人次，开展亲子读书会7次，服务374人次，整体服务满意度超过80%；部分社区家庭的亲子阅读意识得到提升，亲子沟通和亲子阅读技巧得到增强，各类绘本延伸活动和家长教育活动受到家长好评，带动了社区家长学习的氛围。

五、存在的困难

1. 没有独立的场地，馆内阅读受限

绘本馆依托社区服务中心的场地建立，因服务中心有其他服务活动，难以保证全天候开放，此外场地不独立也对绘本馆的馆内阅读、共建读者承载量和后续发展带来限制。

2. 图书整理和分类困难

绘本馆回书工作基本由义工负责，居民在选书和借阅的过程中难免会打乱书序，给义工带来了巨大的工作量，义工值班不足时会优先保证借阅，故图书整理时间难以保证；另外限于馆内书架和场地限制图书分类一直没有找到比较好的方式，读者选书比较困难。

3. 公益产权后续登记管理或存在困难

2016年桃源社区服务中心运行满3年，面临着重新招投标的情况，虽然现任彩虹社工会保证绘本馆的产权登记管理和相关跟进管理，但后续社区服务中心是否愿意接手或选取其他管理办法都难以预测，给绘本馆后续发展带来困难，有可能因为三方共建变为"三不管"的局面，明晰产权权责的问题比较棘手。

4. 绘本馆义工队发展缓慢，缺乏专职管理人员及配套资金

绘本馆目前刚刚备案成立义工队，义工队孵化及培养需要长期的过程，绘本馆义工值班虽然能够保证但也出现断档危机；绘本馆财务公示及后勤工作也比较滞后；受评估指标影响社工投入也难以评估；绘本馆缺乏专职项目人员配套及保障资金，绘本馆共建经费主要用于绘本馆图书补充，相关活动缺乏足够的经费支持。

撰写人：深圳市龙岗区彩虹社工服务社　徐博

桃源社区服务中心与彩虹花公益小书房这一专业亲子阅读机构的合作，是一次长期项目合作的有益尝试，达到了双赢效果。社区服务中心的社工们尽管拥有注册社工师的资质，但以未婚未育的年轻人为主的社工对于儿童阅读并不熟悉。彩虹花公益小书房，作为一家专注于儿童亲子阅读的公益性服务机构，已在深圳的多个图书馆和社区开展活动，在儿童阅读领域积累了较为丰富的实践经验，在全市拥有一支高水平的义工队伍。因此，在面向儿童阅读服务方面，彩虹花公益小书房的工作人员及义工比社区服务中心的社工更专业。然而，彩虹花公益小书房的绘本馆尽管藏书丰富，却一直因为场地问题未能充分利用。二者的长期合作有效地解决了两个机构共同面临的问题，提升了双方的服务品质和效果。同时，二者在合作中还创新性地引入了居民作为第三方参与进来，在居民中发现义工、培养义工，成立了专门负责绘本馆的义工队。义工队将成为代表社区居民长期管理绘本馆的本土队伍，绘本馆也将成为社区居民共有的一个社区公共财产。但是受到目前招投标制度的限制，社区服务中心运营满 3 年后存在着更换运营机构的可能，在社区义工队尚不成熟，不足以担负起绘本馆的管理责任的情况下，绘本馆的后续发展也面临着新的挑战。

彩虹花公益小书房与桃源村社区服务中心的合作只是一个缩影，随着社区服务中心的全面铺开，越来越多的专业性机构把中心当作服务最终落地的一个平台，带着专业理念、专业团队甚至资金，来到社区服务中心。在深圳各个区支持社会组织项目的申报中，我们看到，有多家社会组织都把将申请的项目放到社区服务中心具体落实。例如，福田区 2015 年社会建设专项资金申报中，有一家机构申报把"青年人法律讲堂和成长计划项目"引入福田区的四个社区服务中心；另一家组织申报的项目要在福田区三个街道的若干社区服务中心开展服务，其服务内容就是以专业能力培养社区精英。深圳市盐田区将社区服务中心与专业社会组织合作，作为该区社区服务的发展特色。

案例 7 - 5　　　　盐田区"专综结合"的社区服务模式

盐田区坚持综合性服务机构与专业性社会组织相结合，建立"专综结合"的社区服务模式。在社区服务中心建设过程中，盐田区注重将建设与完善相结合，于 2013 年委托专业公司针对全区居民的社区服务需求进行了一次大规模的调研，形成了《盐田区社区居民服务需求调研报告》，对各片区居民的服务需求有了全面掌握，形成了综合性服务中心和专业类社区服务中心建设同步推进的思路，即基础性服务由社区服务中心承担，专业性服务由专业性社会组织承担。在现有 8 个社区服务中心的基础上，今年新建了 3 个社区服务中心，实现 1 万 ~1.5 万人设一个服务中心的目标。经综合评估，结合居民服务需求调研反映出来的对婚姻咨询、家庭关系调和、儿童服务需求突出的情况，将海涛社区服务中心的核心业务定为妇女儿童项目，着力将该中心建设成专业类社区服务机构。同时，针对辖区需求，先后引导成立了从事脑瘫儿童康复工作的盐田区彩虹特殊儿童康复中心、从事社区教育工作的远见教育和博思家长教育机构、从事专业婚姻家庭服务工作的维家婚姻家庭服务中心等专业性社会组织，并链接了深圳本地宝、盐田区"12349"等优质服务资源，为满足社区服务的专业需求迈出了坚实的步伐。

"专综结合"的服务模式实现了社区服务"带动式"发展。随着社区服务中心的建设以及对居民服务需求的深入掌握，带动了一批新的社区服务项目、一批专业社会组织、一批有活力的义工队伍的落地、成长、发展。一是目前我区每年固定购买社工项目的支出超过300万元，同时，搭建公益创投等平台，支持社会组织开发更多服务项目，女性家庭关爱、社区娃娃足球、社区健康舞等一批新型社区服务项目获得政府扶持。二是一批专业社会组织成长起来，通过"引进＋培育"的方式，促使专注特殊儿童康复的彩虹特殊儿童康复中心落户成长。三是打造了一批忠实且有活力的义工队伍。各个社区服务中心都形成了自己的义工队伍。据不完全统计，仅沙头角、盐田、小梅沙3个社区服务中心，便已经拥有了近600名义工。特别是服务盐田永安、明珠与东海3个社区的盐田社区服务中心，总服务人口达到73075人，服务中心6个人根本不够用，他们采取"公益伙伴、平等合作、岗位匹配、骨干带动"的义工发展思路，建立了4支稳定的义工队伍，总义工数达到309名（已注册义工228名），义工协助社区公益活动98场，义工参与服务数量达1251人次，义工累计服务时间达3342.5小时，为社区服务的有效开展提供了充足的人力支持和智力支持。

案例来源：《深圳社会工作简报》2014年第38期（总第134期，调研刊）。

三 通过专业特色项目实现资源多元化

本书第六章的项目化与特色化、第七章的专业化与合作化，是紧密相关的。凸显社区特色和机构特色的服务项目，是机构专业化服务的体现，而这些带有专业性的特色项目就是机构可以链接其他资源的依托。案例7－6就展现出该机构以社区为平台，通过专业特色项目实现了资源的多元化。

案例7-6 **项目化+特色化+专业化+合作化：以社区为**
平台的多元化资源获取之路

深圳市安澜社会工作服务中心自2009年开始在深圳开展社会工作服务。
6年来，从最初的服务资源完全通过政府购买服务获得，到目前形成了由政
府购买、基金会资助和企业赞助、自主提供服务等多元资源渠道的集合，
已逐步走出依赖单一的政府资源走向多元资源整合的道路。

一、安澜历年收入情况

安澜2009~2015年收入结构见表7-3。

表7-3 安澜2009~2015年收入结构

单位：万元

收入类型		资源提供方	2009~2010年	2011年	2012年	2013年	2014年	2015年
政府采购收入	岗位社工	政府	81.8	59.3	54.5	46.1	30.0	68.2
	企业社工（政府资助部分）	政府+企业	0	0	0	0	22.6	45.0
	社区服务中心	政府	0	0	100	100	300.0	250.0
	小计	政府	81.8	59.3	154.5	146.1	352.6	363.2
资助项目收入		基金会、企业、政府专项资金	0	0.3	37.3	30.0	20.0	119.84
提供服务收入		服务使用者	0	7.12	4.9	1.9	6.7	17.36
收入总额			81.8	66.7	196.7	177.9	379.3	500.4

资料来源：深圳市安澜社会工作服务中心历年财务报告。

岗位社工、企业社工和社区服务中心是深圳常规性的购买社工服务，
政府有明确的服务要求和购买金额，社工机构根据服务协议提供规定性动
作的社工服务。资助项目的资金来源方为基金会、企业及政府专项资金，
由安澜根据资助方的总体要求设计具体的项目方案，这些项目的具体情况
见表7-4。

表7-4　安澜资助项目具体情况

序号	项目周期	项目名称	主要服务对象	资助/合作单位	获资助金额	备注
1	2010.1～2010.12	"安澜之家"——反家庭暴力网络社工服务	家暴受害者	深圳福彩公益金	40万元	
2	2011.5～2012.4	"安澜之家"——反暴力侵害未成年人社工服务项目	在校师生及校园暴力受害者	深圳福彩公益金	37.5万元	
3	2012.7～2013.6	"慢飞天使"——关爱自闭症儿童项目	自闭症儿童及家庭	深圳市社会公益基金会	35万元	
4	2013.7～2014.6	"彩蝶晴天"——女性成长计划	都市职场女性、社区妇女家庭	中国妇女发展基金会	50万元	
5	2014.7～2015.12	"爱能破茧"——困境儿童家庭多元成长计划	社区困境儿童及家庭	民政部·李嘉诚基金会中国妇女发展基金会	18万元	全国社工能力建设示范项目
6	2014.7～2014.12	康明斯"安全童行"——外来务工子女安全教育社区体验计划	来深建设者子女、社区困难群体	康明斯社会责任发展基金	3万元	企业社会责任项目
7	2014.10～2015.9	"益动罗湖"——社区公益服务组织培育项目	社区居民、社团组织	深圳市罗湖区民生创新基金	14.75万元	
8	2014.10～2015.9	"职桥义携行"——青年就业服务计划	来深求职青年	广东省志愿者发展基金会	2万元	
9	2014.12～2015.11	"故事会"——福田区拘留所拘留学员情感关爱计划	福田拘留所被拘留人员	深圳市福田区社会建设专项资金	8.8万元	
10	2015.9～2016.1	"康康来了"康明斯生命教育学堂	东方学校五年级学生	康明斯社会责任发展基金	2万元	企业社会责任项目
11	2015.12～2016.11	"070零欺凌"青少年校园欺凌防止先导计划	福田区中小学校（公办、民办）	深圳市福田区社会建设专项资金	23.45万元	其中：腾讯乐捐6万元
12	2015.11～2016.10	"手掌心"社区全职妈妈发展计划	社区全职妈妈	鹭·创投——首期妇女儿童公益项目"种子基金"	3.56万元	

以上资助项目的资金来源包括政府资助性专项基金、基金会、企业。与政府购买服务项目不同的是，资助项目是由安澜根据社会需求，结合自身特色，主动开发的服务项目。

基金会资源获得途径主要来自基金会项目招标和主动推荐项目。例如，安澜"彩蝶晴天"项目在 2013 年与中国妇女发展基金会达成的战略合作，正是基于都市职场女性公益服务项目的人群定位和创新服务，使得安澜的项目脱颖而出，开启了和国家级公募基金会的合作征程。2014 年民政部·李嘉诚基金会全国贫困人群社工能力建设项目在全国范围公开招标，安澜"爱能破茧"项目通过项目评审，获得小额创新项目资助，这是深圳仅仅入选的 3 家机构之一，这充分说明安澜的项目开发能力和项目执行能力得到了认可。向基金会申请项目的经验对于日后在罗湖区民生创新基金及福田社会建设专项资金的项目申请也起到了积极推动作用，安澜通过自主研发项目而获得资源的能力大大提升。

企业资源的获得以企业主动联系为主。企业之所以联系安澜提供服务，源于安澜在社会服务行业所具备的专业性和公信力。有的企业更关注安澜的服务内容是否能和本企业的社会责任方向相符合，如康明斯公司的企业责任项目既关注环保、教育、机会平等等议题，也重视企业所在地社区的改善和员工的参与。与该企业合作的"安全童行"项目的设计和实施就是充分考虑了康明斯公司的企业社会责任框架的要求，践行了企业社会责任，从而实现了与企业的持续合作。

二、依托社区服务中心的平台开展合作项目

从上面可以看到，安澜通过政府购买服务，获得了几个社区服务中心的运营资格；同时，通过基金会和企业的资助，开发了一些资助项目。安澜把资助项目与社区服务中心有机结合，社区服务中心为安澜提供了开展服务的平台，建立了良好的社区关系，而基金会和企业所资助的项目提高了安澜在社区服务中心的服务质量，在常规服务之外可以结合社区需求增加特色服务。

以中国妇女发展基金会资助开展的"彩蝶晴天"——女性成长计划为例，安澜以该项目带动社区妇女家庭领域的服务，在社区开展一系列的活动和各种类型的工作坊和小组。项目经费的支持，一下子让我们的服务变得"高大上"。我们可以利用项目资源开展专业服务，如在罗湖社区，我们聘请知名心理专家为边检女性干警开展婚姻恋爱关系讲座；在湖景社区，我们聘请香港 NLP 亲子教育专家、社工督导开展系列讲座、工作坊。每场次都爆满而且好评如潮，社工在共同参与服务的过程中积累了大量的实务经验并获得了极大的成就感。该项目得到了社区居民的广泛赞誉，聚集了固定的服务对象人群和大批热心的志愿者，他们从受助的服务对象转化为助人的生力军，为之后社区自组织的发展奠定了稳固的基础。2015 年，借助罗湖民生创新项目"益动罗湖"——社区社会组织培育项目的实施，我们协助每个社区的社区领袖完成了社会组织的注册，培育和陪伴他们在所在的社区自主开展服务。而这些社团的负责人正是前期项目实施过程中发掘出来的社区领袖，如湖景社区的"花语坊""绘当家"都是在"彩蝶晴天"项目中沉淀下来的志愿者。

从"彩蝶晴天"项目在社区落地实施的过程和结果看来，在社区服务中心的平台上植入项目的经验是成功的，可复制的。安澜的社区服务中心发展的思路是：扎根社区，从社区的需求出发，结合不同的社区特点打造"一社区一特点、一社区一亮点"的服务特色，前期投入大量的时间和人力成本进行社区需求调研，从社区需求出发开展服务，并提供相应的资源共同开展服务。几年过去了，安澜在每个社区每个服务领域都形成了品牌服务项目。安澜的社区发展策略是：以特色项目带动专业领域的服务，以社区中心为平台汇聚资源，在服务过程中发掘和培育社区领袖和志愿者投入社区服务中，形成稳固的服务力量推动社区的发展。

三、安澜资源多元化的经验总结

（一）建立与累积组织的社会公信力

笔者根据建立合作关系的基金会和企业的反馈了解到，安澜的社会公信力和专业服务能力是吸引他们与安澜合作的最主要原因。安澜这些年来一直强调社会服务专业性与服务成效，积极协助更多社区及弱势群体，资助方可以切实地感受到服务的成效。同时，安澜致力于透明公益，每年固定于网页、年报数据中呈现服务提供、财务收支与服务成果，并定期与基金会、企业等资源提供方沟通和反馈，以透明公开的方式主动让社会大众监督服务，并适时响应外界的建议、关注社会热点问题。

对安澜而言，与外部资源合作所带来的利益，除基金会、企业有形的金钱与物质捐助外，组织内部运作也因这些互动而强化发展出兼具专业与责任的组织文化，提升组织服务质量与公益形象，对资源的获取再次产生优势循环。

（二）在链接资源的同时坚守机构独立性

在积极链接外部资源的同时，安澜坚守机构使命和社工职业伦理。外部资源的获得并不能影响组织对资源的主导性和服务自主性，安澜在获取资源时所遵循的原则为"有需要就要有服务，有服务就会有资源"，使服务提供优于资源获取，不受资源提供者控制，保有服务自主性。因此，资源提供者与安澜的合作为伙伴共生关系，安澜与资源提供者权力关系是可相抗衡的。

同时，为了降低对大额捐赠者依赖的风险，安澜的管理层更注重诸多的小额捐赠者。一位机构决策层的领导说："企业受外部经济环境影响较大，所以资源提供的稳定风险也较大，因此组织面对单一企业时，平时即应随时做好转向其他企业的准备。""企业资源对组织所占经费收入比例应低于1/3，避免成为企业的影子，注意组织核心价值，以案主权益为优先考量。"

（三）共创非营利组织与外部资源合作互益机制基金会及企业支持安澜的社会服务项目，是一个双赢互益的过程

合作可以满足企业慈善参与的多元目标，可以提升企业形象，在组织内部营造回馈社会的氛围，并实现企业社会责任。而对安澜而言，除获得具体资源外，透过与知名基金会、企业合作，可以借助其推广平台和媒体资源协助倡导安澜的服务，扩大另一营销网络。

总之，安澜获取资源主要依托社区的平台，资源获取主要集中分配于社区，此特质一方面代表项目方案的设计和规划符合社区的需求，另一方面则表示此为安澜最被认同与吸引外部资源的重要特色，而如何继续保持优势，以为资源获取提供持续性的服务，如扩大服务范围或将服务内容更精致化，都是管理者未来需要思考的问题。

撰写人：深圳市安澜社会工作服务社　柯恬

第五节　社区服务中心整合资源
开展服务的若干困境

1. 专业性服务机构自身服务经费不稳定，影响长期合作效果

上述专业性服务机构中的部分社会组织自身往往无稳定的资金来源，若它们可以申请到基金会、政府及企业的公益项目，则可以将这些项目落在社区执行。例如，彩虹花公益小书房连续几年申请到了 TARGET 公司的社区亲子阅读项目，遂将这些项目依托社区服务中心在社区实施，得到社区居民和社区服务中心的认可。但是这些项目资金尚未形成常态机制，不足以支撑专业社会组织长期、固定地在社区开展服务。若这些机构的资金支持中断，或是项目转移，那么社区服务就很难持续下去。

2. 社区服务中心无法直接签订协议，增加交易成本

当专业服务机构与社区服务中心建立长期稳定的合作关系时，一般要签订协议，明确双方权利义务。目前，社区服务中心自身不具备独立的法人资格，无法直接对外签订合同或是提供资金账号，一切都需要社工机构出面，无形中增加了合作的交易成本。

笔者在调研中发现，有些合作因为金额小、时间短，是社区服务中心直接与合作方协调的，没有通过社工机构签协议，以直接的现金交易或物品支持等方式进行合作。这固然灵活省事，但不利于规范管理，蕴藏风险。

3. 招投标的不确定性增加了合作的不确定性

目前，深圳社区服务中心的运营是每 3 年进行一轮招投标。3 年运营期满后，是否由原有的社工机构来运营此社区服务中心具有不确定性，这对具体的合作会造成一些实际困难。假设，一个社区服务中心 N 原来是由社工机构 A 运营，专业服务机构 C 与社工机构 A 签署了合作协议，在中心 N 开展具体服务。但在新的招投标过程中，中心 N 改为由社工机构 B 运营，那么此时专业服务机构 C 究竟是继续在中心 N 开展服务呢，还是继续与社工机构 A 合作在其他中心开展服务呢？因为很多具体的合作既与社区服务中心本身的资源有关，也与社工机构及其社工有关，离开了具体的中心、

具体的机构、具体的人，合作都要重新调整。

前述彩虹花公益小书房与彩虹社工机构在南山区桃源社区服务中心的绘本馆合作就面临着这样的问题。在居民自我管理的绘本馆义工队尚不成熟的情况下，新中标运营的社工愿不愿意持续地在绘本馆的运营上投入精力，扶持义工队成长呢？彩虹花公益小书房如何与新的机构签订协议建立新的合作关系呢？

第六节 对促进专业化与合作化服务的几点建议

笔者对促进社区服务中心专业化与合作化服务有以下几点建议。

第一，建议一线社工正确理解社区服务中心所体现出的社会工作专业化，提高自己在推动社区综合发展、促进社区和谐方面的专业能力。同时，以优势视角发现可以为社区服务中心所用的资源，整合各种资源共同开展专业服务。

第二，建议政府相关部门在推动综合性的社区服务中心发展的同时，加大对其他专业性社会组织的培育和支持，资助公益项目在社区落地，逐渐形成对除社工机构之外的公益组织及其公益项目的常态化购买机制，在社区层面形成"专综结合"的服务模式。同时，建议政府在制定社区服务中心的人力资源配置标准方面，适当增加有工作经验的人员的比例，适当放宽对社工专业的要求，而且在后续的在职培训中增加其他内容。例如，允许非专业人士进入该行业，但要求在从事该工作几年内必须考取社工资格证书。

第三，建议专业服务机构根据社区需求，结合自身专业特点，开发可以在社区落地的公益项目。社会组织可以与拟开展项目的社区服务中心提前沟通，联合向政府、基金会等申请资金，确保项目可以在社区顺利落地，增强项目的可实施性。

第四，建议祥光培训机构增加与社区综合发展及整合资源相关的培训内容。让一线的社区服务中心主任及其他社工加强社区工作的理论和实务经验，增强社区工作的专业性。同时，学习发现、拓展、整合资源等方面的内容，增加对外合作的经验。

第五，建议社工服务机构在机构层面协助社区服务中心开拓资源，并注意将单个中心的资源链接变为整个机构的资源链接，在机构层面制定标准和规则，支持并规范社区服务中心的对外合作。

第八章　提供服务：有偿性与公益性

在本书第六章，我们讨论了社区服务中心可以依托品牌项目申请其他资助；在第七章，我们讨论了社区服务中心可以对外合作，整合各方资源，扩大资源渠道。除了申请资助以及与其他主体开展合作外，提供部分有偿性的社区公共服务也是社区服务中心扩大资金来源的重要途径。那么社区公共服务是否可以进行收费性的有偿服务呢？如何保障有偿服务不违背公益性社区服务的宗旨呢？本章主要讨论的就是社区服务中心是否可以收费、如何收费的问题。

第一节　与有偿服务相关的规定

2011 年的《深圳市社区服务中心设置运营标准（试行）》（深民函〔2011〕585 号）及 2013 年的《深圳市社区服务中心运营与评估标准》（深民函〔2013〕121 号）都对社区服务中心的收费性服务给出了原则性规定。

2013 年《标准》指出，社区服务中心提供的社区公共服务包括老人、残疾人、妇女儿童及家庭、青少年、优抚对象等基础人群服务，药物滥用者、社区矫正人员、失业及特困人员等特定人群服务，以及居民自助互助服务。以上主体的公共服务，原则上免收费。社区服务中心也可自主运作或联合其他机构运营少量经营性便民利民服务项目。该类型项目须提前向区级主管部门上报备案审查，收取费用不得高于同类营利服务的普遍水平，所得利润应用于中心运营及公共服务项目的拓展。经营性便民利民服务所得利润可用于员工薪酬与福利、服务项目运作、办公设施与场地运作成本以及机构营运管理等开支之不足，机构营运管理费同样不得超过 10%，严禁用于分配。经营性便民利民服务内容建议见表 8 - 1。

表 8 – 1   经营性便民利民服务内容建议

服务大项	服务目标	服务细项
9.1 社区学校	为学龄儿童及青少年、待业或在岗人员提供课业、兴趣、特长、技能等培训或辅导	9.1.1 课业辅导
		9.1.2 寒、暑期培训班
		9.1.3 职业技能培训
9.2 家政、托管与照料服务	为家庭提供日常家务处理、保洁、托管、护理等服务	9.2.1 家务服务
		9.2.2 日托、午托、晚托
		9.2.3 社区食堂
		9.2.4 物流配送
		9.2.5 护理照料
9.3 便民生活服务	为方便居民日常生活而开展的各类服务	9.3.1 福利彩票销售
		9.3.2 自行车修理
		9.3.3 修鞋、配匙
		9.3.4 缝纫、洗衣
		9.3.5 打印、复印
		9.3.6 电器维修

资料来源：《深圳市社区服务中心运营与评估标准》（深民函〔2013〕121 号）。

根据上述文件，可以看出，社区服务中心是可以进行收费性服务的。但是要遵循几个要求。一是什么服务可以收费：只有属于经营性便民利民服务的内容才可以收费。[①] 二是收费价格如何：不得高于同类营利服务的普遍水平。三是收费所得利润如何使用：只能用于中心运营和公共服务项目的扩展。四是收费权限：必须提前向区级主管部门备案审查。除这些原则性要求外，文件并未涉及其他具体的操作性指引。

第二节   社区服务中心开展有偿性服务的意义

公益不等于免费，社区服务不能全靠政府埋单。根据不同的社区服务

---

① 2011 年的《深圳市社区服务中心设置运营标准（试行）》中区分了 A 类服务和 B 类服务，其中 B 类服务属于非基础公共服务，可以收费。2011 年的 B 类服务与 2013 年的经营性便民利民服务的范围基本一致。

类型采取不同的供给模式，符合国际惯例，且对社工机构、社区服务中心、一线社工、服务使用者等均有益。

　　社区服务中心开展有偿性服务，有助于探索社区服务分类、高效的供给模式。从萨缪尔森对公共物品①的界定到布坎南提出准公共物品②俱乐部理论，再到奥斯特罗姆提出政府在公益物品供给中的作用③，经济学界对于不同类型的公共物品的供给方式提出多种机制。近年来发达国家在政府和市场之外尝试第三种解决办法，即区分不同性质的公益物品和公共服务，采用社会机制或不同方式的混合机制进行生产。社区公共服务属于在社区范围内以服务形式存在的公共产品和准公共产品。④ 同属公共产品或准公共产品的社区服务还可以根据其非排他性与非竞争性的不同程度组合，进一步细化为不同类型，进而采取不同的定价策略，找到最佳的供给组合。⑤以上海市浦东新区罗山市民会馆为例，该市民会馆将社区公共服务物品分类，根据不同公共服务项目的公共性与经济性，制定出社区服务中心的成本类型与盈亏测算表，对不同性质的服务采取不同的定价策略，将41个公共服务项目分为全额补贴、差额补贴、持平和微利4种成本类型，据此分类定价，制定公共服务收费标准（见表8-2）。杨团认为，罗山会馆提供了一个社区公共服务产品的准市场模式，它在采用经济方式和经济手段，并与其他手段相配合以达到增进社区公共福利的目的方面，在测量社区公共福利服务项目的质量和效率方面，都提供了可以深入探索的创新经验。⑥

---

① Samuelson, Paul A. , "The Pure Theory of Public Expenditure," *Review of Economics and Statistics*, 1954, 36（4）: 387 - 389.

② James Buchanan, "An Economic Theory of Clubs", *Economic*, February 1965, p. 31.

③ 文森特·奥斯特罗姆、埃莉诺·奥斯特罗姆：《公益物品与公共选择》，载《多中心体制与地方公共经济》，上海三联书店，2000。

④ 刘玉芝、王春城：《城市社区公共服务的性质与分类供给机制探析》，《中国商界（上半月）》2009年第5期。

⑤ 杨团：《社区公共服务设施托管的新模式——以罗山市民会馆为例》，《社会学研究》2001年第3期。

⑥ 杨团：《社区公共服务设施托管的新模式——以罗山市民会馆为例》，《社会学研究》2001年第3期。

表 8 - 2　上海市浦东新区罗山市民会馆公共服务项目分类

成本类型	具体公共服务项目
全额补贴	求助热线、服务查询、法律咨询、健康咨询、社保咨询、心理咨询、户外健身、体育比赛、棋牌、图书阅览、歌咏会、拳操、晚会等 13 项
差额补贴	半自理、非自理老人居家护理，自理老人托老服务，下岗职工社区护理培训，生活用品调剂等 4 项
持平	家政服务、出诊、医疗站、社工培训、评弹、图书租借、有声读物等 7 项
微利	自理老人院舍服务、托儿服务、钟点工服务、餐饮服务、小卖部、家电修理、管道装配、钥匙开锁、钢琴教育、艺术教育、文化教育、电脑培训、职业培训、生育咨询、健身房、影视、舞会等 17 项

资料来源：杨团著《社区公共服务设施托管的新模式——以罗山市民会馆为例》（《社会学研究》2001 年第 3 期）。

社区服务中心开展有偿性服务，有助于提升社区公共服务的质量和增加服务数量。2013 年《标准》中规定的服务经费占总项目经费的 10% 左右，即每年 5 万元左右。而社区服务中心开展的很多服务是有活动成本的，如手工制作的材料费、外出活动的门票费、专业老师的交通补贴等等。受活动经费的限制，很多服务不能满足社区居民的全部需求，笔者在调研中发现，有中心曾经出现过一期活动成功举办后，社区居民希望再继续开展第二期，但因经费不足而无法持续的情况，而适当收费可以解决这一问题。一位中心主任曾算了这样一笔账："中心组织社区一项亲子户外活动，租车费、门票费等，大约人均 50 元。在社区服务中心活动经费有限的情况下，机构对此次活动只能支付 1000 元活动经费。那么如果是完全免费的服务，则只能满足 20 个家庭的需求。倘若让参与者自行担负部分费用，如门票费30 元等，那么可以组织 50 个家庭参与此项活动，服务的数量会显著增加，会满足更多社区居民的要求。"

从服务质量上来说，适当收费后，社工可以链接到更为专业的资源提供服务。例如，后文案例 8 - 1 中所谈到的，以每位学员每节课 17 元的费用聘请专业瑜伽老师，让社区居民得到了专业级的瑜伽教练辅导。

社区服务中心开展有偿性服务，有助于提高服务使用者的参与效果。作为服务的使用者，对免费活动与收费活动会有不同的认识。曾开展过收费服务的社工们普遍认为收费服务在一定程度上有助于提升居民的主动参与度，居民会更加珍惜参与活动的机会。如后文案例 8 - 1 中提到的那样，收费的瑜伽培训提高了平均出勤率，也降低了社工们重复确认的工作量。居民少量付费参与活动，是因为该活动可以切实满足其需求，是因为活动的服务质量好，而不再是因为活动免费。如果一项活动收费后依然有居民踊跃参与，那么说明这是真正符合居民需要的服务。

社区服务中心开展有偿性服务，有助于优化社工机构的收入结构。目前，社区服务中心以及社工机构的资金来源单一，高度依赖政府购买服务的资金。[①] 根据资源依附理论，影响组织对其他组织（环境）依赖程度的三个关键性因素如下。第一，资源的重要性，即该资源对组织正常运转的影响程度。通常，组织日常对这种资源的需求量越大，资源对于组织越关键，这种资源就越重要。第二，资源被其他特定群体控制或使用的程度。例如，拥有所有权，享有专业知识，控制资源获得渠道，控制资源的实际使用，等等。第三，资源的可替代性程度。如果一个组织非常需要一种专有资源，而这种资源在这个组织中又非常稀缺，并且不存在可替代的其他资源，那么这个组织将会高度依赖掌握这种资源的其他组织。[②] 依据这一理论，政府资源对社区服务中心及社工机构的重要性是不言而喻的。非营利组织的收入结构与其生存密切相关[③]，社工机构及社区服务中心现有的收入结构使得政府资金对组织起到生死攸关的作用，以至于一旦政府拨款不及时，社工机

---

① 笔者在撰写本书过程中对多家社工机构的年度审计报告进行分析时发现，各社工机构对于政府购买服务资金的入账科目不统一，有的将政府购买服务资金作为"提供服务收入"。有的作为"政府补助收入"，因科目不统一，难以对全市社工机构的实际收入结构进行统计分析。在此仅以深圳几家知名社工机构为例，考察来自政府的资金所占机构总收入的比重。深圳市鹏星社会工作服务社 2014 年度审计报告显示，来自政府的资金收入（包括购买社区服务中心及购买岗位、资助督导等）占机构总收入的 97.74%，http://www. pengxing-sw. org/sz/pllist. asp?id = 44；深圳市龙岗区龙祥社工服务中心 2014 年来自政府的收入更占到 99% 左右，http://www. lgsg. net. cn/newsview. asp? id = NEWS160115104740 - 328Q&pi = 1&ps = 10&st = 0&tag = ；深圳市新现代社会工作服务中心的收入中，来自政府的资金约占 70% （包括政府购买岗位服务经费、社区服务中心服务经费和政府补助收入等），http://www. xxdsg. org/html/news/company/20150115/1960. html.

② Pfeffer and Salanick, *The External Control of Organizations: a Resource Dependence Perspective.* Harper & Row Publishers, 1978, pp. 45 - 51.

③ Wolfgang Bielefeld, "What Affects Nonprofit Survival?" *Nonprofit Management and Leadership*, 1994, 5 (1): 19 - 36.

构就出现难以下发工资的情况。① 在取得政府购买服务资金方面，社工机构与市区政府部门相比，拥有较小的话语权，从招标规则、资金规模、拨付时间、拨付比例等方面，社工机构作为协议中的乙方（或丙方），几乎没有可以讨价还价的空间。收入多元化的努力会减少组织收入的波动②，高度依赖外界资源的非营利组织会采用从单一收入的集中性依赖转向收入多元化战略，以便努力降低其收入来源的不确定性，减少对资源提供者的依赖，提高组织自主性。③ 收入多元化不仅仅使组织降低了对单一资源的依赖，还提高了组织从其他资源方获得资源的能力。④ 第六章所述的社区服务中心通过开发项目申请政府及基金会的资助，以及本章所阐述的收费性服务，都是社区服务中心增加其他收入来源的渠道，都有助于实现收入结构的多元化。尽管世界各地的不同类型的非营利组织收入结构各有差异，但多元化是其共性。根据美国约翰·霍普金斯非营利部门比较项目的研究⑤，34 国公民社会组织收入来源中，来自收费受益的占 53%，来自政府的占 34%，来自慈善捐赠的占 12%。即便是以公共部门收入居主导的 "社会服务领域" 的组织中，其收入中来自政府的资金为 42%，收费受益为 38%，慈善收入为 19%。西欧的爱尔兰、比利时、德国等政府与社会服务机构构建了 "福利伙伴关系"，这些国家的公民社会组织的收入为政府来源主导型，来自政府的收入占 60% 以上。香港政府与 NGO 之间形成合约关系，政府推出整笔拨款制度和服务表现监察制度，2010~2011 年度，特区政府拨给 NGO 的资助预算，连同合约服务额，总额约 95.98 亿港元，约占 396 亿港元的社会服

---

① 近年来，关于社工机构欠薪的报道时常见诸报端。如：《项目拨款断供社工主管贷款出粮》，《南方都市报》2013 年 12 月 27 日；《深圳政府拖欠社工机构工资将解决》，《南方日报》2012 年 3 月 8 日。

② Deborah A. Carroll and Keely Jones Stater, "Revenue Diversification in Nonprofit Organizations: Does It Lead to Financial Stability?" *Journal of Public Administration Research and Theory*, 2009, 19 (4): 947–966.

③ Froelich, Karen A., "Diversification of Revenue Strategies: Evolving Resource Dependence in Nonprofit Organizations," *Nonprofit and Voluntary Sector Quarterly*, Vol. 28, No. 3, September 1999: 246–268.

④ Jeffrey Pfeffer and Anthony Leong, "Resource Allocation in United Funds: Examination of Power and Dependence," 1977, *Social Forces* 55: 775–790.

⑤ 〔美〕莱斯特·M. 萨拉蒙等：《全球公民社会非营利部门国际指数》，陈一梅等译，北京大学出版社，2007，第 34~38 页。

务开支总额预算的 24%。①

　　有助于提高一线社工的薪酬水平。尽管根据目前不完全调查的结果，已经开展收费服务的社区大都将费用用于弥补活动成本的不足，或者直接给外部的服务提供方。但事实上，从收费服务中提取一部分用于提高一线社工福利，是合理可行的。2013 年《标准》中明确规定，经营性便民利民服务收入可用于提高员工薪酬与福利。2014 ~ 2015 年，深圳市区政府购买社工服务的标准全部达到每人每年 7.5 万元。市区民政局购买社工岗位专业化服务合同规定，社工岗位服务经费总额的 80% 为社工服务资助经费，即 6 万元/年，5000 元/月。该部分经费包含社工基本工资、机构和社工个人应缴保险、住房公积金以及绩效奖金、高温补贴、工龄工资、证书补贴、学历补贴等各种福利开支在内。深圳市 2015 年最低工资标准按 2030 元计算，机构和社工个人每月应缴纳的社保金约为 760 元。再扣除个人所得税，根据资历、持证情况的不同，一线社工平均每月拿到手的薪酬约 4000 元。若再扣除暂时不能拿到手的机构和个人缴纳的住房公积金，社工平均每月实际领到的所有薪酬在 4000 元以下，部分无社工证、刚毕业或未毕业的新社工拿得更少。而根据《2015 - 2016 广东薪酬调查报告》，深圳平均月薪 7631 元高居广东省榜首。在深圳这样一个生活成本高居不下的大城市中，社工的平均工资水平远低于该城市的平均月薪。经济压力大，成为深圳社工流失率高的原因之一。提高社工的薪酬水平，依靠政府提高购买服务的标准只是方式之一，社工机构也可以通过开展其他服务，提升自我造血水平来优化收入结构，提高社工待遇。

第三节　社区服务中心开展收费性服务的情况

　　尽管政策文件明确提出社区服务中心可以开展收费性服务，实际上开展有偿收费服务的中心却凤毛麟角。2014 年调查问卷的结果显示（详见表 4 - 11），84.4% 的社区服务中心没有开展收费性服务，不同区域之间也存

---

①　刘紫红：《香港政府对社会服务的资助制度》，载岳经纶等《社会服务：从经济保障到服务保障》，中国社会出版社，2011，第 74 页。

在较大差异。其中，大鹏新区（100%）、宝安区（97.37%）、坪山新区（94.12%）反映没有开展收费性服务。同时，在纯居民社区（现代化社区）开展收费服务比重要高出其他社区，而村改居社区收费情况则比较少见。调研中的社工的反馈印证了这一结论："我们所服务的是城中村社区，居民自身收入都很低，如果再收费，可能就没有人愿意参加活动了。"

在开展收费性服务的 38 家社区中心中，36 家（约 95%）过去一年总的收费性服务在 5000 元以下，只有 1 家是 5000~10000 元，另有 1 家是 10000~50000 元，总体收费性服务水平较低。从统计结果可以看出，即便是已经开展收费服务的社区服务中心，其一年的收费金额也仅占中心全年运营总经费的不足 1%，这一数字对于中心的运营经费而言可以说是几乎忽略不计的。笔者在调研中发现，即便曾开展收费性服务的中心，也大都是尝试性的、一次性的，并未建立常态化的资金管理、公示等机制。

概括起来，目前为数不多的收费性服务有以下几种方式：一是与其他机构合作，由其他机构代为收费，社区服务中心及社工机构均不接触资金，所收费用也直接给其他合作机构；二是以收取押金的形式收费，待活动结束后直接将押金返还给参与者，社区服务中心仅仅起到临时保管的作用；三是由社区服务中心收费后采购活动所需的易耗品，所购物品全部用于活动支出，即最终全部以实物形式反馈给参与者，这种收费实际上扩大了活动经费来源，弥补了活动成本的不足；四是特定活动或项目的收费，如四点半学校、兴趣培训班等，皆会收取小额费用。

在实际操作中，以上各种类型可以同时存在。例如，某社区服务中心了解到社区居民有学习书法的服务需求，但市场上的收费培训价格太高，于是该中心开展了书法培训的活动，共组织了 5 次培训班，每次 15 人参加，每人收费 20 元，其中材料费 10 元，培训老师课酬补贴 10 元。再如，某社区服务中心的四点半学校每月收费 30 元，设置招生门槛，即 1~4 年级的、父母为双职工且家中无人照料的小学生。四点半学校一年总收费大约为 8000~10000 元，所收费用用于义工补贴，收支情况的账目放在社区服务中心供居民查询，但未进行主动公开，也未向工作站、居委会等报备。

由于社区服务中心为社区层面上的运营平台，本身不具备法人资格，也没有独立账户，因此所收费用的入账方式也就多种多样。一是与社区服务中心及社工机构无关，直接进入其他合作机构的账目，即上述第一种收费方式；二是由社区服务中心的员工临时保管，或者存入个人账户，或者以现金方式自行保管，由于现阶段收费项目少、金额少，需要保管的数额不大，这种方式最为方便快捷；三是进入社工机构的账户，由机构向付费者开具发票，经费再由机构拨给社区服务中心，这种方式是在现有运行体制下最为规范的操作方式，但在总金额较少的情况下，增加了时间成本和人力成本。

案例 8-1　　　　LG 社区服务中心开展收费性服务的尝试

截至 2014 年 7 月，LG 社区服务中心尝试开展过两场收费性服务，对收费服务有如下几点体会。

居民有相应的需求是开展收费性服务的前提。社区服务中心在了解居民需求时得知居民有参加瑜伽活动的想法，社工先试图通过各种渠道去寻找社区里有瑜伽特长的志愿者。但经过一个月的尝试，社工还是没能在社区里找到志愿者可以教居民练习瑜伽。社工考虑到瑜伽的专业性以及可能存在一定的危险性后，便决定找专业的瑜伽老师来授课，这就面临着费用的问题。社工在向政府领导进行工作汇报时，说明社区居民的需求以及社工所做出的尝试。在了解到社工的出发点和现实工作限制后，政府领导便同意社工开展收费性质的瑜伽活动。随着活动的开展，政府领导也看到服务的成效，对社区服务中心开展收费性服务的态度也有所改观。

社区服务中心在提供收费服务时，收费要注意透明，既要做到对政府透明，也需要做到对居民公开。在这一方面，LG 社区服务中心做了两点尝试。其一，社工只是给居民提供平台，并不接手经费，2013 年暑期开展的绘画手工活动，社区服务中心尝试联合社区培训机构共同开展，经过社工的尝试，培训机构收取每个学生每节课 10 元钱的材料费，与市场费用相比便宜 40 元钱。在较为敏感的经费问题上，通过居民直接交给培训老师的形式进行，这一过程中社工并没有接触经费，因此居民的信任度也较高。其二，社工在收到居民交上的费用后，当着居民的面将费用交给瑜伽老师，并让瑜伽老师开收据，以备领导查验。在总的活动经费还有 30 多元的剩余后，社工在活动中向学员澄清，剩余的费用会用作照片冲洗以及购买相框。

社区服务中心在开展收费性服务时，居民的接受程度又如何呢？LG 社区位于龙岗区布吉街道办事处，属于混合型社区，社区内既有住宅小区也有工厂及商铺，小区里的居民家庭经济条件普遍较好。但是，居民在选择参加收费性服务时，依然会对社工有一些质疑：这些钱用到哪一方面，社工开展收费性服务的质量如何，相比企业，社工开展的同类型服务是否有价格上的优势等。LG 社区服务中心目前开展的收费性服务多为和企业或有特长的个人合作开展，社区服务中心提供宣传或开展服务的平台，企业或个人提供专业的技术支持。另外，在保证服务质量的同时，活动的收费也比市场低许多。居民可以在自己的小区内，以低于市场价格的费用享受到专业的服务，如此居民的接受程度就有所提高。

收费性服务不仅给居民带来更好的服务选择，也给中心的工作带来一些便利。社工的重复性工作有所减少，以往开展的常规性活动中，社工需要在每节课开始前给居民打电话，提醒居民活动时间。收费性服务开展后，居民的自觉性有了较大的提高，不会因为记不得活动时间而不来参加活动，个别组员因私事无法到达，也会提前跟社工请假，因此，减少了社工重复打电话的工作。另外，通过对比，开展收费性活动的组员稳定性也比较高，到目前为止，瑜伽课的平均出勤率为 73%，而社工去年开展的多彩老年兴趣班的平均出勤率为 62%。由此可以看出，在暑期家长回老家的不利影响下，开展收费性服务的出勤率还是高于免费性服务，居民对收费性服务也更加珍惜。

LG 社区服务中心通过这两场收费性服务，也感受到居民对收费性服务还在逐步接受。当然，社工也希望政府可以出台更加完善的政策或制定具体的制度，可以让社区服务中心在开展收费性服务的过程中更加规范，也能得到社会大众的支持。

撰写人：深圳市龙岗区春暖社会工作服务中心　黄梦雅

第四节　社区服务中心开展收费性服务的制约因素

社区服务中心开展收费性服务的制约因素主要有以下几点。

第一，缺少操作性指引。2013 年《标准》列出了社区服务中心收费性服务的基本原则，但并没有给出具体的操作性指引，使得收费性服务在具体实施过程中存在相当大的自由裁量权。原则上，按照目前的规定，收费项目须提前到区级主管部门上报备案审查，这大大提高了收费的交易成本。一方面，对于区级主管部门来说，由于没有操作性的规范指引，作为理性的政府工作人员，自然会选择降低风险的保守态度，以避免因同意收费而带来的居民质疑等问题。另一方面，对于社区服务中心和社工机构来说，无操作指引会增加其上报后的不确定性，到区级主管部门备案审查所消耗的时间和精力通常会远远超过收费所带来的收益。

第二，缺少社区工作站的支持。社区工作站对社区服务中心的收费行为有不少顾虑。首先，担心社区服务中心收费后影响社区工作站的形象。调研中，一位社区服务中心的主任说："收费的主要障碍在（社区）工作站，工作站不支持。在居民对社工和社区服务中心还不是很了解的情况下，居民会把社工当作工作站的一员，工作站担心一旦收费居民会认为是工作站在收费。"[1] 其次，不愿意社工机构利用社区提供的场地进行经营性服务。在工作站看来，社区服务中心利用工作站免费提供的场地，开展收费性服务，盈利归中心支配，万一引出麻烦，工作站很容易被牵扯进去。也就是说，中心提供收费性服务，工作站没有任何益处，却要承担风险，还不如不让中心开展收费性服务。最后，在社区工作站原本对社区服务中心就有抵触的背景下，社区工作站认为政府已经全额购买了社工的服务，社区服务中心不应当再对某些服务进行额外收费。此外，市区也没有具体的收费操作性指引，对于如何收费、收费标准、盈余如何分配及是否需要公示等问题，都不明朗，还不如静观政策变化。

---

[1] 2014 年 7 月 2 日深圳社区服务中心社工督导座谈会。

第三，缺少群众理解。很多社区服务中心在进驻之初，为了快速地拉近与居民的关系，常常以"免费"服务作为吸引居民参与的手段。长此以往，居民就自然地把社区服务中心与免费、把公益与免费等同起来，一旦形成了这样的思维定式，再开展收费性服务阻力就会增加。社区服务中心的社工们不要想当然地认为只有免费服务才是居民所接受的，笔者在调查中了解到，部分社区服务中心已经就此问题征求过社区居民的意见："我们尝试过采访居民是否愿意参与收费活动，很多居民表示只要是服务好，对他们有帮助，他们都愿意付费参与，重点是符合需求。"① 因此，满足社区居民需求，提高服务质量，是吸引社区居民的主要因素，是开展收费性服务的前提。

第四，缺少收费的组织基础。作为平台的社区服务中心不具备法人资格，没有自己的公章，没有独立的财务，无法向居民开具有效票据。那么，如何在现有的制度框架内，既能规范管理又可降低成本，需要进行探索。

第五节　与社区服务中心开展收费性服务相关的具体问题

社区服务中心开展收费性服务，需要解决收费项目、收费标准、收费对象、收费方式、收费程序等若干具体问题。

第一，划定可以开展收费性服务的服务和群体。

作为非营利性质的、以提供社区基本公共服务为主的社区服务中心，应以无偿服务为主，对部分项目的收费服务应持谨慎态度。朱又红认为，社会服务性非营利机构提供的服务可以分为福利服务与公益服务两类。福利服务的提供有国家向特定人群再分配国民收入的含意，因此这部分服务收费的提升应该最为谨慎。公益服务没有再分配的使命，但是公益的本质是使尽可能多的人有享受服务的机会，这种努力的本身就是要淡化需要层次，即为收入水平不同的人提供水平一致的服务，所以提高服务收费或者

---

① 2014 年 7 月 2 日深圳社区服务中心社工督导座谈会。

设置服务项目时一定要十分谨慎。① 根据这一观点，社区服务中心对优抚对象、药物滥用者、社区矫正人员、失业及特困人员等特定人群的服务不宜采用收费方式；对于面向老人、残疾人、妇女儿童及家庭、青少年等基础人群的服务，即便收费，也要确保最需要服务的人不因收入水平问题而被拒之门外。

在市级制度设计未进行调整的情况下，不妨以 2013 年《标准》中的经营性便民利民服务作为收费项目的主要依据。社区服务中心面向社区各领域基础人群的服务可以尝试开展收费性服务；将具有一定排他性的和竞争性的小组活动，如人数受限的兴趣班、培训、游园，作为收费性服务的切入点，让服务对象自行支付部分活动费用；收费性服务应当制定规则给需要服务却付不起费用的服务群体一定的费用减免，确保最需要帮助的群体可以享受到该项服务。

第二，在听取社区相关利益方意见后确定收费事项及收费标准。

以社区场地资源为主要服务阵地、以政府购买服务为主要资金来源、以提供社区基本公共服务为主要内容的社区服务中心，在开展收费性服务时，要提前征求社区各利益相关者的意见，在社区内达成共识。这有两层含义。一是社区服务中心的定价权在社区。2015 年的《政府工作报告》提出大幅缩减政府定价种类和项目，下放基本公共服务收费定价权。社区公共服务的影响范围在社区内，价格要下放到社区，而无须政府部门备案审查。二是收费事项及标准是社区各利益相关者，特别是服务使用者认可的结果，收费服务价格既不是政府规定的，也不是服务提供者单方决定的，而是由实际的服务提供者和使用者共同决定的。

根据不同的服务类型，社区服务的收费标准有多种制定方法。如北京市东城区各街道社区服务中心主要设立四大类服务项目：中介服务、计时服务、文娱服务、生活服务。除中介服务中的便民热线服务为无偿服务外，其他均为有偿服务收费项目。有偿服务收费标准一部分由经营者自定（经营项目属于价格放开范围，并持有工商营业执照）；另一部分由社区服务中心自定（乒乓球室、图书室等）；还有一部分由服务者与服务对象双方协商

---

① 朱又红：《社区服务型非营利机构面临的若干问题》，《社会学研究》2000 年第 4 期。

定价（换煤气、请保姆，社区服务中心向服务者收取 10% 左右介绍费及管理费）。① 再如，柳州市社区服务收费管理中，由物价部门根据社区服务业的不同服务对象和项目、市场竞争状况、国家政策等因素，分别实行政府定价和市场调节价两种形式管理。有偿服务收费标准一部分是由市物价局按现行收费政策、依据其服务机构的性质，对与居民生活密切相关的和社会福利提供服务的收费项目，结合柳州市具体情况审定的，如午托站按每人每月 80 元（含住宅、水电及管理费）收取。实行市场调节价管理的服务机构或个人的收费主要有：一部分是由经营单位自定，属价格放开范围，如擦皮鞋每双 1~3 元；另一部分是服务者与服务对象双方协商定价，如请保姆、钟点工等。②

深圳社区服务中心的服务与北京东城区和广西柳州市的社区服务还有差异，上述纯私人物品，如擦皮鞋、请保姆等服务目前不属于社区服务中心的服务内容，但其定价的基本方法社区服务中心可以借鉴。在社区居民议事会可以发挥作用的社区，可以尝试由社区服务中心提出收费方案，交由社区居民议事会审定，具体的收费标准是社区服务中心与社区居民议事会共同协商认定后确定的，经社区居民议事会批准后实施收费服务。在社区居民议事会发挥作用尚有限的社区，可以充分调动社区居民的参与热情，在开展收费服务前召集相关居民召开座谈会，由与该收费服务关系最密切的居民商议讨论后决定收费事项。

第三，可根据不同服务特点，采用多种收费方式。

社区服务中心的具体收费方式可以借鉴国内外类似机构及其商业服务机构的运作模式，根据不同的服务项目和不同的受众特点，采用多种收费模式。

以本书课题组在香港的调研为例，香港循道卫理观塘社会服务处的牛头角青少年综合服务中心面向社区青少年开展服务，其服务内容类似于深圳社区服务中心的青少年板块，但内容更为丰富多样。在该机构的活动介绍中，可以看到缴费包括会费和服务费两大类。会费根据会员的年龄划分

---

① 金立新：《浅谈对社区服务收费的管理》，《北京物价》2001 年第 3 期。
② 冯西宁、吴彤：《浅析柳州市社区服务收费管理》，《广西市场与价格》2002 年第 10 期。

为不同类别，年会费在 10 港币到 30 港币不等，其中低收入、"综援"家庭和来港不足一年的人士可以免费入会。在每一项活动或服务介绍中，会有具体的费用说明。多数活动为收费活动，会员价低于非会员价，一次半天的户外活动或几堂室内课程的收费大都在几十港币到上百港币，部分收费活动会注明，低收入及"综援"人士或"综援"家庭免费，但需要先交全费作为押金，出席率达 75% 以上的，可以于活动完成之后若干天内退款。而少量的免费服务，都写明参与者需参加机构的卖旗筹款日。也就是说，当义工是参加免费服务的条件之一。

再以美国连锁的面向 6～18 岁青少年提供非营利性课后服务的"男孩女孩俱乐部"（Boys & Girls Clubs）为例，该俱乐部中服务对象参加任何活动的前提是，缴纳 20 美金的会费成为会员[①]，成为会员后，可以在一年的时间内参加该机构的晚托服务（周一至周五下午 3～7 点），包括免费的校车、免费的下午茶点、免费的常规性活动，如绘画、手工、电脑游戏、室内体育运动等。在美国一般的短期公共假期中（如劳动节、春假、秋假等），该机构会开设半天和全天的托管服务，半天室内班是免费性服务，服务对象仅可以与日常晚托一样在机构内进行常规性活动，全天班则为收费性服务，一天十几美元，为机构外的主题性服务，如图书馆阅读主题、博物馆参观主题等。在寒、暑假等较长的假期中，该机构会举办以一周为报名单位的不同主题的夏、冬令营，提供周一到周五，每天从早 8 点到晚 6 点的主题营地活动，每周收费 115 美元。即便参加一周夏令营，也需要首先缴纳会费成为会员。低收入家庭可以申请奖学金，减免会费、夏令营费用等。当然，会费和夏令营费用等由服务对象直接支付的费用在机构收入的比例很小，以 2013 年为例，这部分收入仅占该机构当年收入的 12.6%，其余以来自个人、企业、基金会等机构的捐赠或资助为主。[②]

从中国香港和美国的这两个实例中，我们可以总结社区公共服务的一

[①] 此价格为 2014～2015 年美国印第安纳州门罗县的收费标准。该标准由各地"男孩女孩俱乐部"自行制定。全美各地有所差异。此段来自笔者 2015 年在该机构的实地调研。参见徐宇珊《美国的公益"晚托班"》，《中国社会组织》2015 年第 9 期。

[②] "Boys & Girls Clubs of Bloomington," *2013 Annual Report*.

些收费方式。

一是缴纳低额度的会员费，享受基本超值的社区公共服务。社区居民均可以随时成为社区公共服务的会员。社区服务中心列清会员可以享受到的基本社区服务内容，通过填写会员信息建立社区居民的服务数据库，掌握社区居民对服务的需求偏好，并定向发送相关服务信息，建立社区服务中心与社区居民的长期联系。

二是特色服务对活动参与者收取基本成本价。特色服务就是指具有一定排他性和竞争性的小组活动，目前社区服务中心开设的妇女手工坊、青少年兴趣班、暑期夏令营等大都属于此类服务。这类服务可以借鉴香港青少年综合服务中心的做法，对会员和非会员进行差别定价。

三是对部分无偿服务项目或减免服务费的群体，以收取保证金的方式提高服务对像参与率，减少对社区公共服务资源的浪费。借鉴香港青少年综合服务中心，以一定的参与率作为退还保证金的前提条件，避免因占用名额却未能参加造成的资源浪费。

四是公开公平地对待享受费用减免的服务对象。在征得服务对象同意的基础上，在社区内公开享受费用减免的服务对象，接受社区居民监督；申请费用减免的服务对象应要求以志愿服务的方式协助社区服务中心提供其他服务。

第四，探索票据、账户的解决方式。

由于社区服务中心目前既无法人资格，又无独立账号，面临着如果收费，如何入账、如何开票等具体问题。我们认为各地可以探索多种解决方式，在实际操作中进行比较，最终选择最合适的方式。例如，由社区服务中心代收，费用直接交给开展服务的专业师资或其他机构，由其他机构出具收据，社区服务中心进行现场监督，但不直接接触资金。由社区服务中心收取的服务费用，则以服务券等作为收据提供给居民。服务券由区民政部门统一印制，拟开展收费性服务的社区服务中心在区民政部门领取服务券，根据服务券的发放金额确定社区服务中心的收费额度，具体方式类似于营利性企业领取和使用定额发票。服务券的领取、发放等情况由社区居民、社区工作站、第三方机构（如区社会工作者协会或评估机构）、民政部门等共同监督。

第六节 以社区公开保障收费性服务的公益性

社区公共服务的服务使用者是社区居民，社区居民对是否开展收费性服务，以及如何开展收费性服务最有发言权。社区收费依靠区级主管部门进行备案审查，增加了管理成本，且管理效果甚微。社区收费性服务的监督权应当交还给社区居民，通过对社区居民的全过程公开，保证收费的公益性。

第一，事前公开。

事前公开是指开展有偿性服务之前，公开向社区居民征集意见，征得潜在参与者的支持和认可。社区居民，特别是某项活动潜在的参与者，是收费与否的主要决定者。在开展一项活动之前，社工们可以向社区居民发放调查问卷，了解居民对该项活动收费的看法以及可以接受的费用标准。这一调查可以作为收费性服务的依据，同时也是引导居民参与社区服务和管理的重要方式。在保留向区主管部门备案审查的政策下，该调查也是向政府部门提出申请的主要依据。

第二，事中公开。

事中公开，是指开展有偿性服务的整个过程公开透明。

一是公开与收费相关的制度。在征得居民认可，决定进行有偿性服务后，应在实施服务前以书面方式向潜在的活动参与者告知收费相关情况，如参与者缴费方式、收费标准、收费主要用途等等。社区居民参与此项活动就意味着他接受这一收费方式。对于已经达成共识的长期性的收费性服务项目，应在社区服务中心的宣传手册、宣传栏等明显位置进行公示，供居民随时了解。

二是公开费用收缴及使用情况。在开展有偿性服务后，应当定期公开该项目的缴费情况及资金使用情况。对于一次性的活动，可以在活动结束后一次性公示。对于系列的项目，可以在缴费之后先公示收费情况，在项目期中或期满，公示资金使用情况。对于长期固定的收费项目，可以每月公布一次收费情况，让社区居民可以清楚地了解到该项目收入和支出的具体情况。

三是公开服务情况。除了费用的公开外，服务情况也是社区居民关注的重点问题。有偿服务与免费服务究竟有何不同，其服务为什么值得居民自己埋单，是需要让居民了解的。居民只有感到了服务物有所值，才愿意付费享受服务。公开服务的方式有多种，社区服务中心可以参考一些服务性企业的做法进行公开。

第三，事后公开。

如果说事中公开是指对某一项有偿性服务的过程性公开，那么事后公开则侧重于定期对所有服务及费用情况的综合性、结果性公开。例如，每半年社区服务中心以书面公告或宣讲的形式，向社区居民公开半年度服务情况。这种公开也是向社区居民及其他利益相关者宣传中心服务工作的窗口。社区服务中心不仅仅应当对签署协议的甲方负责，参加第三方机构的评估，更需要向社区居民交代，让服务的使用者了解服务的全过程，直接对服务进行评价。

案例 8 - 2　　深圳市坪山新区公益性服务收费指引（试行）

第一章　总则

第一条　为提升社会工作服务质量，探索有利于社会工作发展的公益性服务收费机制，保障社工机构、服务对象及公众利益，促进坪山新区社会工作行业健康发展，结合新区实际情况，制定本指引。

第二条　在坪山新区服务的社区（党群）服务中心（以下简称中心）、社工项目及岗位，提供涉及收费的服务时，均须参照本指引执行。

第三条　深圳市坪山新区社会工作协会（以下简称坪山社协）负责公益性服务收费的指导、监督工作。

第二章　收费立项备案

第四条　会员单位应听取服务对象、利益相关方意见后制定公益性服务收费的流程及相关管理制度等，并向坪山社协报备。

第五条　会员单位每季度初应上季度收费情况一览表向坪山社协进行备案。

第三章　收费模式

第六条　按照收费与服务项目相适应的原则，可实行会员制、收取保证金、低收费的模式，并妥善处理利息问题。

第七条　会员单位可设立会员制，建立会员的激励机制，适当收取会费。

第八条　会员单位收取保证金须按成本价进行核算，和服务对象签订保证金协议或出具正规收据，应明确保证金退还或扣取的条件，并告知服务对象。

第九条　会员单位应由专人负责收费，避免社工收费。并出具规范、合法的票据。

第四章　费用减免和置换

第十条　对于家庭经济困难的服务对象，会员单位应当实行费用减免。

第十一条　申请费用减免的服务对象应提供相关证明材料，经会员单位评估后被确定为困难家庭，费用予以减免。

第十二条　会员单位可建立义工奖励机制，义工通过服务时数可置换部分费用。

第五章　经费的监督及管理

第十三条　会员单位收取的费用应用于服务的继续完善，不得用于分红。

第十四条　会员单位应定期公示收费的来源和支出情况，在办公场所显著位置、社区家园网等公示收费项目、收费标准、收费金额、收费用途及投诉电话等内容，自觉接受居民、社区工作站和业务主管部门的监督检查。

第十五条　各会员单位要按照社会组织财务管理相关规定，妥善保管各种票据，及时归档，以备查验。

第十六条　坪山社协将不定期对会员单位进行收费检查，并对检查结果予以通报。

第六章　附则

第十七条　本指引自发布之日起生效。

第十八条　本指引由坪山新区社会工作协会负责解释。

案例来源：深圳市坪山新区社会工作协会。

深圳市坪山新区社会工作协会在制定收费性指引方面进行了探索。我们可以看到，新区社工协会履行收费服务的指导和监督职能；发挥了社会工作行业组织的作用，比政府主管部门的管理更合理有效；探索了多种收费模式，并对困难群体予以考虑；强调信息公开下的居民监督与协会抽查相结合的监管模式。尽管这一指引尚不完善，但为新区的收费性服务迈出了探索的步伐。

第七节　对探索收费性服务的几点建议

笔者对社区服务中心探索收费性服务有以下几点建议。

第一，建议市区主管部门加强对开展收费性服务的支持和宣传，端正对收费性服务的认识态度，改变公益即免费的错误认识，取得媒体、街道和社区各级工作人员、居民群众、一线社工等对社区收费性服务的认可和支持。

第二，建议区级主管部门制定具有一定操作性的指引。市级民政部门已经通过 2013 年《标准》列出了与收费相关的基本原则，指明了大方向，各区（新区）可以根据本区经济社会发展的实际情况，由区主管部门牵头制定关于收费性服务的指引文件，具体可由区级社工协会等第三方机构编制并监督社区服务中心的收费行为。

第三，建议社工机构和社区服务中心认真梳理当前的服务内容，对所有服务进行分类整理，列出可能进行收费性服务的项目，对这一项目进行市场调研，制订初步的收费方案及相应的社区调查方案。从一两个项目入手探索进行收费性服务的尝试，并形成有关收费服务的机制。

第四，建议第三方机构对社区服务中心收费服务开展培训。在社工的培训中增加开展收费性服务的相关课程，了解收费性服务的必要性和可行性，学习同类服务的市场调查的方法，学会制订收费服务的方案等。

第五，建议第三方机构将社区服务中心开展收费性服务的尝试作为评估中的特色指标，鼓励社区服务中心开展收费性服务的尝试，对运行规范的中心予以加分。

第九章　孵化培育：居民自我管理与服务

社区服务中心是社工提供服务的平台，那么社区居民在这个平台上扮演什么角色，仅仅是被动的服务接受者吗？社工的专业化、综合性的社区服务，是不是可以包揽所有的社区事务了呢？"助人自助"是社会工作的核心理念，培养社区骨干，推动社区自治，孵化培育社区社会组织，是服务型治理的重要组成部分，社区服务中心的社工服务不能替代居民的自我管理和自我服务，社工通过服务引导居民参与是社区服务中心的重要功能。

第一节　孵化培育居民自组织的政策环境

一　开展居民自助互助服务是社区服务中心的重要规定内容

根据2013年《标准》，"居民自助互助服务"是社区服务中心必须提供的社区公共服务项目，且这是唯一一个要求必须涉及所有四个服务大项的项目，即邻里互助与社区融合、志愿者队伍建设、社区能力建设、社区公共事件应急援助。如果考虑到要求社区服务中心开展的服务大项不少于12个，那么居民自助互助的4个服务大项会占12个服务大项1/3的比例。由此可见，在社区服务中心的制度设计时，就把社工引领居民自治放在了与社工提供服务同样重要的位置上。

深圳市坪山新区非常重视社区社会组织的孵化培育，以新区所有的社区服务中心为网点，建立了社区社会组织孵化基地，即在原有的社区服务中心上加挂了孵化基地的牌子，明确提出孵化基地作为社区社会组织的孵化单位，主要功能是协助入驻社区社会组织落实各项优惠扶持政策，提供孵化场所和配套服务。要求基地承担的职责包括：①协助做好辖区内社区社会组织申请登记或备案的初审工作；②协助拟登记或备案的社区社会组织制定或完善章程；③协助社区社会组织年检并进行年检初审；④为社区社会组织提供培训交流等能力建设服务；⑤协助和指导社区社会组织申请资助；⑥协助社区社会组织策划活动，组织社区社会组织联合开展活动；⑦整合社区场地资源，分时段安排协调社区社会组织来中心活动；⑧对社区社会组织遵守章程及有关法律法规的行为进行监督；⑨行使物业管理职能，负责安全、卫生等保障工作，负责孵化基地各类基础设施管理、维护和保养；⑩完成上级主管部门交办的其他各项工作任务。在新区与社区服务中心签订的服务协议中，有关于培育孵化社区社会组织的具体任务要求。每年新区对孵化基地进行评估奖励，选出 5 个最好的孵化基地，进行少量奖励。

促进居民互助自助是社会工作者以社区为服务对象时的服务方式。社区居民的互助自助包括：社区居民的互助和社区居民的自助。互助是指社区居民在遇到问题时，互相帮助，形成相互支持的互动关系；自助是指社区居民遇到问题时，自己帮助自己，提高自身的能力。当社会工作者把社区作为服务对象时，目标就从帮助社区的弱势群体扩展到发掘社区资源以及建设社区互助自助网络。①

开展居民自助互助服务的深层目标是提高社区参与，促进社区融合，建设和谐社区。社区服务中心通过自助互助服务，孵化培育出属于这个社区居民的社区参与感、社区认同感、社区公益心等。这些有助于增加社区和谐的文化与价值都是社区服务中心孵化和培育的内容。而社区社会组织是这些力量的一个组织化表现形式，是自助互助服务项目的可见的成果及载体，社区社会组织是社区组织体系中的重要细胞，是社区管理和社区服务的重要支撑体，它以其独有的特质和优势参与社区治理。② 换句话说，社区社会组织是社区自治的"形"，社区认同与参与的价值观是社区自治的"神"，社区服务中心可以通过开展居民自助互助服务培养起社区自治的内在精神，并把部分适合建立组织的服务以社区社会组织的形态固定下来。

① 童敏：《社会工作专业服务的规划与设计》，社会科学文献出版社，2011，第 204～210 页。
② 刘蕾：《社区志愿服务类社会组织发展：历程、问题与对策》，《理论界》2012 年第 10 期。

一个运作良好的社区社会组织应该是"形""神"兼备，有力地常态化地推动社区居民自治。居民自助互助服务内容建议见表 9 - 1。

表 9 - 1　居民自助互助服务内容建议

服务大项	服务目标	服务细项
7.1 邻里互助与社区融合	培养社区居民的互助意识，形成守望相助的社区氛围，弘扬、倡导社区慈善文化，促进全体居民，特别是来深建设者及其家庭成员对社区和城市的融合与适应，促进社区和谐	7.1.1 邻里关系协调
		7.1.2 居民自助团体及互助网络建设
		7.1.3 举办各类社区文体活动，如社区运动会、社区剧场等
		7.1.4 开发居民休闲娱乐场所
		7.1.5 居民代际互动和融合
		7.1.6 慈善超市、慈善捐赠
		7.1.7 来深人士城市生活适应
		7.1.8 关爱来深建设者子女
7.2 志愿者队伍建设	建立社区义工队伍，鼓励居民积极参与志愿服务	7.2.1 义工招募
		7.2.2 义工培训与督导
		7.2.3 义工队伍日常管理
		7.2.4 实施义工服务项目
7.3 社区能力建设	促进社区自治，开发社区资源	7.3.1 社区社会组织、居民自助团体培育、孵化与管理
		7.3.2 社区领袖培养
7.4 社区公共事件应急援助	发挥资源平台作用，降低社区公共事件对个体造成的伤害	提供场地、设施及人力支持，配合和协助有关部门做好公共事件的应急与援助工作

资料来源：《深圳市社区服务中心运营与评估标准》（深民函〔2013〕121 号）。

二　深圳市各区培育社区社会组织的具体政策

早在 2010 年，深圳市民政局便颁布了《深圳市社区社会组织登记与备案管理暂行办法》（深民〔2010〕128 号）（以下简称 2010 年《暂行办法》），但这一有效期仅为两年的文件早已失效，新的指导性文件尚未颁布。与此同时，深圳各区（新区）通过各种方式推动社区社会组织的发展，已出台或拟出台相关管理办法，为本区的社区社会组织登记或备案管理提供审批依据。例如，南山区 2013 年出台《南山区社区社会组织分区备案管理办法》，坪山新区 2015 年颁布《中共深圳市坪山新区工作委员会深圳市坪山新区管理委员会关于坪山新区培育和发展社区社会组织的实施意见》（深坪发〔2015〕1 号）、《社区社会组织孵化基地管理办法》和《坪山新区关于培育和发展社区社会组织的实施细则（试行）》。福田区正在制定区的社会组织登记管理办法，《大鹏新区社区社会组织培育发展暂行办法》正处于法律审查阶段，罗湖区正在制定《罗湖区社区社会组织服务管理制度》。其他各区出台的有关培育和发展社会组织的文件中，也大都有关于社区社会组织的条款。各区的政策，在以下若干方面有所创新，为社区社会组织的发展创造了良好的制度环境。

1. 降低登记备案门槛

全市各区（新区）在登记备案门槛方面大多与深圳市 2010 年《暂行办法》保持一致，变化不大，仅在社团人数、注册资金、场地要求、备案管理部门等方面进行了微调。

在资金方面，罗湖区取消了社会组织的注册资金要求，1 元也可成立社会组织。这一规定是面向所有社会组织的，自然对社区社会组织同样有效。在备案管理部门的规定上，大多数区已明文规定或是在实际操作中将街道办事处作为备案社区社会组织的备案管理部门。在场地要求方面，部分区对登记或备案社区社会组织的场地要求进行了更为灵活的规定。例如，南山区规定登记的社区社会组织有固定的办公或活动场所，而备案类的社区社会组织只需要有固定的联络地址即可。坪山新区的不少社区社会组织的登记或备案场地就在社区服务中心内，实际操作中大都不存在因场地问题而难以注册的情况。

2. 简化登记备案流程

2010 年《暂行办法》规定，申请社区社会组织登记或备案的，均由发起人或举办者向区民政部门提出登记申请。登记申请在 30 个工作日内做出书面决定，备案申请在 10 个工作日内出具意见书。

各区登记备案程序在市里原有规定的基础上，进行了创新探索，简化、优化了登记备案流程，如光明新区在"光明新区政府在线"发布登记公告，宝安区提供上门指导服务。龙华新区的备案材料由办事处初审、区民政部门复核批准。罗湖区备案精简到到居委会领表申请，向工作站核查材料，再提交到街道审批、公示一天，流程顺利三四天就可以完成。

在缩短办理时间方面做得比较好的区有：南山区将民非成立登记审批时限缩短至 10 个工作日，取消社会团体备案环节；坪山新区创新改革审批手续，按照"事前引导、过程协助、事后监管"的原则，对社会组织登记实现"即来即办"审批，形成"一站式"服务，只要材料齐全，来到审批窗口就可以立即审、立即发证。

3. 搭建孵化支持平台

深圳市各区都在探索为社会组织的发展搭建支持孵化平台，这些孵化平台所发挥的功能类似，主要包括协助拟登记或备案的社会组织制定或完善章程，协助完成登记或备案流程，协助社会组织年检，提供培训交流等能力建设，协助和指导组织进行项目申请，等等。2015 年，深圳市民政局委托的问卷调查显示，受访的 89 位社区社会组织负责人对各类枢纽型组织在培育和扶持社区社会组织方面的作用比较认可，认为作用很大的占35.96%，作用比较大的占28.09%，作用一般的占25.84%。

从孵化基地的服务范围上看，有些区的孵化平台专门面向辖区内的社区社会组织。例如，坪山新区在 23 个社区依托社区服务中心，建立了社区社会组织孵化基地；南山区在 8 个街道各建设 1 家社会组织服务中心。有些区的孵化平台则为全区各类组织提供服务，如罗湖区、福田区、盐田区的孵化基地。

从孵化基地的法人资格来看，各区的孵化平台可大致分为两大类：一类是实体化的服务平台，即该孵化平台是正式登记注册的社会组织，如宝安区海裕社区社会组织服务中心是注册的民办非企业单位；另一类是非实体化的服务平台，该平台仅是一个物理区域，委托某一专业机构进行运营管理，如罗湖区社会创新空间由光合春田社会组织联合发展中心负责运营管理，坪山新区和大鹏新区的社区社会组织孵化基地则是依托社区服务中心建立，在社区服务中心加挂了社区社会组织孵化基地的牌子。

从各区推行力度来看，有些区将社区或街道一级的孵化基地在全区范围内推开，实行相对统一的管理和考核模式。如坪山新区各个社区都建立了孵化基地，再如龙华新区建立了"区－办事处－社区"三级孵化服务网。有些则仅在个别社区或街道有试点，如宝安区海裕社区成立了海裕社区社会组织服务中心，龙岗区的南湾街道建立了街道级的服务中心，在坂田街道南坑社区建立南坑社会组织公共空间。

4. 加大资金扶持力度

深圳市各区（新区）大都制定了面向社会组织的各类资金扶持措施，包括公益创投、初创支持、活动资助、优秀奖励、人才支持等不同方式，社会组织可以根据自己的实际情况申请不同的资金支持。有些区的资金扶持政策是专门针对社区社会组织制定的，有的区则面向全区所有组织。全市及各区专门用于社区建设的"民生微实事"项目也成为社区社会组织发展的资金来源。

在各区（新区）中，坪山新区对社区社会组织的资金扶持最为全面和系统。2015 年初，坪山新区出台了《关于培育和发展社区社会组织的指导意见》及相关实施细则，设立专项扶持资金，每年投入约 100 万元用于社区社会组织培育发展，开展四项工程支持社区社会组织发展。其中，"孵化关爱"是指对新登记或备案的社区社会组织给予一次性扶持资金，登记的扶持金额在 10000~20000 元不等，备案的扶持金额在 1000~10000 元不等；"成长关爱"是指对社区社会组织开展公益性活动给予一定的资金扶持，资助金额在 2000~15000 元不等；"小项目，大建设"是指通过开展社区公益服务项目创投大赛，遴选优秀公益创投项目给予资金资助，资助金额在 30000~80000 元不等；"人才扶持"是指对在社区社会组织工作的专职人员发放每人 100 元/月的工作津贴，对社区社会组织聘请的专职指导老师发放一次性津贴 1000 元，对无专职财务人员的社区社会组织发放财务代理记账补贴，最高补贴 1 万元。

宝安区于 2008 年出台《深圳市宝安区公益慈善类、社区维权类民间组织培育专项资金管理暂行办法》，公益慈善类、社区维权类社会组织在成立初期可申请 10000~30000 元启动资金；已登记的公益慈善类、社区维权类社会组织按章程开展活动获得较好社会反响的或承接政府购买项目的，可申请 20000～50000 元活动资助；年终工作开展较好的，可申请 2 万元资助。

南山区每年安排 150 万元社会组织专项扶持资金，从 2013 年开始，分别给予 8 个街道社会组织服务中心各 12 万元作为其运营经费。各社会组织服务中心每年的孵化培育任务为 3 家街道级社会组织和 20 家社区级社会组织，每家街道级社会组织每年可获得 1 万元扶持经费，每家社区级社会组织每年可获得 6000 元扶持经费。2016 年后，南山区对包括社区社会组织在内的社会组织扶持力度将会进一步加大。

龙岗区自 2013 年开始设立培育扶持社会组织发展的专项经费，重点资助社会组织优秀项目、微公益项目，优秀社区社会组织及社区基金会。

罗湖区对社区社会组织的资金支持是通过向社区居委会发放"社区基金"实现的。区财政每年向全区 115 个居委会投放资金设立社区基金，社区基金按照"活动项目化，项目组织化，组织公益化"路径，专项用于社区社会组织孵化、社区公共事业和公共服务发展、社区文体公益活动等，由区民政局负责统筹管理，街道办进行日常管理，通过社区居民议事会决议使用。

龙华新区出台了《龙华新区社会团体初创支持专项经费管理办法（试行）》。其中，社区社会团体原则上每家一次性资助 2 万元；给备案的社区社会组织予以每家 3000 元的资助。

5. 创新监督管理手段

深圳市各区在大力培育扶持社区社会组织发展的同时，也在积极探索适合本区实际的、符合社区社会组织特点的监督管理方式。

一是通过评估奖励促进社区社会组织规范化管理。坪山新区采取"以评促建，以评促管"的社区社会组织管理模式，引入第三方评估机构开展社区社会组织评估工作，完善新区社区社会组织评估体系，明确考核细则，对社区社会组织进行综合性考评。根据评估结果确定社区社会组织的星级，每年投入近 20 万元奖励优秀社区社会组织，对获得 1～3 星的社区社会组织给予 2000～10000 元不等的奖励。笔者在调研中发现，评估奖励措施促使社区社会组织自成立之初就按照评估指标体系一一对照执行，主动规范组织管理。同时，坪山新区组织评选十佳社区社会组织，扩大优秀社区社会组织在社区居民中的影响。

二是通过其他主体监督管理社区社会组织。社区居民议事会是代表社区居民的议事平台，也是社区社会组织的监管平台。以罗湖区文华社区为例，社区社会组织如需社区基金支持本机构的活动，则向社区居民议事会提出申请，居民议事会的成员按照程序审议表决通过后，该社区社会组织可以获得社区基金的支持。社区居委会和社区居民议事会监督该社区社会组织对社区基金资助款项的使用。此外，社区服务中心在孵化培育支持社区社会组织的过程中，协助和指导社区社会组织进行文书撰写、文档管理、项目申请，以提升社区社会组织的自我管理水平。

三是通过代理记账服务提升社区社会组织的管理水平。针对辖区老年协会没有专职的财会人员，老年人不会使用财务软件，不熟悉报税程序等问题，福田区老龄办拨出专款，帮助全区老年协会进行代理记账。坪山新区对已登记的无专职财务人员的社区社会组织实行财务代理记账补贴，每年最高补贴1万元。

第二节　孵化培育社区社会组织的意义

社区服务中心为什么要孵化培育社区社会组织，要首先从社区社会组织本身的功能与作用出发进行分析。理清了社区社会组织之于社区的重要意义，社区服务中心对其的孵化和培育意义也就一目了然了。

一　社区社会组织是提供社区公共服务的有力补充

社区服务中心作为社区外生的服务平台，不管其提供的服务多么完善和丰富，都不能取代社区居民内生的自我管理和自我服务。一个成功的社区服务中心要通过外部的专业服务撬动社区内部的自治力量，增强本社区的自我管理和自我服务的能力。社区社会组织是社区内生的公共服务的提供者，它与社区服务中心所提供的服务形成互补，起到社区服务中心所不能及的作用。

社区社会组织可以提供个性化服务，与社区服务中心的综合性服务形成互补。社区服务中心受人力、物力的限制，难以将精细化的服务覆盖到社区的每一个角落。而社区社会组织所提供的针对某一群体的个性化服务可以成为社区公共服务的有效补充，推动社区公共服务的精细化和多样化。社区服务中心以大人群服务为主，在服务中发现个性化的需求，可以以个案服务的方式提供个性化服务，亦可以将具有一定共性的小群体个性需求培育孵化成一个社区社会组织，引导其开展自我服务。社区中的若干兴趣团体大都提供此类自助互助性服务。

社区社会组织可以提供持续性服务，与社区服务中心可能存在的服务更迭形成互补。社区服务中心由中标的社工服务机构派驻社工运营，在一个中标服务运营期满后，存在着社区服务中心更换运营单位的可能；在一个运营期间，更存在着中心主任及各位社工更换的可能。不同的社工机构以及不同的社区服务中心可能有不同的服务理念和风格，一个符合本社区居民需要的公共服务项目有可能因为社区服务中心运营机构或人员的变化而中断。而社区社会组织作为长期扎根在本社区的组织，则可以持续地为社区居民开展自助互助服务，实现服务的常态化。例如，本书第七章中社区绘本馆的案例，如果绘本馆义工队发展成熟，那么即便是社区服务中心更换了运营机构，绘本馆依然可以存在，持续地为居民服务。换一个角度讲，如果社区服务中心成功地将社区社会组织培育成熟，那么便可以依托社区社会组织将本中心原有的服务在该社区持续下去。

社区社会组织可以提供本土化服务，与社区服务中心的外生服务形成互补。社区社会组织所提供的社区服务，是社区居民的自我服务和互助服务，服务的提供者和受益者均为社区居民。社区社会组织的服务或许没有那么专业，但它们在融入社区方面具有天然优势，更容易取得社区居民的信任。2015 年深圳市社会组织管理局开展的问卷调查[1]结果显示，参与调查的 89 位社区社会组织负责人中，有 77.53% 的在深圳居住时间在 6 年以上，其中，有 57.3% 的居住时间超过 10 年。相比初出茅庐的社区服务中心的社工，他们对深圳社区的情况有着相对全面的了解和深刻的理解，饱含着对深圳、对本社区的热爱而发起成立或管理一家社区社会组织，更能从社区居民需求的角度出发去开展活动。社区服务中心培育孵化社区社会组织，

---

① 深圳市社会组织管理局于 2015 年 9 月，面向全市 10 个区（新区）的社区社会组织负责人发放问卷 100 份，回收 89 份。

可以为原有的本土服务力量植入专业服务元素，借助本土力量实现专业服务的突破。

二 社区社会组织是社区自治的重要载体

社区社会组织是社区治理的主体之一，与社区党组织、社区工作站、社区居委会、社区服务中心等治理主体相比，社区社会组织参与社区基层治理有以下特色。

一是具有居民自发性。社区社会组织的参与主体是本社区的居民，这与以社工为主的提供社区服务的社区服务中心有着显著差异，与以上级安排为主的进行社区管理的社区工作站有着根本不同。2015 年深圳市社会管理局委托开展的问卷调查结果显示，61.8% 的社区社会组织由个人发起成立，带有鲜明的居民自发形成特色。

二是具有居民主动性。社区社会组织的运作方式带有强烈的居民主动性：居民从被动地享受服务到主动地提供服务，从被动地接受管理到主动地参与治理，从被动地观看文体表演到主动地创造群众艺术，从被动地等待组织支持到主动地整合各类资源。

三是具有基层参与性。社区社会组织活跃度高，服务人群广，拥有较广泛的群众基础和较高的群众参与度。2015 年深圳市社会管理局委托开展的问卷调查结果显示，在 89 家社区社会组织中，每周至少保证组织 1 次以上活动的有 53 家，占比 59.55%。其中，每天组织 1 次活动的社区社会组织占 25.84%，每周组织 2~3 次活动的占 23.60%，每周组织 1 次活动的占 10.11%。在服务人数方面，55.06% 的社区社会组织服务人数在 50 人以上，100 人以上的占 37.08%。参与非政府组织社区活动的过程，实质上就是社区居民通过持续的行为与其分享共同的经历体验，从而建立团结和信任的过程，而居民的相互信任恰恰是社会组织的价值和灵魂。社区社会组织的培育和扩展强化了社区居民的归属感和认同感，从整体上提高了社区的吸引力和凝聚力。[1] 社区社会组织为居民的交往和沟通搭建了舞台，是建构

---

[1] 杨荣：《2004 社区社会资本的缺失与重建——以中国城市社区发展为视角》，《山东科技大学学报》（社会科学版）2004 年第 3 期。

"社会资本"的组织载体与联结平台。①

　　四是具有内生需求性。社区社会组织的治理内容是反映社区居民内生需求的。社区社会组织所提供的服务和管理，不是上级政府规定的，不是外部机构依照所谓的标准设定的，而是社区居民自己所需要的，是最符合社区需求的。2015 年深圳市社会管理局委托开展的问卷调查结果显示，50.56% 的社区社会组织是应群众需求成立的；21.35% 的社区社会组织是在负责人倡议下成立的，两者加起来比例占到了 71.91%。尽管外力在推动社区社会组织发展方面起到了不可忽视的作用，但是社区社会组织所反映出的社区居民的内生需求永远是第一位的，只有响应居民需求的组织，才可能是有活力的、有可持续性的。

　　五是具有微小多元性。相比社区中其他治理主体，社区社会组织显然更加微小。微小有两方面的含义：一方面是其在规模、经费、人员等方面，与社区中的其他组织，如工作站、居委会、服务中心等，都不具可比性，非常弱小；另一方面是其反映的某一类群体的需求，与全体社区居民相比，是细分的。因此，如果说社区中其他的主体提供的是大型的、整体性的、统一性的、标准化的服务，那么社区社会组织提供的则是微小性的、灵活性的、个性化的、多元性的服务，满足的是不同利益群体、不同兴趣爱好的社区居民的多元个性需求。②

　　概括地讲，社区社会组织，因其具有居民自发性和基层参与性，是社区居民自治的有效载体；因其具有内生需求性和微小多元性特点，这一居民自治载体是可以满足居民多元需求的，比社区居委会这一自治主体更加灵活多样。因此，社区社会组织在社区治理中的定位就是满足社区居民多元需求的自治载体。作为满足居民个性化需求的群众自发性组织，社区社会组织通过社区居民的广泛参与提供多样化的社区公益或互益性服务和基础性社区管理，从而推进社区自治。

---

① 陶传进：《中国城市社区的公民社会建设：一条新路径的考察》，载《中国非营利评论》第 1 卷，社会科学文献出版社，2007，第 62~76 页。
② 罗峰：《社区志愿活动与和谐社会的构建》，《中国行政管理》2006 年第 1 期。

三 社区社会组织有助于改变社区服务中心的服务方式

社区服务中心作为服务型治理的主体，要通过服务型治理推动社区居民自治，即面向居民及社区中的组织开展有助于提升居民自治能力的服务，实现居民自治水平的提升。作为社区工作主要模式之一的"地区发展模式"，强调鼓励社区居民通过自助和互助解决社区问题，特别重视居民的参与。社区工作最重要的不是社区工作者如何运用专业能力改善社区，而是如何推动社区居民的参与，建立居民组织，培育居民骨干和挖掘人力资源。一个成功的社区服务中心在提供面向社区各类"人"的服务的同时，要提供面向社区各类"组织"的服务，通过孵化、培育社区自组织，来推动社区自治。通过社区服务中心的引导和推动，社区社会组织成为由共同利益组成的公民参与的组织形式，发挥社区居民自我管理和自我服务功能。

社区居民通过社区社会组织组织起来后，社区服务中心的服务形态会发生变化，社工的服务方式和内容也会发生改变。

一位在社区内培育了多家社区社会组织的中心主任说："培育组织与直接服务相比，培育组织前期更累，不仅心累，而且多了很多具体的事务，如准备材料，跑街道办备案申请，等等。但是当做好前期工作后，就发现这些社区社会组织是开展社区服务的生力军。有了它们之后，我们每次搞活动，都会有不同的骨干参与，中心的常规性服务由社区社会组织承办，社工就会有时间和精力去开展一些深层次的、专业性的、创新性的服务。因此，我们的经验就是，前期孵化、培育尽管辛苦，但是后期服务会更加轻松，也更有可能向专业化发展。"①

第三节 社区服务中心孵化培育社区社会组织

青谷社区营造社的负责人边莉君女士将社区社会组织的培育概括为"赋权"与"赋能"两个主要环节。赋权就是让社区居民意识到自己可以做社区的主人，可以根据自己的兴趣爱好组织一些社区俱乐部，可以承担社

---

① 2015 年 9 月 23 日在某社区服务中心的调研。

区的某些公共事务。赋权解决的是意识问题，使社区居民具备做社区主人的"初心"。赋能就是要培养这些已经具有主人意识的社区居民自我管理和自我服务的能力，教给他们如何成立和管理一个规范化的组织。[1]

社区服务中心作为外部的推动者，就是要通过给居民赋权和赋能的方式，激发居民参与社区公共事务的热情和能力。社区服务中心要引导居民提出精细化的需求，引导居民自发性地提出成立自组织的意愿。社区组织的成立和发展都离不开社区精英的动员、组织和指导，没有社区精英参与的示范和扩散效应，社区活动无法进行[2]，这就需要从培养社区组织负责人入手去孵化培育社区社会组织[3]，教给居民如何策划、举办、组织和宣传等。然而少数精英主导的社区社会组织并非社会组织的健康状态，社区服务中心还需要协助组织去订立规章制度，进行规范化管理。

社区服务中心运营 5 年多来，越来越注重社区社会组织的孵化和培育，2016 年问卷调查结果显示，社区服务中心中孵化培育的社会组织达 1268 家，其中登记注册的社区社会组织有 462 家，备案的社区社会组织有 806 家。这些社区社会组织成为提供社区公共服务的有力补充，成为社区居民自治的重要载体，成为社区居民自娱自乐的精神家园。案例 9-1 "社区梦工厂"中，社工挖掘社区居民梦想以及协助居民实现梦想的过程，就是"赋权"与"赋能"的过程，社工借助"社区梦工厂"的几个部分，细分了居民需求，提升了居民能力，做到了居民参与。

案例 9-1　　　　　　　社区梦工厂
——中海怡翠社区参与计划

一、项目缘起

中海怡翠社区是一个城市花园社区，对于城市花园社区，人们普遍的

① 边莉君：《一来　二不走　三滚球——社区治理法宝》，http://www.aiweibang.com/yuedu/766300 99.html。
② 罗峰：《社区志愿活动与和谐社会的构建》，《中国行政管理》2006 年第 1 期。
③ 陈少君：《公众参与社区志愿服务的影响因素与对策——以湖北省 H 市的 15 个社区为例》，《社会工作（下半月）》2007 年第 6 期。

印象是"高大上"、经济情况较好、环境好、居住条件舒适，最大的感觉是幸福。但社工在服务的过程中，发现城市花园社区同样存在邻里间的冷漠与疏离、关系的表面化、居民对社区的归属感低以及孤独等情况。

针对城市花园社区的特点和需求，阳光家庭中海怡翠社区（党群）服务中心自2012年成立以来，面向社区的各类人群开展了不同类型的服务。在服务红红火火开展的同时，社工感到这背后的隐忧。当居民来到社区服务中心时，习惯性地询问中心有哪些服务可以报名参加，渐渐地社区居民成为社区服务的使用者、索取者，产生对服务的依赖，原本居民能够自我服务的能力与热情，却因社工服务的开展，而逐渐消退。社工的存在促进了社区服务的发展，但同时也成了居民能力发展的阻碍。这时，阳光家庭社工积极探索如何将社区居民从被动的社区服务接受者变成主动的参与者。

因此，阳光家庭社工策划了"社区梦工厂"——中海怡翠社区参与活动，希望通过丰富社区居民参与社区服务的途径、提升社区居民组织社区服务的能力以及搭建社区居民组织社区服务的平台，最终达到提高社区居民对社区服务的参与度这一目的。

二、项目内容

社区梦工厂共有四个部分：在"社区梦·征集令"部分，通过广泛的宣传与发动，让社区居民知道可以在社区服务中心主动提出希望开展的社区服务，让有意愿、有热情、有能力的居民参与到社区梦工厂项目；"社区梦·提升坊"则针对有意愿组织开展社区服务的居民朋友，提升他们策划组织开展社区活动的能力；在"社区梦·实践营"部分，鼓励受过训练的居民策划并开展社区服务；而"社区梦·总动员"部分，则通过总结项目成果，树立典型案例，发动更多的社区居民参与到社区梦工厂。

三、项目实施过程

在社区梦工厂的实施过程中，社工不断遇到不同的困难，也不断突破着自身能力的瓶颈，一步一步地推动居民参与到社区服务的提供中。

在社区服务中心搭建成居民参与社区服务的平台后，社工发现需要对居民进行有针对性细化的引导，如此才能发掘有"社区服务梦想"的居民。社工在与居民接触的过程中，引导居民说出自己对社区服务的需求与想法，然后再引导他们去发现自身的能力与资源优势，帮助居民树立信心。接着，社工再进一步引导居民思考"由我自己去策划这个活动可不可以？"然后社工给予"陪伴策划、陪伴成长"的鼓励与支持，让居民有信心去尝试把自己的"梦想"付诸实践，成为社区服务的潜在提供者。

但在召集到居民后，社工又发现一个与能力匹配相关的困难，面对居民没有社区活动组织经验的局面，如何发挥他们的能力并运用于社区服务之中。所以，社工必须对热心居民进行专门的能力培养，提升他们的活动策划能力，如此他们才能更好地把自己的"梦想"通过社区服务的形式去实现。所以社工通过培训的形式，给居民讲解如果要组织策划一场活动，需要有哪些步骤，如何设计活动的环节，如何把握各类人群的需求，等等。社工把自己曾经受过的专业训练，通过转化与简化，便于让参加训练的居民理解与接受，有效提升居民在社区活动的策划与带领能力。

经过培训居民能力提升后，社工就需要根据居民的不同特点与不同需求，进行有针对性的引导及支持，让不同的梦想都可以在"社区梦工厂"的平台上成真。

如有一位社区居民子奕妈妈，她非常关心自己孩子的英语学习，孩子放学后便让他去参加课后补习班。但她发现，孩子对不断写作业、背单词的学习方式感到厌烦，补课根本起不到任何作用，反倒平添学习压力。"能不能把口语学习变成好玩的话剧节目？"她把这个想法和思路向阳光家庭社工提出，希望能在社区举办一场英语话剧晚会。令她意想不到的是，社工不但同意了，还让她亲自担任英语话剧小组的"掌门人"，告诉她一场社区晚会应该如何去策划与执行，帮助她把想法和思路一步一步地清晰起来。最后，在子奕妈妈的奇思妙想和精心组织下，一场由社区居民自编自导自演的英语话剧活动在社区精彩上演，深受社区居民的喜欢。

在社区服务中，类似子奕妈妈的居民还有很多很多，她们会主动地向社工提出各种各样的服务需求，渴望社区服务中心能尽快地满足他们的服务需求。这些提出服务需求的居民，社工都通过社区梦工厂帮助他们一一圆梦，除了子奕妈妈的英语梦，还有张妈妈的圣诞梦、黄妈妈的感恩节家庭聚会、贾阿姨的"五一联欢会"以及社区青少年的游园会等，他们都通过自己的努力与参与——梦想成真。

　　除了呼应社区居民主动提出的"社区梦想"，社工还会主动去发掘更多的"社区梦想"。在社区服务之中，社工发现社区居民有着各种各样的能力与特长，尤其是退休后的老人，他们很多都有自己的一门手艺。如何让居民把他们的能力的运用于社区服务之中，是社区梦工厂努力的方向。

　　如社工在社区中发现有一位退休党员志愿者张阿姨，她参加了老年大学的剪纸班学习剪纸手艺。在她毕业后，社工鼓励她可以把自己的手艺传授给更多的人，最后张阿姨表示希望能把自己的剪纸手艺教给社区的小朋友。于是社工便利用寒假的机会，与张阿姨共同组织开展了奇趣剪纸班。社工提供场地与物资，张阿姨负责剪纸班的教学与流程设置，然后招募了十几名社区小朋友学习剪纸。张阿姨在开班之后，很开心地对社工说："没想到一把年纪了，还有了当老师的机会。"

　　社工主动发掘"社区梦想"的案例还有很多很多，如黄阿姨的养生煲汤课、王叔的东北饺子宴、毛姐的纸藤编织课、燕儿老师的瑜伽班、小田的拼布缝纫班等。这些都是社工发现社区居民的能力与特长，然后通过社区梦工厂的平台推动他们把自己的能力运用于社区服务的例子。这一做法让更多的居民从被动的服务使用者站到了社区服务的台前，成为社区服务的提供者，极大地丰富了社区服务志愿者的来源。

　　四、社工角色功能与作用

　　在社区梦工厂中，除了社区居民的主动参与，也离不开社工角色功能与作用的发挥。首先是引领示范，社工在组织开展的每一场服务中，都注意让社区居民体验到一场社区活动开展应该怎么样。其次是提供资源，这里的资源是指场地资源，以及社工已经掌握到的居民情况的信息资源，甚至是社区服务中心的经费资源。再次是协同策划，有些经过训练的居民有热心去策划活动，但缺乏创意和经验，需要社工与居民一起去讨论活动的主题和内容。最后是共同组织，社工给予居民在组织活动中必要的支持和帮助。

　　五、模式创新

　　社区梦工厂实现了服务模式的创新。过去是由上至下的专家计划模式，即社工根据社区居民的需求，制订年度计划，然后按部就班、不偏不倚地实施计划，仿佛年度计划执行完了，社区居民的需求便满足了。如今，转化成由下至上的民主参与模式，社区服务中心在执行年度计划的主线工作之余，拿出部分空间，让社区居民自己提出需求、通过自己的参与满足需求。而社工的角色也由过去的直接提供者，转化成背后推动者。过去社工习惯站在前台，如今社工站在幕后，让社区居民成为社区服务的主角。

社区梦工厂的实践，让我们看到社区居民中所蕴藏着的无限潜能，也看到了社区居民参与社区服务的良好状况和美好前景。

我们也希望，通过各方的共同努力，最终能达到"社区公益，人人参与"的美好愿景。

撰写人：深圳市阳光家庭综合服务中心 梁兴利、李文亮

如果说"社区梦工厂"的实施，激发了居民参与的热情和能力，具备了社区社会组织的"魂"，那么接下来，我们从几个方面看一下如何培养社区社会组织的"形"。

一 服务组织化

服务组织化是指社区服务中心把一项服务变为一个社区社会组织的过程。在项目化地开展社区公共服务部分，本研究提出将社区服务中心的诸多活动以项目化的思维展开，以解决社区居民的实际需求为导向来设计项目。公益项目的特征之一是有具体的时间计划，有一个开始时间和实现目标的到期时间。[1] 那么，一个服务项目结束后，如何让它的效果沉淀下来，持续性地发挥作用呢？如何使社区居民从被动的服务接受者变为主动的服务参与者呢？将一个服务项目转化为一个社区社会组织是一个有效的路径。事实上，从项目到组织，也是中国很多公益组织，特别是社会工作机构的成长路径。回顾近年来中国社会工作的发展，我们可以理出一条脉络轨迹，那就是社会工作项目和社会工作机构的发展总是相伴相生的。[2] 不少专业的

① 邓国胜：《公益项目评估——以"幸福工程"为案例》，社会科学文献出版社，2003，第3页。
② 王瑞鸿：《社会工作项目精选》，华东理工大学出版社，2010，第14~15页。

社会工作机构就是从一个公益项目衍生出来的。其形成路径表现为：发现社会问题，为了解决社会问题、满足社会需要而设计公益项目，在实施项目的过程中不断提升总结最后形成常设的机构。① 例如，上海乐群社会工作服务社就是由一个为农民工子弟服务的项目所催生出来的，深圳家庭暴力防护中心也是依托"反家暴"项目而成立的。先有项目后有机构，是很多社会组织产生的路径。

社区社会组织的建立也可以是一个由具体的服务项目到一个常设组织的过程。从项目到组织的过程，并不是在项目完全结束之后才开始的，而是要贯穿于项目设计过程中。一项仅仅把社区居民当作服务对象的项目，在设计时主要考虑的是如何提供服务；而如果希望该项目转化为一个社区社会组织，则要在项目实施中考虑如何引导和鼓励居民参与，如何发现和培育社区骨干，如何形成居民自我管理机制，等等。因此，培育社区社会组织的过程与引导居民社区参与是一致的，社区社会组织的发展有赖于社区内居民积极参与公共事务的精神。②

案例 9-2　　　　　　　　　从丝网花编织小组到纤手互助会

深圳市龙岗区坂田街道第五园社区成立了一个丝网花编织小组，目的是让社区家庭主妇和退休女性通过编织活动走出家门，构建社区交流平台。这一项目目标就超越了编织技巧本身，编织只是妇女交流的载体。因此，在项目实施过程中，该社区服务中心的社工们除了传授编织方法外，更注重培养参与者的自我管理和服务能力。在这一期项目结束后，成立了首个集手工制作学习与公益服务于一体的社区社团——纤手互助会。该互助会由之前参与项目的 15 名社区女性组成，通过手工制作学习、手工作品爱心义卖、义卖经费开展公益服务这三个方面运作，纤手互助会可以带动社区

① 彭善民提出的特点是："从某个社区产生，以直接的社区服务为首要目标制定相应的项目，初期是项目运作，项目成熟之后发展成为专业社工机构。"笔者认为，这些公益项目不一定是从社区产生的，不一定是直接服务社区的，但一定是针对某一社会问题的。参见彭善民《上海社会工作机构的生成轨迹与发展困境》，《社会科学》2010 年第 2 期。
② 王名等：《社会组织与社会治理》，社会科学文献出版社，2014，第 167 页。

更多女性的参与。该社区的社工欣喜地发现，互助会成立后，这些妇女的参与热情比以前更加高涨了，几个骨干几乎天天在社区服务中心上班，策划下一步如何把活动开展得更好。

案例来源：实地调研和媒体报道①

案例9-2给我们展现出一个从服务活动到社区组织的典范。事实上，社区服务中的很多服务项目，都有转化为社区社会组织的条件。例如，一个面向青少年的服务有可能变为社区青少年义工服务队，一个致力于改善亲子关系的读书会项目有可能孵化为社区妈妈故事团，一个面向低龄老年人的服务项目有可能转化为老年自助团体，一项体育活动有可能转化为社区体育俱乐部。

二 人员组织化

人员组织化，是指社区服务中心把具备某一共同特征的人组织起来，成立一家社区社会组织。服务组织化的前提是有了一个服务项目，通过组织把服务常态化。人员组织化不一定有已经开展的服务项目，而是直接面向某类群体开展组织建设。

面向社区中的某类群体开展组织建设，都要从目标群体的需求出发，找到该群体共性的迫切需求，并以组织的形式来满足这一需求，这样的组织才会真正吸引目标群体主动参加。例如，某社区服务中心发现幼儿家长对于家庭教育、亲子教育等有共性需求，社工在调研基础上成立了家长互助联合会，共同交流探讨幼儿成长中的问题。因为契合的家长的真正需求，家长参与程度很高。

再如，社区中同一大类群体中会有细分群体，当面对异质化程度较高的大类群体时，针对不同群体特点成立不同的组织，也是有效方法。青谷社区营造社在国内多个社区的实践也表明，社区自组织是承载社区居民精细化需求的载体。案例9-3就是在细分社区居民需求基础上培育社区社会

---

① 2013年12月对第五园社区工作站的调研以及参考《坂田纤手互助会挂牌》，《新快报》（广州）2013年10月25日，http://money.163.com/13/1025/00/9C081OC200253B0H.html。

组织的，原本因需求多元而造成的服务困境反而因为成立了多个社区社会组织而更具瞄准性。

案例 9 - 3　　　　　　　面向不同需求的老年人成立组织

某社区服务中心进驻不久，发现该社区内老年人众多，老年人性格脾气不一，喜好不一，很难统一调配。与此同时，社区工作站正在寻找各种符合条件的人申请注册成立各种社区社会组织。于是社区服务中心就立即把这项在社区工作站人员眼里棘手的工作接手过来，与有意向的居民进行面谈。在接触了部分有意向担任会长和副会长的居民后，社区服务中心开设了"如何开展居民的工作""如何把握自己的想法和居民的想法"等小小培训班。这些参加培训的社区居民大多平易近人，愿意付出，守约守时。社工为这些有意愿成为社区社会组织负责人的居民提供外部信息和资源，协助申请相关经费支持。在这些热心居民的领导下和社工的协助下，接下来的一年内，社区内成立了约 15 个协会，包括：曲艺协会、药品协会、书画协会等等。

撰写人：深圳市宝安区阳光社会工作服务中心　吴金发

三　志愿服务组织化

志愿服务组织化同时包含着服务组织化和人员组织化两个方面，且社区志愿服务组织具有鲜明的社区公益性色彩，不是为了参与者自身的共同利益或兴趣而成立的，而是为了社区的共同利益和为服务他人而存在的。

本书第七章谈到社区服务中心要整合外部资源开展服务，由社区居民组成的志愿者也是社区服务中心重要的人力资源，他们愿意主动奉献自己的业余时间、精力和资源帮助社区中有需要的群体。[1] 社区志愿服务可以弥补政府资源不足的缺陷[2]，是社区公共服务体系的重要补充形式[3]，也是社区公共管理的重要力量。如深圳市坪山新区东城上邸社区的老年人自发组

① Sherr, M. E., *Social Work with Volunteers*. Chicago, Illinois: Lyceum Books, Inc., p. 74.
② 罗峰：《社区志愿活动与和谐社会的构建》，《中国行政管理》2006 年第 1 期。
③ 陈晓春、钱炜：《城市社区志愿服务激励机制研究》，《福建行政学院学报》2010 年第 3 期。

建了一支社区平安志愿者巡逻队，每天排好值班表，在小区内巡逻，使该社区的治安状况明显优于周边其他社区。社区服务中心居民自助互助服务中的"社区公共事件应急援助"也要依靠社区志愿者的力量，社区志愿服务已成为每个国家社会保障体系和社会应急机制方面的重要组成部分。依托社区志愿服务的公共性，可以在危机突发时，以最短的时间、最快的方式集中社会应急志愿队伍。[①]

与其他志愿者相比，立足社区、服务居民，是社区志愿服务的关键，社区志愿者有其独特优势，如掌握当地语言、时间灵活、对社区熟悉程度高等。依靠一部分社区志愿者服务一部分社区居民，正是发动居民参与的有效途径，有助于志愿者群体的成长，有助于受助对象服务效果的提升，更有助于增进社会资本，促进社区融合。[②] 当社区服务中心的服务可以大量依靠本社区的志愿者时，那么其服务也就基本实现了从外部服务提供到自我服务供给的转变，社会工作者也从直接服务的角色转变成了社区服务的协调者和引导者。[③] 前面第六章的案例 6-2 中"老伙伴　志愿行"项目，低龄老年人组成志愿服务队，与高龄老人结对服务，就充分体现出了这一点。

社区服务中心培育社区志愿者队伍的过程，就是将过去零散的、个人化的、临时性的志愿服务组织起来，建立常态化的、制度性的社区志愿者组织的过程。与上述人员组织化要求的群体细分一样，志愿服务的组织化也要将志愿服务的供给与需求细分，了解不同群体希望结合自身的能力，提供哪些方面的志愿服务，以及社区中哪些方面的服务需要志愿者并如何通过一支志愿者队伍进行。例如，笔者在调研中发现，前述坪山新区东城上邸的平安志愿者巡逻队的成员大都是社区内的男性中老年人，而"老伙伴"项目中低龄老年人志愿服务队则以女性中老年人为主。要让社区志愿服务组织持久地开展活动，让志愿者们主动参与志愿服务，就要让志愿者们在奉献的同时，结合自身的兴趣和能力提供服务，并在服务中感受到成长的喜悦。

---

① 余逸群：《论社区志愿服务的作用》，《北京青年政治学院学报》2008 年第 4 期。
② 姜振华：《社区参与与城市社区社会资本的培育》，中国社会出版社，2008。
③ 夏露露：《百步亭社区志愿服务的调查与思考》，《学习月刊》2012 年第 22 期。

社区服务中心运营 5 年来，有意识地培育社区志愿者，引导居民加入义工队伍和参与志愿服务，探索了"社工＋义工"双工联动的服务模式。根据 2016 年问卷调查，在填写问卷的 564 个社区服务中心中，有 528 个中心建立了一支以上的社区志愿者队，全部社区服务中心共组建了 789 支志愿者队伍，共吸收社区志愿者 81019 人，其中有 60260 人是在市、区义工联的注册义工。

案例 9 – 4　　　　**"社工＋义工"如何有效联动**
——以海裕社区服务中心双工联动实践为例

社区服务中心运营 3 年来，一直积极探索创新社区服务模式，在"社工＋义工"双工联动方面开创了一系列新举措，成效显著。2013 年 12 月，中心主任和双工联动服务项目双双获得宝安区第二届义工服务"玫瑰奖章"；2014 年 6 月，又荣获广东省志愿服务铜奖。截至 2014 年 7 月，中心发展注册义工 3928 人、义工队伍 41 支、市百优义工 3 名、市五星级义工 57 名，其中 2013 年度宝安共有 180 名市五星级义工，仅海裕社区就有 30 名。"社工＋义工"有效联动具体做法如下。

中心认真贯彻落实《中共深圳市委　深圳市人民政府关于建设"志愿者之城"的意见》和宝安区"志愿者之区"建设方案，利用社区资源和社工专业优势提供义工发展及管理服务。在"社工引领义工服务，义工协助社工服务"的指导思想下，采用宣传、招募、培训、服务、激励"五位一体"的形式，以及"社工联动义工，骨干带领新人，义工发展义工"的模式，推进社区义工队伍项目化和专业化发展。在这个过程中，充分发挥社工统筹者、倡导者和支持者的角色，让义工由参与者和协助者向主导者转变，影响和带动社区居民参与义工服务。

第一，义工宣传常态化。利用中心多元化的信息宣传平台（QQ 群、微博、微信、义工系统等），广泛宣传义工及义工精神，将义工宣传与招募嵌入每项服务内容之中，有针对性地将部分服务对象发展为义工，通过多种形式的宣传招募，吸引社区居民了解义工、关注义工、加入义工。

第二，义工发展队伍化。根据义工的特长、兴趣爱好分类分组进行培训，成立一支支专项义工服务队，如家庭影院义工队、亲子阅读义工队、四点半学堂义工队等，真正让义工做自己感兴趣的服务，调动他们参与的积极性和主动性。

第三，义工服务多元化。根据社区需求设计开展形式多样、内容丰富的义工服务活动，既有针对老年人、青少年、妇女儿童等特定群体的服务，以及促进社区建设的环境保护、扶贫帮困、法律援助、文化教育、就业技能等服务，也有专门针对义工能力建设的服务内容，充分满足社区居民和义工多样化、个性化的服务需求。

第四，义工培养骨干化。注重骨干义工的挖掘和培养，根据他们的专长和意愿，提供有力支持拓展服务项目，如引导国学爱好者开设青少年国学诵读班，吸纳家长和居民成立国学推广义工队，致力于青少年道德素养的品格教育。组织有培训特长的义工骨干，组建"义工达人讲师团"，为社区居民提供亲子教育、兴趣技能等培训课程。这些做法不仅有效提升了骨干义工的自我价值感，而且大大拓宽了服务渠道，丰富了社区服务内容。

第五，义工激励机制化。结合社区实际情况，建立完善的义工激励机制。除了市、区、街道等各级主管部门统一开展的评优表彰外，社区每年组织一次优秀义工表彰大会、定期开展骨干义工座谈会，以及利用报社、电视台等媒体资源，对优秀义工和优质义工服务项目，进行专题报道、宣传和推广，增强义工的集体荣誉感和责任感。

通过"社工＋义工"双工联动模式，引导居民加入义工队伍、参与义工服务，有效弥补了社工人手有限和义工服务碎片化的不足，推动了社区服务的常态化、规范化和专业化发展，营造了"人人都来做义工，人人都爱做义工"的良好氛围。对于专业社工而言，这其实就是发挥专业优势进行社区营造的过程，根据"以资产为本"的社区发展模式，个人、家庭、团体、社区都拥有巨大的资产，这些资产对个人及群体的福祉有决定性的影响，社工通过有目的的介入能够激活这些潜藏的资产。在这个过程中，社工就像一根线，将社区里的个人、团体、组织等本土资源整合联动，调动社区居民自身参与社区发展的能力，从而让整个社区焕发勃勃生机。

撰写人：深圳市宝安区阳光社会工作服务中心　李辉芳

第四节 社区服务中心在孵化社区社会组织中扮演的角色

社区服务中心的社工在社区社会组织的孵化与培育的不同阶段，扮演着不同角色，社工介入的程度要根据社区社会组织的发展而适时调整。

在社区社会组织发展初期，社工是直接的推动者和指导者。每个社区社会组织及其会员都是社区服务中心的直接服务对象，社工要全面了解社区各类群体的具体服务需求，根据不同成员的特点推动他们组建不同的队伍，协调他们的各类利益诉求。同时，社工要给予社区社会组织多方位的指导，包括如何组建会员大会或理事会，如何建立组织章程，如何完成登记或备案，如何申请各种资助和项目。社区社会组织麻雀虽小，五脏俱全，也会存在着所有组织都可能面临的矛盾和冲突，社工们要用一些方法巧妙地化解组织中可能存在的问题，引导社区居民建立组织。从案例9-5中可以看到，社工将专业知识运用到社区社会组织的培育中，从细节入手指导居民参与。

案例9-5　　　　引导本地与外地居民成立社区社会组织

我们所服务的是一个城中村社区，原居民与外地居民之间的交往很少。一次舞蹈学习的机会，让本地与外地的一些热爱跳舞的居民走到了一起。然而在教舞的义工老师因事退出后，舞蹈队面临解散风险。社工提议大家成立一个舞蹈队，由居民推选负责人，尽管过程是民主的，但社工也强调了平衡，让本地和外地居民都有代表。在经过一段时间的评选之后，社区舞蹈队的"领导班子"产生了，其中老师1名，是大家从队伍中选出的比较会跳而且有声望的人，负责教大家跳舞；队长4名（2名本地阿姨，2名外地阿姨），分别负责不同的事情。之后的一段时间大家都跟老师学跳舞，但队伍的凝聚力不强，偶尔还会有小摩擦。为了进一步加深彼此之间的了解，社工借助传统的冬至节组织大家开展了一次活动，首先，让本地的2名队长负责组织大家做客家的"萝卜饭"，让外地的2名队长负责组织大家包饺子，并且告知舞蹈队成员，双方做好后统一到中心集合，把自己的成果相互分享。活动所需要的物资、分工、购买等都由居民全程参与，社工只进行跟进。出乎意料的是，此次活动的效果比较好，大家做得开心，分享更有成就感，让本地、外地居民之间有了更多的了解，之后的熟悉是自然而然的。现在，舞蹈队的自我管理能力比较好，大家除了跳舞之外还会积极参加社区表演，主动策划舞蹈队周年庆，为社区居民繁忙的生活增添一份乐趣。

撰写人：深圳市志远社会工作服务社　段郁红

在社区社会组织发展中期，社工是支持者和引导者。这一时期，社工需要适当放权，从直接服务者逐渐向间接服务者过渡，协助社区社会组织的运作步入正轨，引导社会组织更好地发挥自身职能，提升社区居民的权利意识、责任意识和参与意识，增强他们自我解决内部问题的能力。

在社区社会组织发展成熟期，社工是顾问者和咨询者，此时社区社会组织的管理运作初具雏形，逐步独立运作，社工可以放手退居幕后，起咨询和指导的作用，如向组织提供信息，指导组织链接外部资源等。

案例 9-6　　　　　　社区社会组织培育"三部曲"

海裕社区建成于 2004 年 7 月，面积 4.1 平方公里，辖 16 个住宅小区、4 个商业园区、10 所中小学及幼儿园，居住人口 81386，其中流动人口 18828，常住人口 62558。2011 年，社区服务中心入驻该社区。2012 年，该社区率先成立了全市首家民非性质的社区社会组织服务中心，集统筹、协调、服务、管理功能为一体的枢纽型平台。到 2014 年 7 月，海裕社区共有民间组织 26 个（其中注册 14 个，备案 12 个），个人会员 6200 余人，单位会员 62 家。

海裕社区确立了以社区社会组织服务中心为平台、以专业社工为支撑、以提升社会组织发展能力为目标的"双社互补"服务模式，将社工服务的专业性、系统性和社会组织的基层性、知情性有效结合，推动社区社会组织健康、规范、有序发展，激发社区活力，营造人人参与社区建设的良好氛围。

（一）全面梳理社区社会组织现状，对症下药

通过调查研究、实地走访、居民座谈等多种形式，全面了解社区社会组织的现状、需求及问题。立足社区实际情况，跟各组织的负责人建立良好的信任关系，形成工作对接机制，在注册和备案、骨干培养、能力建设、规范管理方面给予引导和支持。

1. 完善制度，规范管理

针对社区各社会组织普遍存在的组织架空、管理混乱、制度匮乏、活力不足等问题，一是协助各组织建立了会员档案信息资料；二是组织会员一起制定了相关管理制度，明确了各社会组织负责人及会员的职责；三是协助完善管理架构，进行规范化管理。如针对棋牌协会活动场地博弈苑的卫生差、财产流失等问题，组织骨干人员集中商讨，最终形成了明确的《博弈苑规章制度》，确立了10名棋艺指导员和8名物资保管员，以规范协会运作。如今，在民政局登记注册和备案的26家社区社会组织，全部建立了完善的组织架构、管理制度和会员档案，基本实现了"一个组织，一套制度"的管理模式。

2. 招募精英，培养骨干

各社会组织普遍以中老年人为主，中青年群体较少，在一定程度上缺乏管理方面的知识和技能。针对这一问题，中心一方面协助招募年轻人士加入社会组织，充实各组织的会员数量，扩大组织队伍。如棋牌协会的会员由54人迅速扩充到280人；体育健身协会由132人扩充到612人，而且运动项目日益丰富，从以老年人为主体的6个健身项目，发展为以年轻人为主体的10个健身项目。另一方面，整合资源为社会组织的负责人和骨干会员，开展业务和政策方面的培训，挖掘和培养在组织协调、统筹管理等方面的骨干力量。

3. 广泛开展活动，激发社区活力

在社区党委的正确领导和社区社会组织服务中心的倾力协调下，充分发挥社工在需求调研、服务设计方面的专业优势，结合社区工作方向和居民需求，根据各组织"群众基础好、参与度高"的特点，引导他们发挥自

身优势，广泛开展内容丰富、形式多样的社区活动，实现了"以活动造氛围，以服务促管理"的目标。如社区科学技术协会与环境保护协会，开展"绿色海裕·环保之约"主题的培训、宣传、实践等系列活动，培养广大居民的家园意识和环保意识，形成了"人人关注环保、人人参与环保、人人做好环保"的良好氛围，推动了"和谐康居"社会建设进程，获得了"省宜居社区""省绿色社区""全国科普示范社区"等荣誉。

（二）培养社区自助互助精神，促进社区参与

社区参与是社区建设的重要理念，也是社区民主自治的过程，社区居民的参与情况决定着社区建设的效果。海裕社区是纯居住型的商品房小区，社区的人际关系疏离、彼此信任感不足、居民缺少参与公共事务的热情。针对这种现状，一是驻社区党委大力倡导党员根据自己的特长，加入社区社会组织，发挥其政治思想觉悟高、组织管理能力强的优势，成为各个组织的骨干，向组织成员潜移默化地渗透传播参与社区建设的理念。二是以社会组织"去行政化"作为一个突破口，发挥星火燎原作用，以此推动工作站由"为民做主"向"由民做主"转变，由社会组织服务中心统筹、协调、组织开展社区建设活动，调研、培育、发展新的社会组织，协助、代理、跟踪新的社会组织申报工作。三是社工通过居民论坛、社区信息平台、服务公约等形式，为居民提供互动沟通的平台，有计划地组织居民参与集体行动，强化道德约束来规范社会行为和调节利益关系，促进社区问题的解决，培养居民对社区的归属感和认同感，提高居民对社区公共事务的参与度。

（三）坚持以社区需求为导向，专业服务助推社会组织发展

中心提出将服务内容系列化、常态化，从中培养骨干人员，支持、引导、协助居民建立社区社会组织。按照"骨干－服务队长－社区社会组织联络人"的培养机制，大力培养和发展社区骨干队伍，让骨干逐渐成为社区社会组织的联络者和组织者，并根据居民的需求和服务项目的发展状况，适时孵化培育社区社会组织，达到骨干引导社区居民参与社区建设和社区服务的目的。

社工通过专业服务引导，孵化培育建立新的协会组织，使居民在接受

服务和服务他人的过程中走出家门，融入社区。社工一方面引导居民的兴趣小组，将其发展成为社区协会组织，如协助象棋队完善管理制度及组织架构，组织参加市区的各级比赛，成立社区棋牌协会。另一方面，培育社区里有特长的热心居民建立协会组织，如通过培养国学爱好者开设国学诵读班，组建国学推广义工队，继而成立国学推广协会，以及通过示范英语角和亲子阅读的服务项目，分别成功孵化外语协会和阅读推广协会。

撰写人：深圳市宝安区阳光社会工作服务中心　李辉芳

第五节　对孵化培育社区社会组织的几点建议

笔者对孵化培育社区社会组织有以下几点建议。

第一，建议政府部门为社区社会组织的发展创造更好的政策环境。一是明确社区社会组织登记或备案的规定，简化程序，让所有有意愿成立组织的居民都可以方便快捷地成立一个社区社会组织。二是在服务协议上，适当减少社区服务中心直接服务类的指标，同时增加培育社区居民参与等间接服务的指标，引导社区服务中心在引导社区自治和孵化培育社区社会组织方面投入更多精力，发挥更大作用。

第二，建议第三方机构对社区营造、培育社区居民参与、孵化社区社会组织等内容开展相关培训，组织社工进行实地考察，学习并掌握培育社区参与的各种方法，并运用到实践中。

第三，建议社工机构和社区服务中心调整工作思路、转变社工角色，在部分有条件的社区尝试减少传统的直接服务，增加居民自我服务类的间接服务，社工逐渐从最初的"活动策划者"的角色中退出，由居民担当起一般类社区活动的发起者，社工将更多的时间和精力投入个案等专业性更强的服务中。

第十章　总结与思考

前面九章的论述，大体勾勒了社区服务中心的发展面貌，阐述了社区服务中心如何深入居民开展服务，创新性地在基层治理中发挥作用。本章将对全书进行总结，从整体上理解社区服务中心作为服务型治理主体的机制，对"融入－服务－孵化"这一治理模式进行反思，对政府目前关于社区服务中心的政策提出建议。

第一节　全面理解"融入－服务－孵化" 这一服务型治理模式

"融入－服务－孵化"是本书提出的社区服务中心发挥服务型治理机制的路径与模式。"融入"部分主要阐述了社区服务中心及其工作人员，作为社区的一个外生和新生的服务主体，如何融入社区，处理好与社区各利益相关者的关系，满足不同利益相关者的期待，获得社区各利益相关者的认可。"服务"部分主要从三个方面阐述社区服务中心如何提供服务，这一部分是社区服务中心作为服务型治理的重点。社区服务中心要在综合性、标准化服务的基础上，根据本社区需求开发具有本社区特色的项目，以项目的方式开展服务。一方面通过特色化项目体现社工专业性；另一方面将社工理念和专业手法运用在资源整合中，链接资源为社区所用，从而实现社区的整体发展。在现有的以免费服务为主的情况下，尝试建立收费性服务机制，以高水平、高契合度的服务赢得居民认可，扩大收入来源，优化社区服务中心的收入结构。"孵化"部分主要介绍了社区服务中心的服务型治理不是替代居民进行治理，而是通过服务引导居民自我管理与服务的意识，提高居民参与社区治理的能力，孵化与培育社区社会组织就是引导居民自治的有效手段。

"融入 - 服务 - 孵化"三个部分具有整体性和阶段性，是在梳理现有政策的前提下，理论与实践相结合的产物。

一 "融入 - 服务 - 孵化"三个部分具有整体性

"融入 - 服务 - 孵化"三个部分并非社区服务中心发挥服务型治理的三个割裂的不同阶段，而是一个相互关联的有机统一的整体，共同发挥服务型治理机制，只是在社区服务中心的推进过程中各有侧重。融入不仅发生在社区服务中心的入驻初期，而且贯穿在服务的整个过程中，只是不同阶段的融入程度有所不同。最初是让社区居民了解和认识社区服务中心，慢慢地，建立与居民的信任关系，让社区服务成为居民日常生活的一部分。此外，在社工流动性较大的现实条件下，每一个新上任的社工都需要重新经历融入该社区的阶段。融入与服务密不可分，服务本来就是融入的重要手段。真正了解社区需求，设计符合本社区特色的服务项目，从过去的浮在面上的统一性的服务到沉在社区的特色化的服务，也是融入本社区的体现。居民从接受免费服务到愿意花钱自行购买社工的服务，也就意味着社工的服务真正得到了居民认可。而孵化培育社区社会组织，服务中发挥社工与义工的合力，形成"你中有我、我中有你"的服务形态，既是服务的升华，也是社工融入社区居民生活的体现。因此，"融入 - 服务 - 孵化"从整体上呈现出社区服务中心在基层社区发挥服务型治理的特点，形成了服务型治理的路径与模式。

二 "融入 - 服务 - 孵化"三个部分具有阶段性

"融入 - 服务 - 孵化"这三部分是基于目前珠三角社区服务发展的现状提出的，具有阶段性，是在政府大力以购买服务的方式推进社工开展社区服务，而社区居民对社工的认识不足，以及社会工作本身发展不足的背景下提出的。正是因为社区服务中心是以政府为主体推进的产物，不是社区居民自我选择的产物，才会凸显"融入"社区的问题，才会存在标准化服务与特色化服务之间的矛盾，才会出现免费服务与有偿服务的讨论。正是因为社会工作行业及社会工作者的自身能力有限，尚不足以直接提供专业社工服务，才会存在社区服务中心专业化与合作化的讨论。可以说，"融入－服务－孵化"是在社区服务中心发展的初级阶段发挥作用的基本路径。随着时间的推移，社区服务中心的治理路径会发生变化，表现为不同的社区服务中心的侧重点不同，以及同为服务但具体方式不同。有的社区服务中心将以提供直接的专业化社工服务为主，根据社区的需求，在某几个领域提供深入的专业化服务；有的中心将成为资源整合的平台，主要以调动其他资源开展服务为主，中心起到协调统筹的作用；有的中心则主要发挥社区营造的作用，动员社区力量参与社区建设，发挥社区成员的主体性。无论是直接服务，还是资源整合，抑或是社区动员，都属于社区服务中心的功能与定位，但是在不同阶段，以及不同的中心，三种功能发挥的比例会有所不同。目前社区服务中心的建设是以标准化规范化为主，因此各中心遵循大致相同的治理路径与模式，未来当社区服务中心可以更注重特色化与个性化的时候，以及当居民对社区服务中心有更多的主动意识的时候，社区服务中心的治理路径会发生调整。

三 "融入－服务－孵化"三个部分均与现行政策吻合

从前面几章的阐述中，我们可以看出，"融入－服务－孵化"与目前社区服务中心的整体制度设计一致，每一部分几乎都可以找到政策的出处。本书提出的"融入－服务－孵化"的服务型治理模式是在现有政策基础上的理论总结，希望最大限度地发挥现有的政策优势，解读现有的政策中背后的意义，将顶层设计与基层操作有机结合。这样的做法并非创新不足，或是惧怕大刀阔斧改革，而是要减少些无意义的批判，积极地审视现有政策，相信在这种情况下提出的政策建议将更为接近实际情况、更加容易操作、更便于落地实施。

四 "融入－服务－孵化"三个部分均为理论分析与实践总结的产物

"融入－服务－孵化"的治理模式的提出是理论与实践有机结合的产物。该路径最初是笔者在担任某几个社区服务中心的顾问时，与一线社工反复讨论中形成的构想。这一治理路径与模式的提出参考了社会学、管理学的理论，结合了社会组织运营管理、公益项目设计评估、社区营造等多领域的研究。同时，更重要的是，具体的策略均来自一线社工的实践，如前文如何与社区利益相关者建立良好关系，如何开发特色化公益服务项目，如何整合资源，如何培育社区社会组织，等等，都与社区服务中心的具体工作密切相关，是来自多位社工的实践的总结。因此，"融入 - 服务 - 孵化"不仅提出了一个理论上的路径与模式，更重要的是它可以成为社工开展社区服务的指导和参考。同时，社工的一线实践可以丰富这一路径，使这一路径不断完善。

第二节　对社区服务中心发展的思考与建议

社区服务中心是珠三角地区"十二五"规划期间重点推进的社会公共服务项目，到 2015 年底各地初步完成了"十二五"规划的目标。"十三五"规划期间，社区服务中心将从推广阶段走向升级阶段，从数量上的全面覆盖到质量上的全面提升，要为社区居民提供更为优质和专业的服务，在社区治理中扮演更重要的角色。

未来社区服务中心的发展中，要进一步理顺社区治理中多个主体的关系，明确社区服务中心在社区治理中的角色与定位，真正实现社区服务中心"服务型治理"的功能，发挥社工机构、社区服务中心和社工的主观能动性，赋予社区服务中心自主性，根据社区实际需要广泛链接社会资源，开展灵活多样的专业社区服务。

社区服务中心的升级服务，既需要从制度设计上调整宏观政策，又需要制定具体细则，推动过去 5 年尚未实施的政策真正落地。在此，仅结合本书前面的论述，对未来社区服务中心的发展提出若干操作性建议。

一　社区服务中心的招投标与评估相结合，增强服务连续性

如本书第二章所述，尽管建立了社区服务中心运营的招投标制度和绩效评估制度，然而这两个制度成尚未成为提升中心运营和服务质量的有效

工具。目前，评估的滞后性和临时性非但不能起到监督、促进社区服务中心提升质量的作用，反而导致社工们暂停常规性服务，集中应对评估。同时，社区服务中心的招投标与绩效评估尚未挂钩，招投标难以起到优胜劣汰的作用，反而成为影响服务延续性的绊脚石。根据本书第五章所述，社区服务中心的社工们需要付出种种努力才可融入社区，服务双方信任的达成不是一朝一夕之力，服务效果的体现也要在双方认可的前提下才容易实现。

建议建立常态化的、标准化的评估体系。一是评估时间相对固定，让社区服务中心有稳定的心理预期，可以全面系统地规划全年服务及评估工作。二是评估指标体系标准化，随着社区服务中心评估任务的增加，多家第三方机构参与评估是未来发展趋势，若没有统一标准，评估机构主体的多元性会导致评估结果的不稳定性，因此，要预先制定出业界公认的标准化的评估指标，任何一家第三方评估机构都可以根据这一评估指标体系进行相对客观、科学的评估工作；同时，该标准化指标体系要提前下发给一线社工，让该评估指标成为社区服务中心实际运营中的服务指南，实现以评促建。

建议社区服务中心招投标考虑到社会服务的特点，将评估结果与招投标相结合。例如，可以在招投标中，根据评估结果，对原有的服务机构给予一定的加分或减分。再如，对评估结果优秀的中心，可以适当延长其服务合同年限。

二 社区服务中心的服务标准化与个性化相结合，增强服务针对性

社区服务中心在全面铺开初期，为了管理的有效性，采取了全市相对统一的运营标准，主要表现在服务领域相对统一，服务人员数量相对统一，运营资金相对统一。标准化的模式有利于社区服务中心的快速推广，在社区服务中心发展初期起到了重要作用。但是当社区服务中心全覆盖之后，需要考虑服务质量的提升，考虑每个社区在社区类型、人口数量、人口结构、社区面积等方面的巨大差异，为每个社区量身定做有针对性的服务，解决"广而不精"的问题。

建议适当简化社区服务中心的服务领域规定，减少每个社区的规定性服务，增加社区可根据自身特点设计的细分的服务内容，每个中心形成凸

显本中心特色的服务领域。社区服务中心的绩效评估标准中要考虑不同社区类型，针对社区类型设计一部分个性化评估的指标，对不同社区提出不同的服务要求。

建议调整人力资源"一刀切"的标准配置，在相邻社区中统筹开展服务。目前，每个中心6个人的标准配置是出于管理的便利和规范，而不是从实际的服务成效出发的。人力资源的标配带来的问题有以下两点：一是没有考虑到社区差异，因为不同人口规模和面积的社区配比同样的服务人员；二是把6个人限制在一个社区内开展工作，临近社区的社工难以实现分工与合作，难以形成服务合力。因此，一方面建议适当增加一些人口规模大、服务面积大的社区服务中心的人员配备。所配备人员不一定为社工，可以根据社区需要灵活配置。目前，已有部分中心开始试点。另一方面建议改变"岗位购买"的思维定式，更加灵活地配置社区服务中心的人力资源，以服务成效而不是服务人数作为考核指标，鼓励运营机构、街道根据服务内容和实际工作需要统筹相邻社区的人力资源，必要时可以减少专职工作人员，增加多名兼职人员。同样服务领域的社工可以合作共享，共同在某一领域持续、深入服务，提升专业性；同样领域的服务方案可以合作共享，共同打造品牌项目。例如，社工机构可以将若干社区的专业人员作为团队统一配置，形成"1+N"条块结合的人员结构：1为本社区的综合统筹社工，负责该社区的需求调查及资源统筹；N为专业板块社工，负责某一领域的专业服务。N可以在多个社区流动，为同类型的服务对象提供服务。

三 增加购买服务资金与资金来源多元化相结合，优化收入结构

社工工资普遍较低，社工流失率偏高，是珠三角社会工作发展中普遍存在的问题。加大政府购买力度，增加政府购买社工服务的工资，是提高社工待遇，稳定社工队伍的重要举措。但是社区服务中心及社工机构的收入长期单一依赖政府资金，是不健康的、不可持续的，不利于社会组织独立运作，难以形成社会需求导向的服务供给模式。提高社会服务水平，提升社工薪酬，不能仅仅依靠政府购买服务资金，还要走出公益服务就是免费服务的误区，通过适当的收费服务、撬动社会资金等多种方式筹集资金，

增加收入，优化收入结构。

　　建议调整社区服务中心的发展模式，由单一的政府购买服务向多元资金供给转变，激发社工机构和社工的活力，鼓励社工通过优质服务获得居民认可，获得有偿性服务收入。政府制定社区服务中心收费指南和细则，为社区服务中心开展收费性服务提供依据，鼓励社工机构向基金会、企业以及其他机构申请项目资金，吸引社会资源共同提供社区公共服务。

四　社会工作的发展与社会组织的发展相结合，提升社工服务专业性

　　近几年，社会工作的发展与社会组织的发展虽处于并行状态，但二者并未有机结合。社会工作者几乎是在"社会工作"服务机构中，通过社会工作机构派驻社工到岗位或项目或服务中心开展服务。专业社会工作者的发展并未与社会组织的发展相结合，社会组织，特别是草根社会组织中的社会工作者数量并未提升。高素质的社会工作者应当是社会组织中重要的专业技术人员，与其他多学科的专业人才一并参与社会服务。如香港的1.2万名注册社工中，在社会组织中工作的有7614人，占61.6%。[①] 而与此同时，社会工作者的不同专业也应当体现在不同类型、不同服务方向的社会组织中，如在残障领域社会组织中的社工发展残疾人社会工作专业，在儿童教育领域社会组织中的社工发展儿童社会工作专业。

　　建议将社会工作的发展与社会组织的发展有机结合，鼓励社会工作者进入某一专业服务领域的社会组织，提升社会工作者的专业性。一是以岗位购买的方式，资助社会组织聘用社会工作者，扩大社会组织中的社会工作者数量，将社会组织中的社工纳入统一的社工管理、培训、认证范畴；二是鼓励社工成立某一服务领域的社会组织，对社工进行社会组织创业的（不同于目前综合性的社工服务机构，不以运营社区服务中心为主要的业务范围），可以给予初创期资助，以期形成一批带有社工理念的特色性社会组织，未来这些具有专长的社会组织都可以嵌入社区服务中心这一平台发展。

---

　　① 李迎生：《我国社会工作职业化的推进策略》，《社会科学研究》2008年第5期。

参考文献

专著

彼得·德鲁克:《非营利组织的管理》,机械工业出版社,2012。

彼得·德鲁克、吉姆·柯林斯等:《组织生存力》,刘祥亚译,重庆出版社,2009。

陈锦堂等:《香港社会服务评估与审核》,北京大学出版社,2008。

陈迎炜:《中国社会创业案例集》,北京大学出版社,2013。

邓国胜:《公益项目评估——以"幸福工程"为案例》,社会科学文献出版社,2003。

〔法〕皮埃乐·布迪厄:《实践与反思:反思社会学导引》,李猛、李康译,中央编译出版社,1998。

Dennis Saleebey:《优势视角——社会工作实践的新模式例》,李亚文、杜立婕译,华东理工大学出版社,2004。

胡锦:《一核多元——南山社区治理模式创新》,海天出版社,2015。

侯伊莎主编《透视盐田模式:社区从管理到治理体制》,重庆出版社,2006。

杰弗里 K. 宾图:《项目管理》,鲁耀斌、董圆圆、赵玲等译,北京机械工业出版社,2007。

姜振华:《社区参与与城市社区社会资本的培育》,中国社会出版社,2008。

雷杰等:《广州市政府购买家庭综合服务分析研究》,社会科学出版社,2015。

〔美〕卡罗尔:《企业与社会:伦理与利益相关者管理》,黄煜平等译,机械工业出版社，2004。

〔美〕戴维·罗伊斯等：《公共项目评估导论》，王军霞等译，中国人民大学出版社，2007。

〔美〕Leon H. Ginsberg：《社会工作评估：原理与方法》，黄晨曦译，华东理工大学出版社，2013。

〔美〕莱斯特·M. 萨拉蒙等：《全球公民社会非营利部门国际指数》，陈一梅等译，北京大学出版社，2007。

〔美〕马克·莫尔：《创造公共价值：政府战略管理》，伍满桂译，清华大学出版社，2003。

〔美〕米奇里：《社会发展》，苗正民译，格致出版社，2009。

童敏：《社会工作专业服务的规划与设计》，社会科学文献出版社，2011。

王名等：《社会组织与社会治理》，社会科学文献出版社，2014。

王瑞鸿：《社会工作项目精选》，华东理工大学出版社，2010。

王思斌：《社会工作导论》，北京大学出版社，2011。

吴亦明：《现代社区工作——一个专业社会工作的领域》，上海人民出版社，2003。

徐宇珊：《论基金会：中国基金会转型研究》，中国社会出版社，2010。

谢志岿：《村落向城市社区的转型——制度、政策与中国城市化进程中城中村问题研究》，中国社会科学出版社，2005。

Pfeffer and Salanick, *The External Control of Organizations*: *a Resource Dependence Perspective*. Harper & Row Publishers, 1978.

Project Management Institute, A Guide to the Project Management Body of Knowledge. Newtown Square. PA, 2000.

Sherr, M. E. , *Social Work with Volunteers*, Chicago, Illinois: Lyceum Books, Inc. , 2008.

论文

边莉君：《一来 二不走 三滚球——社区治理法宝》，http://www. aiweibang. com/yuedu/76630099. html。

《坂田纤手互助会挂牌》，《新快报》（广州），2013 年 10 月 25 日，http://money. 163. com/13/1025/00/9C081OC200253B0H. html。

柴定红、熊贵彬：《社会工作专业化的一种理论解释》，《中国青年政治学院学报》2009 年第 1 期。

陈红莉：《中国内地社会工作专业化思考——国际（地区）比较的视角》，《社会工作（下半月）》2010 年第 6 期。

陈少君：《公众参与社区志愿服务的影响因素与对策——以湖北省 H 市的 15 个社区为例》，《社会工作（下半月）》2007 年第 6 期。

陈涛：《专业化是社区服务发展的应有方向》，田玉荣主编《非政府组织与社区发展》，社会科学文献出版社，2008。

陈晓春、钱炜：《城市社区志愿服务激励机制研究》，《福建行政学院学报》2010 年第 3 期。

崔雪宁：《社工机构项目化运作面临的挑战及对策研究——以上海市 X 机构未成年子女关爱行动为例》，华东理工大学硕士学位论文，2012。

陈钟林、吴伟东：《社会工作研究的本土化：实践、反思与启示》，《中国青年政治学院学报》2006 年第 1 期。

范明林、徐迎春：《中国社会政策和社会工作研究专业化和本土化》，《社会》2007 年第 2 期。

冯西宁、吴彤：《浅析柳州市社区服务收费管理》，《广西市场与价格》2002 年第 10 期。

方英、谢建社：《社工服务机构评估机制探讨——以广东省为例》，《中国社会工作》2011 年第 25 期。

郭伟和：《迈向社会建构性的专业化方向——关于中国社会工作专业化道路的反思》，《北京科技大学学报》（社会科学版）2005 年第 2 期。

《广州市社会工作发展历程》，《广州社工》2014 年第 4 期。

胡杰成：《农民工城市融入问题研究综述》，《兰州学刊》2008 年第 12 期。

金立新：《浅谈对社区服务收费的管理》，《北京物价》2001 年第 3 期。

梁波、王海英：《国外移民社会融入研究综述》，《甘肃行政学院学报》

2010 年第 2 期。

罗峰：《社区志愿活动与和谐社会的构建》，《中国行政管理》2006 年第 1 期。

李江：《城市基层社会的治理困境及其化解》，《城市学刊》2015 年第 1 期。

雷杰：《社会工作专业化对社工理论的影响》，《社会工作》2007 年第 5 期。

刘蕾：《社区志愿服务类社会组织发展：历程、问题与对策》，《理论界》2012 年第 10 期。

刘庆元：《社会工作机构项目化运作的探索与思考》，《社会工作》2009 年第 8 期。

刘润华：《社区体制研究》，《广东民政》2006 年第 7 期。

赖晓飞、邹滨：《农民工城市融入最新研究综述》，《重庆工学院学报》2008 年第 12 期。

吕新萍：《本土草根 NGO 发展历程中的张力与挣扎——对一个 NGO 宗旨与使命的日常实践分析》，载田玉荣主编《非政府组织与社区发展》，社会科学文献出版社，2008。

李迎生：《构建本土化的社会工作理论及其路径》，《社会科学》2008 年第 5 期。

刘玉芝、王春城：《城市社区公共服务的性质与分类供给机制探析》，《中国商界（上半月）》2009 年第 5 期。

刘紫红：《香港政府对社会服务的资助制度》，载岳经纶等《社会服务：从经济保障到服务保障》，中国社会出版社，2011。

彭善民：《上海社会工作机构的生成轨迹与发展困境》，《社会科学》2010 年第 2 期。

蔡志军：《社区工作站要不要定性事业单位？》，《深圳晚报》2009 年 2 月 26 日第 4 版，http://wb. sznews. com/html/2009 - 02/26/content_529117. htm。

《社工的尴尬你知道多少？》，《南方都市报》2015 年 1 月 22 日，http://www. nandu. com/nis/201501/22/319728. html。

《晒清单亮承诺接地气抓落实深圳公布今年 118 项民生实事》，《深圳特区报》2015 年 2 月 2 日，http://www.sz.gov.cn/cn/xxgk/zwdt/201502/t20150202_2810826.htm.

陶传进：《中国城市社区的公民社会建设：一条新路径的考察》，《中国非营利评论》第 1 卷，社会科学文献出版社，2007。

汪华：《合作何以可能：专业社会服务组织与基层社区行政力量的关系建构》，《社会科学》2015 年第 3 期。

王丽丽：《城市社区管理创新的动力及其作用—— 一个场域理论视角的分析》，《城市发展研究》2011 年第 2 期。

王思斌：《体制转变中社会工作的职业化进程》，《北京科技大学学报》（社会科学版）2006 年第 1 期。

王思斌：《中国社会工作的嵌入性发展》，《社会科学战线》2011 年第 2 期。

王思斌：《社会治理结构的进化与社会工作的服务型治理》，《北京大学学报》（哲学社会科学版）2014 年第 6 期。

王思斌：《以社会工作为核心实现服务型治理》，《中国社会科学报》2015 年第 696 期。

王思斌：《社会工作参与社会治理的特点及其贡献——对服务型治理的再理解》，《社会治理》2015 年第 1 期。

王思斌、阮曾媛琪：《和谐社会建设背景下的中国社会工作发展》，《中国社会科学》2009 年第 5 期。

文森特·奥斯特罗姆、埃莉诺·奥斯特罗姆：《公益物品与公共选择，多中心体制与地方公共经济》，上海三联书店，2000。

吴亦明：《香港的社会工作及其运行机制》，《社会学研究》2002 年第 1 期。

徐道稳：《业主委员会：社区治理的结构性要素》，《甘肃行政学院学报》2011 年第 6 期。

夏露露：《百步亭社区志愿服务的调查与思考》，《学习月刊》2012 年第 22 期。

夏学銮：《关于加快中国社会工作专业化的几个问题》，载《社会工作教育专刊——中国社会工作教育协会年会暨"面向 21 世纪的中国社会工作教育"学术研讨会论文集》，1999。

熊跃根：《论中国社会工作本土化发展过程中的实践逻辑与体制嵌入——中国社会工作专业教育 10 年的经验反思》，载《社会工作专业化及本土化实践》，社会科学文献出版社，2006。

徐宇珊：《美国的公益"晚托班"》，《中国社会组织》2015 年第 9 期。

夏志有、崔学海、黄辉、卢英、于学智、李姗：《居委会与业主委员会的关系研究——以深圳为视角》，http://mzzt. mca. gov. cn/article/hxsqyth/zx-lw/200810/20081000020702. shtml。

杨荣：《2004 社区社会资本的缺失与重建——以中国城市社区发展为视角》，《山东科技大学学报》（社会科学版）2004 年第 3 期。

杨团：《社区公共服务设施托管的新模式——以罗山市民会馆为例》，《社会学研究》2001 年第 3 期。

余逸群：《论社区志愿服务的作用》，《北京青年政治学院学报》2008 年第 4 期。

《最火社区："让大家来南岭村感受幸福"》，《深圳特区报》2014 年 11 月 10 日，http://www. szlg. com/xwzx/wyklg/2014/11/10/10531690178. html。

朱健刚、陈安娜：《嵌入中的专业社会工作与街区权力关系：对一个政府购买服务项目的个案分析》，《社会学研究》2013 年第 1 期。

宗丽：《脆弱的合作：社区服务中心与基层行政力量的关系建构及其后果——一基于深圳 T 社区服务中心的实证研究》，华东理工大学硕士学位论文，2014。

张和清、向羽：《广东社会工作发展的现状及其经验反思》，载《中国社会工作蓝皮书》，社会科学文献出版社，2013。

朱又红：《社区服务型非营利机构面临的若干问题》，《社会学研究》2000 年第 4 期。

周瑛、彭华、李锋华：《民政工作项目化运作研究》，《中国民政》2011 年第 9 期。

周易：《73.4%受访者不了解社工是一种职业》，《中国青年报》2014年5月22日第7版。

《花果山社区取消工作站》，《深圳商报》2012年9月18日，http://szsb. sznews. com/html/2012 - 09/18/content_2208162. htm。

"Boys & Girls Club of Bloomington", 2013 *Annual Report.*

Deborah A. Carroll and Keely Jones Stater, "Revenue Diversification in Nonprofit Organizations: Does It Lead to Financial Stability?" *Journal of Public Administration Research and Theory*, 2009, 19 (4): 947 – 966.

Flexner, A., "Is Social work a profession?" *Research on social Work Practise*, 1915, 11 (2): 152 – 165.

Froelich . Karen A., "Diversification of Revenue Strategies: Evolving Resource Dependence in Nonprofit Organizations," *Nonprofit and Voluntary Sector Quarterly*, September 1999, 28 (3): 246 – 268.

Gerenwood, E., "Attribute of a Profession," *Social Work*, 1957, 2 (3): 44 – 55.

James Buchanan, "An Economic Theory of Clubs," *Economica*, 1962, 32 (32): 1 – 14.

Jeffrey Pfeffer and Anthony Leong, "Resource Allocation in United Funds: Examination of Power and Dependence," *Social Forces*, 1977, 55 (3): 775 – 790.

M. Gibelman, "The search for Identity: Defining Social Work-past, Present, Future," *Social Work*, 1999, 44 (4): 298 – 310.

Pfeffer, Jeffrey, "Size, Composition, and Function of Hospital Boards of Directors: A Study of Organization-Environment Linkage," *Administrative Science Quarterly*, 1973, 18 (3): 349 – 364.

Samuelson, Paul A., "The Pure Theory of Public Expenditure," *Review of Economics and Statistics*, 1954, 36 (4): 387 – 389.

Wilensky, H. v., "The professionalization of everyone?" *American Journal of Sociology*, 1964, 70 (2): 137 – 158.

Winfried Ellingsen, "social integration of ethnic groups in Europe," Geografi i Bergen, University of Bergen. Department of Geography, http://bora. nhh. no/handle/2330/2036.

Wolfgang Bielefeld, "What Affects Nonprofit Survival?", *Nonprofit Management and Leadership*, 1994, 5 (1): 19 – 36.

附　录

深圳市社区服务中心情况调查问卷
（2014 年调查问卷）

亲爱的社区服务中心主任们：

　　由深圳市社会科学院承担的《融入、服务与孵化：社区服务中心参与基层社会治理的模式与路径研究》课题是广东省委宣传部委托的"理论粤军"重大现实问题研究项目，本研究旨在透过社区服务中心这一新兴的基层服务平台，探索基层社会治理创新的路径与机制。为了更好地了解社区服务中心的运营及管理现状，本课题组联合深圳市社会工作者协会面向全市社区服务中心的主任开展此次问卷调查。调查结果均为研究所用，不会泄露给其他任何机构或个人，请大家认真填写自己的真实情况及感受。非常感谢各位的支持与配合。

深圳市社会科学院课题组

深圳市社会工作者协会

2014 年 6 月

一、基本情况

1. 贵中心所在区域：_____

A. 福田区　　B. 罗湖区　　C. 南山区　　D. 盐田区　　E. 宝安区　　F. 龙岗区　　G. 光明新区　　H. 坪山新区　　I. 龙华新区　　J. 大鹏新区

2. 贵中心的名称：_____社区服务中心（只写社区名称即可）

3. 贵中心所属社工机构名称：_____（只写简称即可，如鹏星、正阳等）

4. 贵社区服务中心开始社工服务的时间：_____年_____月（开始社工服务的时间）

5. 贵社区服务中心类型：_____

A. 纯居民社区（传统老城市社区）　　B. 纯居民社区（现代化社区）

C. 城中村社区　D. 村改居社区　E. 工业社区　F. 混合型社区

6. 贵中心的社工或行政助理共有多少来自本社区？_____

A. 0 人　B. 1 人　C. 2 人　D. 2 人以上

7. 贵中心的社工或行政助理有多少会说粤语、客家话或本社区方言？

（1）粤语：_____　A. 0 人　B. 1 人　C. 2 人　D. 2 人以上

（2）客家话：_____　A. 0 人　B. 1 人　C. 2 人　D. 2 人以上

（3）本社区方言：_____　A. 0 人　B. 1 人　C. 2 人　D. 2 人以上　E. 无本社区方言

8. 贵中心在入驻后，人员变动情况：_____

（1）中心主任：_____A. 无变动　B. 变动 1 次　C. 变动 2 次　D. 变动 3 次及以上

（2）社工及行政助理：_____　A. 无变动　　B. 1 人变动　　C. 2 人变动　D. 3 人及以上变动

9. 从贵中心签订协议到进驻装修好的正式场地中，大约经过了多长时间？

A. 1 个月以内（已装修完毕，可直接入驻）　　B. 1～3 个月

C. 3～6 个月　D. 6～9 个月　E. 9 个月以上

二、入驻情况

10. 社区居民对贵中心的了解情况如何。请在下面相符选项打√：

有多少居民认识中心同工：	A. 50%以上　B. 30%～50%　C. 10～30%　D. 10%以下　E. 说不清
有多少居民知道本中心：	A. 50%以上　B. 30%～50%　C. 10～30%　D. 10%以下　E. 说不清
有多少居民参加过本中心服务：	A. 50%以上　B. 30%～50%　C. 10～30%　D. 10%以下　E. 说不清

11. 成立以来，贵中心与利益相关群体互动情况。请在下面相符选项

打√：

与区主管单位互动：	A. 很少　B. 较少　C. 一般　E. 较多　F. 很多
与街道相关单位互动：	A. 很少　B. 较少　C. 一般　E. 较多　F. 很多
与社区工作站互动：	A. 很少　B. 较少　C. 一般　E. 较多　F. 很多
与居民/村民委员会互动：	A. 很少　B. 较少　C. 一般　E. 较多　F. 很多
与社区社会组织互动：	A. 很少　B. 较少　C. 一般　E. 较多　F. 很多

12. 贵社区服务中心现在与社区利益相关群体关系。请在下面相符选项打√：

与区主管单位关系：	A. 很差　B. 较差　C. 一般　E. 较好　F. 很好
与街道相关单位关系：	A. 很差　B. 较差　C. 一般　E. 较好　F. 很好
与社区工作站关系：	A. 很差　B. 较差　C. 一般　E. 较好　F. 很好
与居民/村民委员会关系：	A. 很差　B. 较差　C. 一般　E. 较好　F. 很好
与社区社会组织关系：	A. 很差　B. 较差　C. 一般　E. 较好　F. 很好

13. 入驻社区半年内，贵社区服务中心承担社区工作站行政工作情况：_____

A. 没有　B. 较少　C. 一般　D. 较多　E. 很多

14. 您认为让社区居民了解社区服务中心的最有效方式有哪些：_____（最多选 3 项）

A. 户外宣传　B. 入户调查（含问卷和访谈）　　C. 参与服务或活动 D. 上门服务　E. 召集居民座谈会　F. 由社区居委会或工作站向居民介绍

15. 您认为，您融入本社区的时间大约多久？

A. 3 个月以内　B. 3 ~ 6 个月　C. 6 ~ 12 个月　D. 1 年以上　E. 尚未融入

16. 你认为，影响社区服务中心融入社区的关键性因素有哪些：_____（最多选 3 项）

A. 中心主任有相关经验　B. 社工中有本地人　C. 社工会说本地语言 D. 社区工作站支持　E. 社区居委会支持　F. 社区服务中心硬件条件好、场地大　G. 社区服务中心已装修完毕，可直接入驻　H. 社区居民参与意识高　I. 社区居民原有的社区归属感强　J. 社区本地与外地人差异小　K. 中心人员变动少　L. 社区中心服务适合本社区需求，项目服务优质　M. 其他

三、服务相关的情况

17. 贵社区服务中心第一次开展社区活动的方式为：_____

A. 协助、配合社区工作站开展活动　　B. 与社区工作站合作开展活动

C. 中心独立开展活动　　D. 与社区其他组织合作开展活动　　E. 其他_____（请注明）

18. 您认为，目前中心主任在社区服务中心中扮演的最重要的角色是什么？_____

A. 资源整合　　B. 提供专业社工服务　　C. 协调社区各类关系　　D. 为其他同工提供指导　　E. 其他_____

19. 您认为，目前社区服务中心的工作在多大程度上可以体现社工的专业化？_____

A. 难以体现　　B. 少数服务可以体现　　C. 多数服务可以体现　　D. 可充分体现　　E. 说不清

20. 贵中心的服务时间是怎样的？_____

（1）每天服务时间：A. 仅白天　　B. 根据需要晚上值班　　C. 每天晚上都有服务

（2）每周服务时间：A. 周一至周五　　B. 周一至周六　　C. 一周七天　　D. 周三至周日

21. 是否存在着社区居民的需求与协议上要求的服务指标相矛盾的地方？_____

A. 基本一致，无矛盾　　B. 有少量矛盾之处　　C. 有较多矛盾之处

22. 如果遇到社区居民的实际需求与协议的服务指标不一致的情况，贵中心实际如何处理？_____

A. 优先满足居民需求，经主管单位或机构同意后，适当调整指标

B. 指标必须完成，无法调整，即使居民无需求也要开展服务或活动

C. 灵活处理，用符合指标要求的方式部分满足居民需求

D. 未遇到过此类情况

23. 贵中心是否尝试开展收费性服务？_____

（1）A. 是［请继续回答（2）］　B. 否（请继续回答（3））

（2）过去一年总的收费性服务约有多少？

A. 5000 元以下　B. 5000～1 万元　C. 1 万～5 万元　D. 5 万～10 万元
E. 10 万元以上

（3）为什么没有开展收费性服务？

A. 暂时无此需要　B. 机构不允许　C. 区民政部门不允许　D. 社区不
允许　E. 街道办不允许　F. 其他原因_____

24. 您认为，贵社区服务中心目前是否已形成中心品牌或特色服务：_____

（1）A. 是［请继续回答（2）］　B. 否［请继续回答（3）］

（2）品牌或特色服务有_____个；属于_____领域

（3）未形成品牌或特色服务的原因为：_____（请选择最主要的 3 项）

A. 入驻时间太短　B. 尚未找到能够形成品牌或服务的核心项目
C. 机构无此要求　D. 协议中无此要求　E. 社工能力不足　F. 相关指导不足

25. 目前，贵中心整合到以下哪些组织的资源共同开展服务？_____
（多选）

A. 企业　B. 政府部门（含工青妇等群团组织）　C. 其他社会组织
（不含社工机构）　D. 其他社工机构　E. 尚无其他资源

26. 从入驻至今，贵中心整合到的资源主要包括哪些方面？_____（多
选）

A. 物资支持　B. 智力支持（如讲座、培训等）　C. 人力支持（如志愿
者）　D. 资金支持合计 1 万元（含）以下　E. 资金支持合计 1 万～5 万元
F. 资金支持合计 5 万～10 万元　G. 资金支持合计 10 万元以上

27. 贵社区服务中心目前是否已成功孵化社区社会组织：_____A. 是
　　其中，备案社区社会组织_____家；登记社区社会组织_____家
B. 否（跳至 26）

28. 您认为，在孵化社区社会组织中面临的最大困难是：_____

A. 社区居民参与意愿不高　B. 社工不了解社区社会组织的政策
C. 社区居委会或工作站不支持　D. 社工尚不具备孵化或指导社区社会组织
的能力　E. 社区社会组织登记或备案的手续繁杂，社工需花费较多时间精

力　F. 其他_____

29. 在签订的协议中，是否有孵化社区社会组织的指标要求：_____

　　A. 是　B. 否

30. 社区工作站或街道办是否有孵化社区社会组织的明确要求：_____

　　A. 是　B. 否

31. 贵中心的社工在活动和服务中是否会有意识地孵化和培育社区社会组织：_____

　　A. 是　B. 否

32. 您认为社区服务中心的社工最需要提升哪些方面的能力：_____（最多选 3 项）

　　A. 运用社工专业手法　B. 快速融入社区　C. 与社区各利益相关者打交道　D. 财务管理　E. 中心及团队管理　F. 项目化管理　G. 活动策划宣传　H. 文案撰写　J. 培育社区社会组织　K. 掌握和运用相关政策　L. 讲方言（粤语、客家话）　M. 其他_____

　　感谢您的认真参与！

　　如您愿意，欢迎留下您的联系方式：

　　姓名_____手机_____E-mail_____

　　QQ 号_____

社会服务机构运营社区服务中心基本情况
调查统计（2016）

一、机构基本情况

机构名称（盖公章）		法人代表	
机构地址		电话	
填表人		手机	

二、机构近年来的收入情况（单位：元）

年份 \ 金额	机构总收入（1）	政府购买社区服务中心的资金收入（2）		政府购买其他社工（含岗位、企业、项目等）服务的收入（3）		其他用于支持社区服务中心发展的收入（如基金会、企业资助，政府公益创投、其他政府部门的购买服务等）（4）	
		金额	占总收入的比例（%）	金额	占总收入的比例（%）	金额	占总收入的比例（%）
2011							
2012							
2013							
2014							
2015							

注：
（1）是指当年度机构的全部收入。
（2）是指机构得到的政府购买社区服务中心（50万元）的总收入。
（3）是指机构得到的除了社区服务中心外的，政府购买各种社工服务的总收入。
（4）是指机构从其他渠道（非政府购买的50万元）得到的，所有用于社区服务中心的资金收入。

三、机构近年来运营社区服务中心的数量

区域 \ 年份	2011	2012	2013	2014	2015
福田区					
罗湖区					
南山区					

续表

年份 区域	2011	2012	2013	2014	2015
盐田区					
宝安区					
龙岗区					
光明新区					
龙华新区					
坪山新区					
大鹏新区					
全市合计					

四、机构近年来的员工情况

数量 年份	机构员工总数	机构社工总数	服务于社区服务 中心的社工数	服务社区服务中心的 行政辅助人员数
2011				
2012				
2013				
2014				
2015				

五、机构及社区服务中心近 3 年完成的服务指标数

数量 年份	个案总数		小组总数		活动总数	
	机构完成 个案总数	社区服务 中心的个案数	机构完成 小组总数	社区服务中心的 小组数	机构完成 活动总数	社区服务 中心的活动数
2013						
2014						
2015						

六、社区服务中心的特色品牌项目

1. 目前机构运营的社区服务中心的所有特色品牌项目，请在下表一一列举（下列表格行数不够请自行增加，下同）

序号	项目名称	项目主要服务群体	所属区域	所属中心	中心主任	
					姓名	联系电话
1	老伙伴　志愿行	高龄老人	福田	梅岭	张三	133＊＊＊＊＊

2. 以上项目中，有哪些在全国、省、市、区项目大赛中获得资助？哪些获得过基金会或企业的项目资助？请一一列举

奖项名称	项目名称	项目主要服务群体	项目执行时间	资助方	资助金额
福田区社会建设专项资金（如企业直接资助，此单元格可不填）	老伙伴志愿行	高龄老人	201＊年＊月－201＊年＊月	福田区社工委	＊＊万元

3. 以上项目中，有哪些已经在全市范围内复制推广？请一一列举

项目名称	实施区域	实施的社区服务中心数量
老伙伴　志愿行	福田、南山	8

七、截至 2016 年 2 月 29 日社区服务中心加挂牌匾情况

中心名称	所属区域	加挂牌匾名称	挂牌单位	挂牌时间	给予配套经费或项目经费金额	补充说明

八、2015 年度社区服务中心资源整合情况

1. 截至 2015 年底，各社区服务中心动员社区志愿者的情况

中心名称	所属区域	社区志愿者队伍数 （如无，可不填）	社区志愿者数量	其中：注册义工数量
合计				

2. 截至 2015 年底，各社区服务中心与其他社会组织合作的情况

中心名称	合作社会组织的名称	合作方式（请在对应方式下打钩并注明）		
		对方提供专业服务	对方提供资金（请注明金额）	其他

3. 截至 2015 年底，各社区服务中心与企业合作的情况

中心名称	合作企业的名称	合作方式（请在对应方式下打钩并注明）		
		对方提供专业服务	对方提供物资（请注明金额）	其他

九、社区服务中心孵化培育社区社会组织的情况

中心名称	所属区域	登记注册社区社会组织数量	备案社区社会组织数量
合计			

十、与社区服务中心有关的媒体报道及发表文章的情况

数量 年份	国家级媒体报道或 发表篇数	省级媒体报道或 发表篇数	市级媒体报道或 发表篇数	区级媒体报道或 发表篇数
2011				
2012				
2013				
2014				
2015				

十一、本机构及社区服务中心使用新媒体的情况（如无，可不填写此表）

1. 机构微信公众号的情况

本机构的微信公众号名称	设立时间	截至 2016 年 2 月 29 日的订阅人数	截至 2016 年 2 月 29 日的发文总数	单篇文章最高阅读量

2. 各中心微信公众号的情况

社区服务中心的微信公众号名称	设立时间	截至 2016 年 2 月 29 日的订阅人数	截至 2016 年 2 月 29 日的发文总数	单篇文章最高阅读量

十二、请问贵机构所运营的社区服务中心在社区服务、社区融合、社区自治方面是否有典型案例、做法经验或显著成效？如果有，请简单说明，或把案例附后（如下行不够请自行增加行数，下同）

_____

_____

十三、请问贵机构认为，社区服务中心的运营、管理、招投标、评估等诸方面，目前存在哪些问题

_____

_____

十四、贵机构对未来社区服务中心的发展有何建议

_____

_____

感谢贵机构对深圳市民政局社区服务中心研究课题组的支持！

后　记

　　本书写作的源起要追溯到 2013 年，我有幸跟随上海映绿公益事业发展中心的庄爱玲博士，参与深圳市鹏星社会工作服务社 6 家社区服务中心的顾问项目。每月 1 次，每次为期 3 ~ 5 天与社区服务中心的零距离接触，让我对社区服务中心这一新生事物产生了浓厚的兴趣，并引发了自己的一些思考。随后在申报 2013 年广东省委宣传部"理论粤军"的课题时，我就选择了以社区服务中心作为研究对象，探讨社区服务中心在社区基层治理中如何发挥作用。

　　在整个调研过程中，我一方面感受到了政府部门在全力推进这件事情上的决心与力度；另一方面也深深地感受到一线社工的无力感和挫败感。一个出发点良好的顶层设计，在落地基层的时候遇到了重重阻力，如何让良好的愿望变为现实，成为我从研究之初就希望重点关注的问题。因此，我希望这个研究既能够全面解读政府已有的政策，又能够表达一线社工的心声；既能够有理论分析，又能对社工的具体工作提供一些借鉴和参考。

　　在珠三角各个城市，"社区服务中心""街道家庭综合服务中心"等，推进的路径及发挥的作用大致相同，均为相对标准化的、提供综合性服务的平台，通过政府购买服务委托社工来运营。而广东省之外的其他城市所称的"社区服务中心"却各不相同，有的是街道下属的事业单位，有的直接注册为一个实体性的社会组织。因此，国内其他城市的调研尽管给我打开了一些思路，但对于深圳社区服务中心如何运营依然难以对症下药。即便是珠三角社区服务中心直接的学习对象——香港综合家庭服务中心，也略有差异。在美国访学期间，我跟合作导师 Leslie Lenkowsky 谈到正在进行的这一研究，发现似乎很难找到相同的机构进行类比。在美国一年，我调研了若干个社区服务类非营利组织，却没有一个与珠三角的社区服务中心类似。因此，在研究中，我发现，社区服务虽不是陌生的词语，但珠三角社区服务的这种模式并不多见。这种模式创新带来了实践中的困惑，在既定的政策框架内，很难照搬其他地方的经验。于是，我更多的是采取了与珠三角，特别是深圳的一线社工深入接触，倾听他们的声音，总结提升他们在实践中的经验的方式，希望这些点状的做法可以上升为社区服务中心的运营经验，并为政策调整提供依据。本书中的 20 篇一线社工的案例就是他们最真实的感受。

在撰写本书的几年中，我接触了深圳大量的社工，也见证了社工的成长。年轻的社工队伍水平参差不齐，从个人综合素质到专业能力，不同社工之间差异巨大。尽管近些年社工队伍的流失率一直很高，为外界所诟病，但是这些年跟踪下来，我欣喜地发现，在这个行业可以耐得住寂寞，沉淀下来的，都是一些人品好、素质高、能力强，真正有社工情怀的人，他们已经成为行业的骨干。尽管有些人已经不在一线，但依然在这个行业用其他方式发挥作用。

在此书的撰写过程中，我得到了很多领导、老师和朋友的支持与帮助。本书得以成稿出版，离不开他们几年来的关心与指导。

我所工作的深圳市社会科学院的张骁儒院长、王为理副院长、陈少兵副院长、罗思主任、李朝晖所长、刘婉华副主任等领导，在课题进展及专著出版的整个过程中给予了大力的支持，帮助我整合各种资源完成调研，协助我完成专著出版的各项工作。特别感谢深圳市社科院"深圳学人文库"学术著作专项资助计划，让本书得以顺利出版。

深圳市民政局社区处及社工处的骆冰、彭程、张晓芬、林江等多位领导，为课题调研提供协助，并结合他们在这一领域多年的工作实践，无私地分享他们的经验、思考和体会，很多观点都让我豁然开朗。

深圳市社会工作者协会和深圳经济特区社会工作学院，承接了本课题几乎所有的调研联络和沟通协调工作，并提供了详细的数据和资料。在合作的过程中，我与张卓华、王越、陈火星、余令、张笑颜等，从工作中的合作伙伴成为生活中的朋友。

在本节撰写的过程中，有幸多次向深圳大学的易松国教授和李晓凤教授、深圳职业技术学院的倪赤丹副教授、深圳市南山区社会组织总会陈康候会长、深圳市社会组织研究院饶锦兴院长、深圳市委党校的龚建华博士等专家请教，他们的真知灼见让我获益匪浅。

感谢几年来参与本课题调研的深圳、广州、上海、香港等地各类社会组织的负责人、督导和一线社工，感谢参与课题座谈的深圳多个区的相关政府部门负责人，他们为本课题提供了最宝贵的一手资料。特别因社区服务中心的调研，我与上海映绿公益事业发展中心的多位老师结缘。许田老师，与我亦师亦友，她全程安排了课题组 2014 年在上海的调研，让我接触到上海多家非常有趣的社区服务机构。

深圳优秀的社工徐秋菊，参与了本课题的全过程。在 3 年多的时间中，她参与课题讨论、调研联络、文字修改等各项工作。她是本书的第一读者，几乎每一章初稿完成后，我都会第一时间发给她，她或是结合她在社工界的经验与思考提出很多有建设性的想法，或是搜集相关的资料，或是找到更有经验的朋友参与讨论和修改。老朋友杨琳、新朋友丁洺，几次对书稿细心校对，为顺利完成书稿提供了莫大帮助。在书稿撰写过程中，谌凤、高汝虹、李华一等提供了宝贵的一手资料，并参与了部分章节初稿的撰写工作。

特别感谢清华大学的邓国胜教授和上海映绿公益事业发展中心的庄爱玲博士百忙之中为本书作序，他们一直都是我做人治学的人生导师，引领我前进。特别感谢社会科学文献出版社的王绯、刘晓军、刘翠等编辑老师，他们努力推进此书的出版进程，一一指出每一个细小的问题，为本书的编辑出版付出了辛勤的劳动。

感谢我的母亲、爱人及女儿。他们的体谅、包容和鼓励是我完成学术研究的最大支持和动力。母亲默默承担大量家务，减轻我的后顾之忧；在研究受阻时，爱人常常与我讨论，帮我理清思路；女儿独立自主，让我可以放心、放手，专心研究和写作。

社区服务中心，刚刚走过 5 年，相信未来社区服务中心会在社区治理中发挥更大的作用。本书的研究也仅仅是个开始，期待着有更多的学者关注和研究社区服务中心的发展。

徐宇珊

2016 年 5 月于深圳

图书在版编目（CIP）数据

服务型治理：社区服务中心参与社区治理／徐宇珊
著. -- 北京：社会科学文献出版社，2016.8（2022.3 重印）
（深圳学人文库）
ISBN 978 - 7 - 5097 - 9447 - 0

Ⅰ.①服⋯ Ⅱ.①徐⋯ Ⅲ.①社区服务 - 研究 - 中国
Ⅳ.①D669.3

中国版本图书馆 CIP 数据核字（2016）第 163149 号

·深圳学人文库·
服务型治理：社区服务中心参与社区治理

著　　者／徐宇珊

出 版 人／王利民
项目统筹／王　绯
责任编辑／刘　翠　刘骁军
责任印制／王京美

出　　版／社会科学文献出版社·政法传媒分社（010）59367156
　　　　　　地址：北京市北三环中路甲 29 号院华龙大厦　邮编：100029
　　　　　　网址：www.ssap.com.cn
发　　行／社会科学文献出版社（010）59367028
印　　装／北京虎彩文化传播有限公司

规　　格／开　本：787mm × 1092mm　1/16
　　　　　　印　张：17　字　数：261 千字
版　　次／2016 年 8 月第 1 版　2022 年 3 月第 2 次印刷
书　　号／ISBN 978 - 7 - 5097 - 9447 - 0
定　　价／69.00 元

读者服务电话：4008918866